现·代·音·乐 硕博文库
modern music

沧海桑田

——移居香港的内地作曲家研究

20世纪30-80年代

高洪波 著

中国出版集团　现代出版社

图书在版编目（CIP）数据

沧海桑田：移居香港的内地作曲家研究：20世纪30-80年代/高洪波著. -- 北京：现代出版社，2022.6
ISBN 978-7-5143-9928-8

Ⅰ.①沧… Ⅱ.①高… Ⅲ.①作曲家—人物研究—中国—近现代 Ⅳ.①K825.76

中国版本图书馆CIP数据核字(2022)第090517号

作　　者：	高洪波
选题策划：	赵仲明
责任编辑：	竹　岗
出版发行：	现代出版社
地　　址：	北京市安定门外安华里504号
邮　　编：	100011
电　　话：	(010) 64267325
传　　真：	(010) 64245264
网　　址：	www.1980xd.com
印　　刷：	三河市国英印务有限公司
字　　数：	240千字
开　　本：	787×1092mm　1/16
印　　张：	15
版　　次：	2022年6月第1版，2022年6月第1次印刷
书　　号：	ISBN 978-7-5143-9928-8
定　　价：	88.00元

版权所有，翻版必究；未经许可，不得转载

作 者 简 介

高洪波 中国近现代音乐史专业博士研究生、文学博士。九三学社社员。先后就读于哈尔滨师范大学艺术学院音乐系、中央音乐学院音乐学系。师从陶亚兵、周柱铨、陈永华教授,汪毓和研究员等。曾就职于哈尔滨师范大学,受聘于中央音乐学院音乐学研究所;现就职于国家大剧院。发表论文及著作20余部(篇),荣获国家级奖励5项。完成国家级、省部级科研课题各1项。策划组织大、中型表演艺术类展演70余项,演出70余场。唱片出版责任编辑16项,屡获殊荣。

序 一

高洪波博士的《移居香港的内地作曲家研究（20世纪30-80年代）》，无论从音乐艺术、文化研究及社会发展史方面来看，都是十分有意义的项目，并使这一群对香港早期音乐发展贡献至深的艺术家们，不至于为人所忽略，也对他们的音乐创作予以肯定，并致以崇高的敬意。

书中所述的前辈作曲家们，我是在大学生时代就已经分别拜会过，对他们的声乐及钢琴曲都熟悉。是他们在香港最早期的音乐教育发展旅途上，打好了一种富有民族文化的基础。他们无论在院校以及私人教学中，都培养了无数的音乐人才——包括当年在中、小学教音乐，但找不到合适进修课程的老师们；在工作的成年人，但热爱音乐的"发烧友"；希望将来在音乐事业发展的年轻人；还有部分甚至是之后到海外深造研究生课程并学成后回港做贡献的专业人士。此外，这几位前辈们自己及其学生亦组织合唱团、乐团等，对推动香港的文化发展，起了重大作用。他们的部分作品仍在香港广泛地被采用，包括编入教科书中。

高洪波博士在汪毓和研究员的清晰指导下，梳理了这一段英国对香港实行殖民统治的历史。我有幸参与其中，在2008年1月受中央音乐学院研究生部特聘为当时在读博士研究生的高洪波这部毕业论文的第二导师，这使我总算可以向这批充满个人传奇故事的前辈们，献上我最诚挚的敬意。高洪波博士在研究、搜集资料及写作期间，一丝不苟，谦逊诚恳，作了多次与不同人等的面谈访问，难怪论文获得了全国第六届高校学生中国音乐史论文评选博士组二等奖（当年一等奖空缺）。

我作为一个香港出生、长大、受教育及在港工作的作曲家，对高洪波博士在书中的多角度思考及分析，完全认同及高度欣赏。谨向各位全力推荐。

陈永华　教授　太平绅士
香港作曲家及作词家协会　主席
前香港中文大学音乐系　系主任
2020年12月31日于香港

序 二

时代激荡下的史学视野
——为高洪波博士论文作序

历史研究内容及范围的突破，常常发生在特殊的历史转折期。改革开放是中国近现代历史进程中最辉煌的转折时期，思想解放引发了社会各方面活跃变化，音乐历史的研究视野也迅速扩展。作为改革开放的最前哨，香港在政治、经济、文化上对内地的作用和影响极大，再加上1997年香港回归，因而对于香港音乐文化的关注也在上世纪90年代末逐步展开。

香港回归前，港英当局忽视对于香港本地区音乐文化的自身发展，音乐教育水平也与内地落差较大，特别是涉及城市文化的，如电影、流行音乐、唱片等，都多少分享并承继着内地的文化成果。其中专业音乐教育建设明显匮乏，这早已影响到"走向亚洲四小龙"时期的香港社会，因此，内地音乐家（包括作曲、演奏、演唱家）的出现始终是香港专业音乐发展的重要基石。

作为中国近现代音乐学科奠基者的汪毓和先生在步入改革开放之后，从多方面拓展尚"不成熟"的中国近现代音乐史学科，他基于1959年全国中国近现代音乐史课题成果之上，不断修订1949年前内地区域音乐发展的历史，开启1949年后中华人民共和国时期音乐发展的历史梳理，同时特别看重在21世纪到来之际，中国音乐文化发展的新前景，以及在经历了80、90年代世界格局大动荡之后，中国在全球文化发展中的重要位置。这一切的思考都离不开对以往历史的梳理和回顾，因此对港澳台课题的设立已到了迫在眉睫的时刻。

2010年汪毓和教授曾在《20世纪以来中国港澳台地区音乐发展及其与祖国内地音乐发展之关系》一文中说道："中国的港澳台地区音乐都享有大致相同的政治及文化背景，都发轫于同一个时期。'二战'后，在'多元化'的新格局中，港澳台地区和祖国内地都得到充分的发展。一方面，随着科技、通讯等的突飞猛进，中国这四个地区的经济也别无选择地进入了'全球化'的轨道，并获得了新的发展机遇；另一方面，以'反恐'为特点的局部战争和世界性经济危机，也对这四个地区形成了一定的威胁。随着世界政治经济形势的不断发展和改善，祖国内地及港澳台地区的音乐文化事业必将获得新的发展机遇。"①

抓住关键点对于研究工作的开展将起到决定性的作用。音乐创作永远是现代音乐史研究的核心部分。为了凸显香港专业音乐发展水平，在香港专业音乐创作领域挑选出内地作曲家的音乐创作，将研究焦点落实在内地音乐创作发展与香港音乐创作关系上，透过这个重要纽带真正体现出香港近百年专业音乐创作的总体特征，为进一步研究整个地区音乐发展奠定坚实的基础。

2002年当高洪波从哈尔滨考入中央音乐学院之时，导师汪毓和要求其将触角深入到对上世纪70年代移居香港的"内地作曲家"屈文中（1942-1992）的研究中，高洪波以《屈文中声乐作品研究》作为硕士论文于2005年顺利毕业。紧接着她就被引荐给中央音乐学院音乐学研究所聘为研究人员，承担教育部人文社会科学重大项目《20世纪中国港澳台地区音乐研究》项目的研究工作，具体负责香港小组的课题研究。2006年高洪波顺利考上博士，她的研究课题也就顺势成为博士论文的研究选题。中央音乐学院自建立以来与香港音乐界始终保持着密切的关系，特别是音乐创作领域，与屈文中有相似经历的赴港内地作曲家更为突出，且具有历史代表性，因而高洪波博士论文就从"20世纪30-80年代移居香港的内地作曲家"研究视角展开。

新课题面临着从研究材料到研究思路都无前例经验所参考，挑战很大。为了尽快进入课题，他们特别聘请香港著名作曲家陈永华以"局内人"的身份担任第二导师，共同把握研究方向。在陈教授以及在港的各位作曲家、音乐家（如费明仪女士、余少华教授、杨汉伦教授等）大力帮助下，顺利地进行了实地调研，并收集到大量资料。在此过程中，教师与学生共同承担学术的压力，精诚协作，共同攻关。最终在2009年准时通过论文答辩，翌年获得第六届全国高校学生中国音乐史论文评选"博士组"二等奖（一等奖空缺）的优异成绩。

论文成功的意义绝不仅仅是高洪波博士成为中国近现代音乐史学科新添一位青年才俊，更重要的是该课题开启了对香港地区——这一历史背景纷繁杂乱、长期缺乏科学归纳整理的区域，切合实际的音乐史学研究。尽管之前也有极少学者进行过一定的梳理，但全面符合音乐史学的科学梳理几乎没有。高洪波的课题终于将中国近现代音乐史的研究触角伸向到内地边缘地区，其与中心地区的发展将呈现出区域音乐文化发展差别，同

---

① 汪毓和《20世纪以来中国港澳台地区音乐发展及其与祖国内地音乐发展之关系》，《艺术百家》2010年第2期P5-12，53

时也将会展现出地区间相互渗透、相互依存的关系。通过高洪波的论文使我们看到20世纪30-80年代——这60年间中国音乐历史中，内地作曲家在这样特殊的区域变换中，不断地调整着自己的创作内容和形式。在风云变幻中作曲家们如何坚守艺术信条，恪守民族国家的精神，创造出香港专业音乐辉煌成就。

2020年一场突入袭来的新冠疫情风暴席卷了全球各个国家、地区，21世纪的新时代将从这样紧张的气氛中逐步展开。这场灾难改变了19-20世纪形成的世界格局和秩序，作为人文学科的历史学研究也必将随之改变，不断地扩大研究视野，站在全中国，全世界，全人类的视角审看历史，或许是历史学未来长期的形态。回看高博士10年前这篇论文，不仅为新时代中国音乐史研究提供新颖的视角，同时增添了最初的实践经验，我相信随后的研究必将借助这个阶梯不断攀登，不断前进！

中央音乐学院　蒲方

2021年4月15日

目　录

绪　论 ………………………………………………………………………………（1）

第一章　香港专业音乐发展的萌芽期：20世纪30—40年代移居香港的
　　　　内地作曲家 …………………………………………………………（11）
　　概　述 …………………………………………………………………………（11）
　　　　一、移居香港的内地作曲家概况 ………………………………………（11）
　　　　二、音乐生活 ……………………………………………………………（13）
　　　　三、音乐教育 ……………………………………………………………（17）
　　第一节　香港早期左翼音乐家：黎草田 ……………………………………（22）
　　第二节　以声乐创作见长的作曲家：林声翕、黄友棣 ……………………（27）
　　第三节　其他音乐家 …………………………………………………………（40）
　　小　结 …………………………………………………………………………（43）

第二章　香港专业音乐发展的拓展期：20世纪50—60年代移居香港的
　　　　内地作曲家 …………………………………………………………（45）
　　概　述 …………………………………………………………………………（45）
　　　　一、移居香港的内地作曲家概况 ………………………………………（46）
　　　　二、专业音乐教育 ………………………………………………………（47）
　　第一节　以抒情歌曲创作见长的作曲家：周书绅 …………………………（50）
　　第二节　以钢琴音乐创作见长的作曲家：施金波 …………………………（55）
　　第三节　香港中乐职业化进程的开拓者：吴大江 …………………………（65）
　　第四节　专业与通俗音乐兼及的作曲家：关圣佑 …………………………（75）
　　小　结 …………………………………………………………………………（84）

1

第三章　香港专业音乐发展的黄金期：20世纪70-80年代移居香港的内地作曲家 （86）
概　述 （86）
一、移居香港的内地作曲家概况 （86）
二、专业音乐教育 （92）
三、音乐机构、团体 （94）
第一节　中乐作曲家群：关迺忠、陈能济、卢亮辉等 （97）
第二节　以声乐创作见长的作曲家：屈文中 （134）
第三节　歌、舞、音乐剧代表作曲家：符任之、郭迪扬、陈能济 （146）
小　结 （154）

结　语 （157）
一、"移居香港的内地作曲家"对香港音乐文化发展的贡献 （158）
二、对"移居香港的内地作曲家"现象的前瞻 （171）

参考文献 （174）

附　录 （184）
附录1：移居香港的内地作曲家作品目录（部分） （184）
附录2：移居香港的内地作曲家掠影 （209）
附录3：移居香港的内地作曲家1977—2003年受香港中乐团委约、委编中乐作品量表： （211）
附录4：中央音乐学院香港校友会成员名单（2007年4月） （212）
附录5："移居香港的内地作曲家"相关问题的采访录音稿 （214）

后　记 （228）

绪　　论

一、香港音乐创作发展概况

6000年前[①]，香港开始有人类活动。到了清代，香港属于中国广东省新安县（今深圳市）。1841年英国占领之前，在香港岛及深圳河以南的九龙半岛上，居民仅有7000余人。香港是中国的领土，在文化上与内地一脉相承，同根同源。从传统教育到民间习俗，那时的香港与深圳河以北的广东地区并无二致。

清末第一次鸦片战争之前，香港岛有数间私塾，为村民提供初级教育，与内地私塾一样，其中没有最基本的音乐教育。1841年香港被英国殖民者占领，1842年，这个地区沦为英国殖民地，受其影响，后来有了英国体制的音乐教育，但却不被重视，因此香港的音乐教育还是一片荒芜，音乐创作根本无从谈起。

自近代以来，就文化而言，香港是在本土中国传统文化的基础上发展起来的，但也不可否认，她受到西方文化的影响也很大、很深，而且情况异常复杂。诚如20世纪70年代香港《大公报》副总编陈凡所言："洋人在香江，极尽其'洗礼''冲刷''涂染''更改''掩饰'之能事，使香江在经济上、文化上呈现出一种独特的、而又畸形的现象，要研究她，非要透过几层屏障不可。"的确，作为东方文化复杂现象来研究，这是一个具有典型性的区域。在19世纪末、20世纪上半叶，英国的音乐对香港的影响尽管不是十分显著，但不能不引起我们的注意。事实上，在那里东方与西方，传统与现代，稳健与冒进，不断地冲突、消长和相融。

由于香港特殊政情关系，其文化既受到英国殖民文化的主导，同时又与中国内地存在千丝万缕的联系。反映在音乐文化方面亦是如此。香港作为英国的殖民地，没有主权，却是一个拥有相当自由与繁荣的都市，因此，自开埠以来至"九七回归"，很长时

---

① 汤开建：《香港6000年（远古—1997）》，麒麟出版社（香港），1987年版。

期以来，都是中国内地一些人向往的地方。20世纪香港艺坛风云变幻，其中原因与创作者的流动不定有关。在每次移民潮中，都有演奏家、歌唱家、作曲家通过不同的方式移居香港。相对的，又有许多香港本地音乐家移居海外或从海外归来，这种以香港为平台的音乐家的来去自由，同时也推动了整个香港音乐的发展以及中国音乐面向海外的双向交流。

所谓"香港音乐"，是在英国殖民统治下，在香港地区逐渐发展起来的，以岭南特色中华传统文化为根基，并不断吸纳近代以来"西乐东进"而形成的边缘性区域音乐。它既是感性的、自发的，也是一种包容广泛的移民艺术；它继承了岭南文化长期以来形成的非正统、非规范的叛逆性格和经世致用、开放进取的世俗精神，同时融合了西方现代艺术中的理性与创新观念；它缺乏系统的音乐史源流与形态学上一以贯之的风格，而其最大的特点就是在中西艺术夹缝中寻求沟通与认同，达到艺术上的自由重构。

香港的音乐创作，与内地联系较多。特别是从20世纪30年代开始，由内地南下香港定居的音乐家们开始在当地从事音乐创作活动。一些由俄罗斯音乐学院、意大利音乐学院和上海国立音乐专科学校培养出来的音乐家们，在香港创作了为数不多的小型声乐作品。在20世纪上半叶，即50年代中国圣乐院和60年代香港中文大学音乐系成立之前，香港从没有诞生过自行培养和训练出具有欧洲专业作曲技术的作曲家，只有少数几位是从国外留学归来的，例如陈建华、黄友棣、林乐培。直至20世纪70年代中后期才逐渐有本地培养起来的作曲家脱颖而出。虽然香港本土作曲家的音乐创作整体起步较晚，但由于香港经济的飞速发展和文化上的多元化，加上新移民来港的内地作曲家的共同努力，使得香港音乐发展的速度相当令人瞩目。香港作曲家联会成立后，有许多在60、70年代移居香港的内地作曲家又加入香港的音乐创作队伍，与香港本土作曲家们共同繁荣了当地的音乐创作，声势也逐渐扩大。

从音乐作品的风格上看，香港本土作曲家大都接受的是西式教育，因此他们更多的是创作无标题的现代风格作品。而大部分移居香港的内地作曲家的创作技法大都延续了他们在内地所接受的专业音乐教育的特征，他们的作品保持着内地长期以来所推崇的"民谣、乡土"的中国音乐风格。这一点与香港本土成长起来的作曲家们常常写作无标题现代风格的作品有很大的区别。

二、"移居香港的内地作曲家"及其在本文的定位

从中国近代以来，作为英国殖民统治下的香港，在政治、经济、文化等方面，与内地相比具有很大程度上的自由。因此在中国内地战乱和特定时期里，香港为许多向外驰

求的人们提供了新路。与此同时,香港也为来到这里的人们提供了许多个人发展的新机遇。因此,"香港作曲家"这个术语的定义,不仅包括在香港出生的作曲家,还包括了一些在特定时期里,在香港居住、从事音乐活动的内地作曲家和一些外籍作曲家,如夏里柯(Harry Ore 1885—1972),20世纪20年代到达香港,并且大部分时间生活在香港,直到1972年去世,所以夏里柯被视为香港作曲家。此外,还有纪大卫(David Gwilt 1932—)、卫庭新(Timothy Wilson 1942—)等非华裔的外籍作曲家们,由于他们后来取得了香港居民身份,所以也被视为香港作曲家。

然而目前对于何谓"香港作曲家",似乎与"香港美术家"等称谓会出现同样的不确定性。当代香港艺术双年展在确定参展资格,以及香港艺术家联盟在挑选"艺术家年奖"候选人时,均参照了香港当局对永久居民所设的"必须在港居住7年以上"的规定[①]。这反映出频繁的人员流动,已给艺术展览和颁奖活动的组织者,在确认参与人选上带来了困惑,迫使他们建立起一条不得已而为之的界限。

20世纪40—60年代来港定居的内地作曲家们由于来港居住年份较长,开创了香港专业音乐历史的先河,培养了许多香港本地后辈音乐人才,因此这一时段移居到港的内地作曲家,在目前来看是被视为"香港作曲家"的。并且由于当时香港本土音乐家的缺席,双方根本无法进行参照与对比,所以更加深了人们对这一时期移居到港的内地作曲家的认同。然而,伴随着80年代香港本土成长起来的作曲家的队伍不断壮大,以及他们从海外所学的现代创作技法,与70年代来港的内地作曲家依然保持的"中国风"的创作风格形成了鲜明的对比,因此,对这一时期移居来的作曲家卢亮辉、陈能济、郭迪扬、屈文中、符任之、关迺忠等,在香港本土作曲家的参照下,评判标准变得"挑剔"起来——他们被严格地划拨为"内地作曲家",而不被认同为是"香港作曲家"。

由于许多观念上的差异,对于内地到香港定居的作曲家的身份认同,香港与内地音乐界的看法有所区别——内地认为他们是香港作曲家,香港则认为他们是内地作曲家。因此以下所提到的在内地出生的作曲家们,在本文中的提法,暂以"移居香港的内地作曲家"出现。就笔者统计的"移居香港的内地作曲家"们,在内地人的意识形态中,他们自到达香港之日起,就已完成了角色、身份的转变——已经被划为"香港作曲家"的行列。然而,香港本土音乐界人士的看法却不尽然。内地作曲家们来港后能否被当地认同,事实上有多方面原因作为参照,例如他们来港定居的时间、是否广东籍居民、能否

---

① 香港法例第115章《入境条例》附表1第2(b)段规定,在香港特别行政区成立以前或以后通常居于香港连续7年或以上的中国公民,即成为香港特别行政区永久性居民,并享有香港特别行政区的居留权。

讲粤语，有无海外学习经历，是否拿到了英语国家的文凭，以及创作技法、风格、作品在香港音乐生活中的影响力等等，这些通常都会被作为一种评价是否能被称为地道"香港"的依据。

选入本文研究对象的"移居香港的内地作曲家"，是相对香港本土出生的作曲家所提出的概念。他们都对香港专业音乐创作与生活做出了许多切实的工作，这些作曲家无论在香港定居了几年、十几年、几十年，都以其富有个性的音乐语言，给人们留下深刻印象。但事实上，到目前为止，由于这些作曲家们来港后的许许多多主、客观情况的差异，导致了他们在港的文化身份属性还存在许多不确定性。本论文中"移居香港的内地作曲家"的提法涵盖了：一是在内地或海外出生，并且在内地成长和接受专业音乐教育的作曲家；二是在1949年前后，由内地移居香港，在英国政府管理下生活、创作的作曲家。基于以上两点界定，自20世纪30—80年代，由中国内地较大规模地迁入香港，以时间、来源地以及作曲家在香港的创作状况大致可划分为以下几批：

1. 20世纪30—40年代，即抗日战争、解放战争时期。源于内地战事频繁等原因，一些广东籍作曲家就近移居或暂居香港，例如作曲家黎草田在抗战期间辗转大江南北从事革命音乐活动，抗战结束后由于家庭原因回到香港定居。还有广东籍作曲家马思聪、林声翕、何安东等均在抗战爆发的第二年，即1938年暂居香港。同时具有小提琴家、作曲家身份的马思聪在当地创作了许多声乐、器乐作品，并通过演出、歌咏、办学、教学、出版等音乐活动使其作品得到广泛传播；林声翕则创作了其早期具有代表性的艺术歌曲作品；作曲家何安东则通过教学、创作群众歌咏，从而配合当时的抗战宣传。总体来讲，这一阶段留居香港的作曲家的创作都与当时抗战、解放战争的时代背景相联系，反映了时代的呼声，而体裁方面多为声乐作品，这是香港专业音乐发展萌芽期时的特点。

2. 20世纪50—60年代，即中华人民共和国成立前后至"文革"期间。源于内地社会动荡等原因，同样是以广东籍作曲家移居香港居多。例如，作曲家施金波、吴大江、叶惠康、周书绅、关圣佑、郑文[①]、徐华南[②]、苏振波[③]等人，都是在内地变革和经济困乏

[①] 郑文为香港电影及流行音乐录音界多面手，擅长古筝、三弦及革胡等乐器，曾是香港中乐团敲击乐组的中坚力量。

[②] 徐华南擅长二胡及高胡，其二胡演奏录音曾在香港70、80年代的电视剧流行曲的配音及电影中频繁出现，亦长期服务于香港中乐团。

[③] 苏振波1962年移居香港，长期在港进行古筝教学、演出，为香港筝乐普及教育的积极推广者之一。1985年，编著《中国筝艺大全》（上、下），作有筝曲《荒城来客》《忆情》《客夜思归》《花灯会》《聂政刺韩王》等。

时期来到香港寻求发展的。此时的音乐创作体裁较前一时期有所丰富，周书绅以声乐创作为主，涉及到艺术歌曲、抒情歌曲、合唱等体裁；施金波以钢琴音乐创作见长；吴大江等人的活动对香港业余时期"中乐"事业的发展奠定了基础；叶惠康又在创作之余成为香港儿童音乐发展的先行者。由于如上作曲家的活动，使该阶段较前一时期在音乐体裁、作品数量、音乐生活上更加丰富，从而使整个香港音乐发展历史步入"拓展"阶段。

3. 20世纪70—80年代，即"文革"中后期至改革开放以来，有更多来自各地的内地作曲家移居香港。最初是归侨、侨眷等具有海外亲属关系的人员赴港最多[1]，如陈能济、卢亮辉、郭迪扬、屈文中、符任之等；后来则有更多人以宽松、自由的方式赴港，如关迺忠、郭亨基、胡伟立[2]等。这一批作曲家从计划经济、政策严格的环境走进经济繁荣、文化相对宽松的香港，香港也为他们提供了创作的新机遇。与此同时许多经历了内地"文革"后到港的作曲家们也十分珍惜这里的创作环境和发展机会，很快激起了积极的创作热情，无论是在声乐、中西器乐、影视音乐以及大型综合歌、舞、音乐剧方面，均诞生了大量优秀之作。也正是由于这些内地作曲家的到来和他们的共同努力，加上经济腾飞的带动下，以及政府对文化事业的大力投入，使香港的音乐发展迎来了"黄金"时代。

上述三个阶段里移居香港的作曲家，是20世纪30—80年代香港各个历史时期音乐创作的代表。他们的音乐风格和学养大都在内地时期就已成型，许多人已成为内地乐坛、音乐院校的精英和骨干。他们基本上以祖国内地为认同对象，出于政治、经济以及其他种种原因而移居香港。他们将内地普遍的创作观念和个人艺术特色带入香港的同时，也在很大程度上繁荣了香港的音乐创作。香港是一个移民社会，正是由于众多内地作曲家的到来，使得香港的城市音乐文化更加多元、更加丰富多彩。

---

[1] 第二次世界大战爆发，海外侨民与内地侨眷失去联系，直至抗战胜利后华侨才能归国，但随即又面对冷战局面，海外华侨难能回国探亲。从20世纪50—70年代，香港变成了华侨与国内亲友重聚的地方。1977年邓小平复出后不久，提出重新建立侨务机构。1979年，香港取消抵垒政策，两地移民更改了亲属团聚的配额制。

[2] 胡伟立（1937— ）作曲家，中国音乐学院、北京电影学院教授，祖籍江苏无锡，1937年生于香港，两年后辗转至桂林、重庆，后回到上海。1955年就读于北京师范大学，1960年留校任教；后在北京艺术学院、中国音乐学院相继执教。1973年重回北京电影学院任教。1986年移居香港，擅长传统音乐，《笑傲江湖》琴箫合奏曲即由其创作。配乐作品包括：《笑傲江湖之东方不败》《东方不败之风云再起》《梁祝》《鹿鼎记》等。1997年退休移居加拿大多伦多。

【表绪论-1】移居香港的内地作曲家相关情况一览表

作曲家	籍贯/出生地	生年	毕业院校、时间	内地师承	内地工作经历	抵港时间	抵港年龄
黎草田	广东中山/越南西贡	1921	广东省立艺术专科学校（1943）	广东省立艺术专科学校音乐系	广东省立艺术专科学校（1943）	1935—1939；1946	14—18；25
林声翕	广东新会县	1914	上海国立音专（1931）	萧友梅、黄自等	重庆国立音乐院任教（1941）中华交响乐团指挥（1942—1949）南京国立音乐院任教（1946）	1938—1941；1949	24—27；35
黄友棣	广东高要县	1911/1912（有争议）	广州国立中山大学（1934）	自学	中山大学（1939—1949）广州省立艺专音乐科（1939—1949）	1949	38
吴大江	广东海丰	1943	私学，师从马思周、马思宫[①]	马思周（基本乐理）马思恭（小提琴）彭修文（作曲、民族乐团配器及各种器乐演奏等）	海南军区战士歌舞团（"海丰白字剧团"的前身，1958—1962）汕头曲艺团潮剧一团（古筝、琵琶演奏等）	1962	19
周书绅	四川涪陵	1925	上海国立音专、四川青木关国立音乐院（1944）	不详	广州市艺术专科学校（1947—1948）中央音乐学院钢琴系（1957—1962）	1950—1953；1962	25—28；37
施金波	广东新会	1933	上海音乐学院（1957）	丁善德、桑桐	广州音乐专科学校任教（1958—1963）	1963	30
关圣佑	广东顺德	1944	广州音乐专科学校（星海音乐学院前身，1965）	常敬仪	不详	1968	24

[①] 吴大江幼年、少年时期在广东海丰师从马思聪的胞弟马思周、堂弟马思宫学习基本乐理、小提琴。15岁考入海南军区战士歌舞团（"海丰白字剧团"的前身），其间得到当时中央人民广播电台民族乐团指挥彭修文在作曲、民族乐团配器及各种器乐演奏等方面指导。后被团里派往汕头曲艺潮剧一团深造古筝、琵琶等乐器。

续表

作曲家	籍贯/出生地	生年	毕业院校、时间	内地师承	内地工作经历	抵港时间	抵港年龄
陈能济	印度尼西亚（雅加达）华侨	1940	中央音乐学院（1965）	杜鸣心（作曲主科）	中央歌舞团 中央芭蕾舞团 中央乐团作曲（1965—1973）	1973	33
卢亮辉	印度尼西亚（西亚）华侨	1940	天津音乐学院（1964）	天津音乐学院作曲系	天津音乐学院任教（1964—1973）	1973	33
郭迪扬	柬埔寨华侨	1933	中央音乐学院教授私学	江文也（作曲）许勇三（配器法）隋克强（小提琴）	北京儿童艺术剧院（1950年后）青年艺术剧院（1950年后）中央芭蕾舞团（1960—1974）	1974	41
屈文中	四川荣昌县/广西桂林	1942	中央音乐学院（1966）	江定仙、杜鸣心、萧淑娴、陈培勋	铁路文工团作曲（1972—1975）	1975	33
符任之	海南文昌县/越南华侨	1930	中央音乐学院（1957）	苏夏、陈培勋（作曲、配器）[俄]阿拉波夫、古洛夫（和声、配器）	中央音乐学院任教（1957）中国歌剧舞剧院作曲（1963—1976）	1976	46
关迺忠	北京	1939	中央音乐学院（1961）	苏夏（作曲主科）萧淑娴、姚锦新、陈培勋、杨儒怀、李菊红等（作曲理论各科）	东方歌舞团指挥兼作曲（1961—1976；1978—1979）中国歌舞团指挥（1976—1978）	1979	40

三、论题时段划分的依据

笔者将本论文所研究对象的时间段界定在20世纪30—80年代，其原因在于在这一阶段里，内地作曲家在香港的音乐活动及影响力较香港本土的音乐家来说地位更突出，创作风格更多地受到内地民族音乐文化的滋养；在80年代以后，香港本土出生的作曲家队伍逐渐壮大起来，他们或接受本土教育，或接受海外教育后回到香港，这批香港本土音乐家逐渐成为音乐创作的生力军，他们的创作风格趋于现代，在音乐风格上与内地作曲家大为不同。进而，笔者将论题定名为——"移居香港的内地作曲家研究（20世纪

30—80年代）"。

在此论题之下，本人进一步将其内部结构划分为三个阶段，即（1）萌芽期（20世纪30—40年代，即抗战至解放战争时期）；（2）拓展期（20世纪50—60年代，即中华人民共和国成立前后至"文革"时期）；（3）黄金期（20世纪70—80年代，即"文革"后期及香港的"麦理浩"时代）。香港曾有所谓较集中的内地对香港的三次"移民潮"。有的作曲家移居香港是由于内地当时的政情，即1949年前后、1958年"大跃进"、1961—1963年的三年自然灾害、1966—1976年"文化大革命"等特定历史原因；有的作曲家则是在战乱结束后重返故里——香港，当然也存在其他个人原因。总之，此三阶段是"内地作曲家"去往香港发展专业音乐事业较集中的时段。与此同时，伴随几代内地移居作曲家的努力，香港的专业音乐事业迅速发展起来，也历经了如上"萌芽期""拓展期"和"黄金期"这三个阶段。

本论文需要重点解决的问题在于——总结内地作曲家对香港各项专业音乐发展的贡献。通过研究这三个阶段，了解内地作曲家在香港的生活，所参与的音乐活动、音乐教育及其音乐创作，从而了解他们跟中国内地和香港的关系；他们被中国内地和香港的身份认同；另外将他们对香港的音乐发展所作的贡献加以呈现并做出评价。

四、论题相关研究的历史与现状

（一）香港方面

香港本土作曲家的音乐创作虽然是从20世纪60年代开始，但香港音乐理论界对于本土音乐的研究工作却是在80、90年代才开始得到重视，研究成果和出版物尤其稀少。到了90年代后期，尤其是进入新世纪之后，才又相继出版了朱瑞冰主编的《香港音乐发展概论》[1]，吴赣伯编著的《20世纪香港中乐史稿》[2]，以及周光蓁编著的《香港音乐的前世今生——香港早期音乐发展历程（1930s—1950s）》[3]，这些专著的出现，为研究香港

---

[1] 朱瑞冰主编：《香港音乐发展概论》，香港三联书店1999年版。"概论"中指出：林声翕、黄友棣、黎草田、周书绅几位老一辈作曲家始终保持萧友梅、赵元任和黄自的创作风格，他们在中西音乐交融上，在保持民族传统风格方面，做出了这一代作曲家的历史贡献。另外，"概论"中还提出了，由于来自内地的作曲家施金波、屈文中、符任之等人的辛勤创作，使香港的艺术歌曲在七、八十年代又获得一次丰收，从中肯定了几代内地作曲家在香港专业音乐创作领域的贡献。

[2] 吴赣伯编著：《20世纪香港中乐史稿》，国际演艺评论家协会（香港分会）2006年出版。"史稿"中认为本论文中提到的这批"内地作曲家"，例如周书绅、吴大江、施金波、符任之、关迺忠、屈文中等，他们是香港在20纪下半叶，中乐创作的重要群体。

[3] 周光蓁编著：《香港音乐的前世今生——香港早期音乐发展历程（1930s—1950s）》，三联书店（香港）有限公司2017年10月出版。

音乐提供了依据。另有杨育强等编辑《林声翕纪念文集》[①]、刘靖之编著《林声翕传》[②]、傅月美著《大时代中的黎草田——一个香港本土音乐家的道路》[③]、郑学仁著《吴大江传》[④]等有关香港乐人专项研究成果的专著。

以上均为由局内人来总结的香港音乐历史，是可资利用的重要依据。

（二）内地方面

1988年6月，"第三次中国新音乐史研讨会"在香港召开，内地部分学者结识了费明仪、刘靖之等香港音乐界著名人士。在当时现有的条件下，有学者开始研究我们还不熟悉的香港音乐。特别是梁茂春教授从90年代中期开始了研究香港音乐的工作。1995年，其开始了"台湾、香港音乐研究"的课题研究，这一课题获得当时国家教委的支持和资助。1997年，为迎接香港回归，梁茂春教授又为中央音乐学院的研究生开设了"香港音乐研究"研讨课，与此同时他还在沈阳《音乐生活》月刊上开辟了"香港音乐变迁"的专栏，于1997—2000年的3年间，共发表了关于香港音乐的专题文章30余篇。1998年，其接受香港作曲家联会主席陈永华教授的委约，撰写《香港作曲家——30至90年代》一书，为此梁教授曾应邀多次到香港访问作曲家、音乐家。在陈明志博士的协助下，又收集到大量的香港音乐资料。一年后完成了这一写作、研究任务，并于1999年9月由香港三联书店出版该书。这是内地学者在20世纪末对香港音乐专题性研究的一部力作。书中设有两章介绍"从内地来香港的作曲家群"，分别概述"内地作曲家"的生平及其在香港进行专业创作的代表作品。

五、论题意义与价值

（一）现实意义

鸦片战争爆发后，1841年英国侵占香港岛，1860年侵占九龙半岛南部界限街以南领土，1898年又强行租借新安县深圳河以南、九龙半岛界限街以北地区及附近岛屿。1984年12月，中英两国签署的联合声明确认，从1997年7月1日起，中国政府恢复对香港地区行使主权，香港特别行政区同时成立。至此，香港地区长达150余年的殖民史宣告结束。2009年，香港已回归十余年，回顾"内地作曲家在香港"的特殊经历和成

[①] 杨育强等编辑《林声翕纪念文集》，香港华南管弦乐团出版部1993年版。
[②] 刘靖之著：《林声翕传》，香港大学亚洲研究中心、香港大学图书馆2000年9月出版。
[③] 傅月美著：《大时代中的黎草田——一个香港本土音乐家的道路》，香港三联书店，1998年版。
[④] 郑学仁著：《吴大江传》，香港三联书店2006年版。

果,作为中国近现代音乐史中的区域性专题研究来进行总结,其具有一定现实意义。

第一,对于香港来说,该研究厘清了"内地作曲家"对香港音乐文化发展所起的作用;

第二,对于内地来说,因为内地作曲家在香港的创作是在特殊境域中展开的,他们每一份成就的获得,都深含着音乐人类学和音乐社会学的意义,这对比较研究同时期两地的内地作曲家有直接的借鉴意义;

第三,对于中国这一整体来说,该研究在当下直接促进"中国音乐"这一整体研究,有助于中国音乐整体的全面整合。

(二)理论意义

第二次世界大战后的几十年间,香港以很快的速度走在世界新兴工业经济地区的前列,成为亚洲"四小龙"之一,获得了"东方之珠"的美誉。然而由于复杂的政治、历史原因,在上个世纪80年代之前,我们对香港音乐发展历史知之甚少,直到改革开放的80年代之后,才逐渐有了一些交流和了解。由于香港的历史背景和社会制度的不同,造成了音乐的发展情况亦与内地有很大的差异。香港回归十年有余,移居的"内地作曲家"现象,作为一种特殊的音乐形态群体,目前又引起了两地作曲家、理论家们的思考。因此,有必要从社会学、美学、心理学方面来探讨其在香港音乐生活及各阶段所带来的艺术意义及存在价值。香港是中国的一块宝地、要地,研究香港对中国历史文化传承的完整性是具有重大意义的。深入研究内地作曲家在香港的音乐成就和贡献,不仅有助于推动香港音乐整体的全面研究,而且可以填补香港音乐史研究方面的不足,从而促进"中国近现代音乐史"研究,使"中国音乐史"的研究更加全面。

第一章

香港专业音乐发展的萌芽期：
20世纪30—40年代移居香港的内地作曲家

概　述

香港背靠中国内地，面向太平洋，很早就是一个自由港。随着转口贸易的发展，香港成了中外交通的重要枢纽。从19世纪中叶起，西方人来华或中国人出境必多经过此地，因此，香港是中华文化最先接触西方文化的前沿之一。英国殖民统治者在香港实行西方的政治和自由贸易制度，使之成为其在远东的一个重要贸易基地，同时又通过办学办报来传播西方的价值观和现代科学技术。这些为香港的发展带来了有利的条件。从20世纪初开始到20世纪40年代，随着内地社会矛盾的加剧和革命思潮的风起云涌，香港的特殊地位日益显露，政治和经济环境的独特性更加明显，这为香港专业音乐创作的萌芽与发展提供了必要的条件。

一、移居香港的内地作曲家概况

20世纪30至40年代内地艺术家两度涌入香港，在港继续从事进步音乐活动，这固然与香港特殊的地理位置有关，同时，也与其相对宽松的政治环境分不开。在当时港英当局对华人社会采取不直接干预的"间接"统治政策，对于具有不同政治倾向的文艺思潮和流派基本上采取宽容的态度，这为南来的进步文化人留下了自由的活动缝隙。从抗战爆发起至40年代末，由于强大的外力作用，香港艺坛发生了急剧的变化，即从原来处于边缘性的自由发展状态，转而成为中国南部的进步文艺中心。这种变化是由内地艺术家的大批南下而引起的，并于香港沦陷前（1937—1941）及内地内战期间（1947—1949）分别出现了两次难民潮。在这两个时间段里，旅港的内地音乐家分别代表了三股重要音乐力量：一是传统音乐家，例如吕文成、易剑泉、何与年等；二是以文艺大众化为宗旨的左翼音乐家,例如黎草田、何安东等;三是以"新音乐"为目标的音乐家,例如小提琴家、作曲家马思聪,作曲家林声翕,声乐教育家赵梅伯、叶冷竹琴、胡然等。

【表1-1】萌芽期移居香港的内地音乐家名录(部分)

专业	音乐家名录	毕业院校/工作单位
作曲	黎草田	广东省立艺术专科学校
	黄友棣	广州国立中山大学
	林声翕	
声乐	赵梅伯、胡然	上海国立音专/上海音专(今上海音乐学院前身)
	李克莹	重庆青木关国立音乐院
	叶冷竹琴	南京金陵女子大学
	费明仪	南京国立音乐学院
粤乐演奏、作曲	吕文成	自学
	易剑泉	民间拜师学艺/广东戏剧研究所
作曲、电影配乐	卢家炽	广州中山大学
	张永寿	广州岭南大学化学系
	李厚襄	百代唱片公司
	綦湘棠	重庆国立音乐院理论作曲及声乐

1937年"七七事变"之后,内地受到日本侵略者的蹂躏,上海、南京、武汉、广州等重要城市相继沦陷,而英国人之统治下的香港仍属偏安之地,这里既可以做临时的避难所,又能成为通往大后方或其他地区的中转站,因而吸引了大批内地难民。据统计,从1937年到1941年,香港人口由46万急增至160万。在这近百万人口的大迁移中包含了不少文化人,他们或绕道香港而转往重庆与延安,或滞留下来继续从事抗日文化活动,其中音乐家有:何与年、易剑泉、黎草田、林声翕等。1941年底太平洋战争爆发后,香港已不再是独立于战火之外的孤岛。该年12月,日军侵占香港,旅港的文化人纷纷撤离,大多数华籍居民为逃避战乱而返回内地,这使得香港的人口锐减到1945年的60万。原有的艺术社团、学校荡然无存。日本投降之后的一年内,这些华籍居民又回到香港,1946年,香港人口恢复到了160万。1947年,第三次国内革命战争期间,大量内地难民再次涌入香港,使香港的人口激增到1950年的209万。随这股南下潮抵港的文化人,在人数上超过上一次。

中国内地对香港的第一次移民潮爆发于1949年5月。在中华人民共和国成立前夕,在对新政权报有多种复杂心态的驱使下,上海最先出现以香港为主要目的地的移民潮。10月,仅从广东南下香港的难民,高潮时,一天之内就有50多班民航班机抵港。这可以被视为是中国人奔向香港的第一次大移民潮,移民数量超过75万人。内地大批文化人、知识分子、艺术家、电影界人才，纷纷由中国内地来到香港立足、创业、活动。几年后，一部分内地文化人、艺术家返回中国，其中理由很多，主要包括：部分爱国人士要为建设祖国而服务，不愿留在殖民地香港发展；一部分则因为找不到工作，无法在香港立足生存。但当时仍然有不少文化人、艺术家、电影界人士留在香港发展，他们当中主要是来自上海的已成名的作曲家、歌星、电影明星、制片家等。这部分人能够迅速适应香港的生活，在香港创业发展。例如从事电影音乐创作的李厚襄、姚敏、梁乐音、王福龄等，他们成了促进国语时代曲在香港生根、成长及繁荣的功臣。1949年前后，在"第一次移民潮"中，来港定居的内地作曲家们就构成了其后第一代由内地去往香港的作曲家群。

香港音乐在20世纪上半叶与内地音乐界有着不可分割的血缘关系，旅港音乐家们在抗战、解放战争期间在港的活动，已成为香港音乐史上的一个奇特景象……

二、音乐生活

（一）传统音乐在香港的发展

香港属于岭南文化的一个分支，其早期流行的传统音乐与广东其他地区相同。百余年前英国统治香港的时候，全岛只有五千多人，主要是渔民和水上居民，可以说是广东省的一个大渔村。当时的音乐也只有渔民号子、粤语歌谣等民间音乐。后来发展而来的传统音乐类型主要有：以琵琶伴奏的粤讴和民歌；粤曲、南音、白榄、木鱼书等说唱音乐；粤剧（在当地是一种十分受欢迎的戏曲艺术）；还有粤乐、潮州音乐等器乐和"八音班"与"锣鼓柜"等器乐演奏形式。

从民间音乐文化传承的角度来看，香港虽然很久以来就被英殖民政府占据，但其始终与广东民间音乐保持着近水楼台的亲缘关系。内地所谓"广东音乐"，目前香港习惯称之为"粤乐"，它在内地的民间音乐中的影响由来已久，在香港的传统音乐发展中，"粤乐"也同样占有相当的地位。香港原住民大多数讲"广府粤语"（广东话）。香港早期的民族音乐曲艺是以粤乐为主，20世纪20、30年代，香港曾经是"粤乐"发展的一个基地，在30、40年代曾经是市民文娱生活的主流。何柳堂、丘鹤俦、吕文成[①]、尹自

[①] 吕文成（1898—1981），广东音乐演奏家、作曲家。广东省中山县人，20世纪20年代以来广东音乐最卓越的作曲家和演奏家，也是广东曲艺、粤曲的出色演唱家和革新家。早年旅居上海，颇受江南一带民间音乐及西方音乐文化的影响。20年代末期回到广东，1932年"一·二八事件"后，吕氏离沪，定居香港。居港期间，为香港"新月""和声""歌林"唱片公司聘请为固定艺员，长期从事灌制广东音乐、粤曲唱片工作和乐曲创作，并为"高亨""百代""胜利"等公司录制唱片。据不完全统计，各大唱片公司所灌录的，由他演奏和演唱的乐曲和粤曲，有270多张。吕氏一生创作了200多首音乐作品，其中不少广东音乐曲调成为百听不厌、脍炙人口、流传不衰的佳作。1981年8月22日，吕文成在香港病逝，享年83岁。

重等民间音乐大师在这里长期演奏、授徒，除发展传统曲目和引进外省曲目外，还不断进行创作。例如严老烈的《旱天雷》《连环扣》，何柳堂的《赛龙夺锦》，丘鹤俦的《狮子滚球》，吕文成的《平湖秋月》，易剑泉的《鸟投林》，何大傻的《孔雀开屏》等。而粤剧名家马师曾、薛觉先等也长期活跃在香港舞台。此外还有广东说唱、福建南音、潮州音乐等民间音乐在香港流传、发展。

香港由于受到"殖民文化"的影响，一些作曲家对于西方音乐也持大胆借鉴的观念。这种借鉴在粤乐的演奏方面也有所体现——从20世纪20年代开始，就有乐人广泛采用了小提琴、萨克斯管等西洋乐器，并在演奏上加以"粤化"，使它们很快就成为富有民族特色的乐器。另一方面，中国乐器也被音乐家们在"西化"风格上进行了大胆革新。吕文成在革新民族乐器方面，受到留美造船家、小提琴家、小提琴制造家司徒梦岩的启发，把二胡的外弦换上了小提琴的E弦，并把原来二胡的定弦提高了四度，首创了高胡，充实了民族乐队的高音部分，同时又吸收了小提琴的演奏技法，在立足于传统基础上大胆借鉴，融汇了西洋音乐的精华。在演奏方面，演奏高胡时又用上"滑音""加花""衬音""先锋指"等手法，从而丰富了高胡的表现力。高胡的出现使广东音乐发展进入了一个崭新的阶段。

吕文成除精通演奏高胡、扬琴等乐器外，还擅长用"子喉"，模仿女声演唱《潇湘琴怨》《燕子楼》《小青吊影》《台儿庄之战》《送征粮》等粤曲。当时被称赞为"调高响逸，雅韵欲流，使人聆之，荡气回肠"。这些粤曲演唱在20世纪30、40年代录制了大量的唱片，广泛流传。

在粤乐的繁荣过程中，也不断促进了粤剧的发展，从而使香港的粤剧在60年代进入全盛阶段。

1964年12月，吕文成曾寄语香港青年，他说道——

"香港是一华洋杂处的城市，西洋音乐普遍流行，中国青年对西乐认识较多，兴趣较浓……现在香港，中国音乐的地位就像一个跌倒的可怜人，……希望你们记得自己是中华儿女，对中国各地方性的乐曲艺术多注意、多欣赏、多发掘其中的优点，这是本人对国乐前途的一个期望。"[①]

事实上由于殖民政府对于中国的音乐文化不予关注，因此，香港的传统音乐，虽然在香港市民中长期繁衍，但实际上是处于一种自生自灭的状态。这很大程度上是由于香港政府的教育处早年间一直是由洋人掌管，因此中国音乐教育得不到重视。直到20世纪70年代随着经济的高速发展，殖民政府开始将视野逐步转向对香港文娱事业的大力

[①] 吴赣伯编著：《二十世纪中华国乐人物志》，上海音乐出版社2007年5月版，第53页。

投入。1977年，伴随着第一个职业化的香港中乐团的诞生，及其享誉海内外的成功发展和运作，就此开启了香港民乐从业余、民间走向职业、政府行为的进程。

（二）西洋音乐在香港的传播

1842年，香港沦为英国殖民统治的地区，她一方面接受内地母体文化的滋养和影响，另一方面也经历了西方文明的冲刷与洗礼。东方与西方、传统与现代文化在此不断消长、融合，呈现出纷繁的景象。香港自开埠以来，其早期的"西乐东进"这一景象，在过去一个世纪里呈现出独特的发展历程和耐人寻味的个性。

香港西洋乐是在开埠早期由洋人带进来的，香港当局在学校中移植了英国的音乐课程。根据现有资料，在第二次世界大战之前，香港的学校课程中并没有正式音乐课，以教会学校较为重视。1901年，法国人到香港创办天主教"法国婴堂"①，由修女个别教琴，当时所谓"音乐课"，实际只是选修弹琴，而并非必修。根据当时欧洲社会的时尚，有修养的淑女，在诗画之外，还必须懂"音乐"——弹钢琴。

在"抗战"之前，意大利籍声乐教授拉西欧·戈尔迪（Elisio Gualdi）当时已在香港教授声乐和钢琴，并从事作曲工作，除了宗教音乐以外，其首创改编中国民歌的先例，但很可惜已无法收集到任何乐谱。之后，戈尔迪又热心在香港推广歌剧演出。他和钢琴家夏里柯②（Harry Ore）、小提琴家托诺夫③（N.A.Tonoff）三位音乐家从20世纪20、30年代开始，就在香港私人授课并指挥教堂圣咏团，他们早期在香港的活动对当地音乐的发展产生了切实的影响。

（三）战时音乐生活

20世纪30、40年代，即抗日战争时期，香港的专业音乐创作尚数一片空白。由于特殊的政治形势和地理位置，香港成为内地文化人的集中地，一些内地的文学艺术家到香港躲避战火，例如文化界人士夏衍、田汉、茅盾等人。香港一时成为文化运动的中心之一。在抗战爆发后，国家前途、民族存亡和香港安危迅速成为港民的关注焦点，从那时起，一直到抗战结束，活跃于香港的南移左翼艺术家抱着民主爱国思想，用手中的笔

---

① "法国婴堂"后更名为"法国书院"French Convent School 的前身。

② 夏里柯（1885—1972，Harry Ore），俄籍钢琴家、作曲家，里姆斯基-科萨科夫的学生，曾在圣彼得堡音乐学院学习作曲和钢琴。20世纪初开始主要侨居香港和东南亚从事钢琴教学和演奏。1921年于香港出版其第一首钢琴曲《第一狂想曲》，1931年曾于上海出版其中国风味的钢琴曲集《粤调》，1941年避居澳门，以私人教学为生。其为中国港澳等地区培养了一些音乐学生。晚年定居、逝世于香港。

③ 托诺夫（N.A.Tonoff），俄籍小提琴家。原系俄国圣彼得堡音乐学院教授。他出自俄罗斯小提琴学派奠基人奥尔的门下，在演奏与教学上都有相当造诣。

来配合国内的抗战。他们也曾提出过"接触香港生活,表现此时此地"的口号,但波澜壮阔的民族解放运动,使他们无暇顾及脚下的这片岛屿。香港音乐此时已不由自主地汇入内地的抗战音乐洪流中,成为内地艺术的一种重要延伸。此时,香港音乐发展和内地音乐的关系更加密切。

抗战爆发后,音乐活动成为振奋军民士气,宣扬爱国思想的有利工具。1938年夏之秋率领的"武汉合唱团"到港澳演出,配合全国抗日救亡爱国运动的发展,使华人中的爱国歌咏运动得到相应启蒙。受限于物质条件的匮乏,能演奏乐器的人少之又少,因此,"歌唱"成为主要的音乐活动,"歌咏团"的组织如雨后春笋般出现。左翼音乐家的主要音乐形式是"群众歌咏"活动,这种艺术形式在灾难深重的中国近现代史上成为进步音乐工作者表达社会良知与批判现实精神的最有效途径。各种群众性的爱国歌咏团体,如"秋风歌咏团"[①]、"长虹歌咏团"[②]、"铁流歌咏团"[③],以及由黎草田领导的"皇仁书院歌咏团"等,一度比较活跃。抗战歌咏充分反映了那个时代的特殊情感。在物质环境极为艰难的状况下作战,除了用雄壮的歌声,励志的言语,还有什么更能鼓励大家坚持下去呢?

值得一提的是,抗战期间甚至有粤剧撰曲人将粤剧重新填词,当时称为"抗战粤剧",其中最著名的是"南海十三郎"[④],其用地方戏曲来号召国人同仇敌忾,抗击侵略者。

在音乐创作方面——以萧友梅、赵元任、黄自等人开创的"借鉴西方作曲技法"的中西交融的创作手法,对香港的影响甚至超过了广东传统音乐的影响。一些内地的音乐家、作曲家也在香港创作了一些作品。音乐家如马思聪、陈洪、李凌、夏之秋、林声翕、陈歌辛等人,均来到香港从事文化、音乐活动。林声翕、马思聪是内地专业音乐创作的代表人物——林声翕于1938年在香港谱写了艺术歌曲《白云故乡》,接着又创作了《野火》等;同年马思聪在广州沦陷之后到香港继续创作抗战歌曲,还在这里完成了《第二弦乐四重奏》,1941年马思聪又在这里谱写了《第一交响曲》和小提琴组曲《西藏音诗》。这些诞生在香港的音乐作品,标志着香港现代音乐创作的萌芽。

---

① 1938年黎草田与陈建功成立"秋风歌咏团",是香港的第一个合唱团,团长陈建功兼任指挥。
② 长虹歌咏团团长为黄炽铭,指挥为从事律师事务工作的卓明达担任,其为作曲家卓明理的兄长。队员20多人,最初由几个在教堂唱诗班的家庭开始组成。
③ 铁流歌咏团创办人、团长为声乐家马国霖。
④ 南海十三郎(1909—1984),原名江誉镠,自称江誉球,别字江枫,广东南海县人,早年就读于香港大学,是20世纪30年代著名的青年编剧。他是父亲太史江孔殷的十三子,故艺名"南海十三郎"。粤剧泰斗薛觉先的徒弟、电影皇后梅绮的叔父。

三、音乐教育

（一）普通音乐教育

香港开埠初期的教育与中国内地传统的私塾制度相一致。1905年清政府接受"废科举，兴学堂"的改革方针以后，"远法德国，近采日本"来兴办公学的思路在全国各地逐渐得以实施，随即在许多学堂里开设了"乐歌课"，其中所选唱的歌曲就是"学堂乐歌"。它是中国近代新音乐的萌芽。然而"学堂乐歌"是否对当时香港的学校音乐教育有何影响，目前并无翔实史料记载予以证实。但早期的香港学校音乐教育，以教会学校较为重视的事实是肯定的。英国殖民者将基督教为主的英国音乐文化带到香港，贯穿于中、小学学校音乐教育和社会生活当中。在教会学校里，修女或修士、神父们用脚踏风琴来为早祷和唱圣诗等活动伴奏。当时亦没有任何音乐教材，最初的音乐课主要偏重"唱歌"，而歌唱所使用的教材则多选自宗教圣诗，或早期内地音乐教育家沈心工、李叔同等创作的"学堂乐歌"。

1939年，香港政府教育司署提出一份"宾尼教育报告"（Burney Report），提议学校课程中应该设有体育、音乐、美术、手工等课程。但并未提到"唱歌"，也没有强调"必须"设立，对于音乐教育的实施并不采取积极的态度。由于英殖民政府不重视音乐科，由学校自行安排，因此形成了教会、私立学校比官校的音乐教育活跃得多的状况。香港教会开办的小学与初中一般都有音乐课和唱歌课，官校、私立和民办学校则因自身办学情况而定。师资、设备、教材以及校舍状况等都影响到校方能否开设音乐课。当时能够开设"音乐课"的学校所选用的教材范围除了上海出版的《复兴初级中学音乐教科书》[①]，和美国出版的英文歌集《一百零一首最佳的歌曲》（The One Hundred and One Best Songs）[②]等以外，还有少量抗战歌曲、中外名曲、学校歌曲、民歌、甚至电影歌曲等。

[①] 1933年6月受上海商务印书馆委约，由黄自、应尚能、韦瀚章、张玉珍等编辑出版。

[②] 书名题目：《The one hundred and one best songs for home, school and meeting》，出版地：芝加哥，出版者：The Cable Company.1901年初版。本书实为107首。其中大都是英美著名歌曲，其中不少流传至今，但也有西方其他国家名歌英文版。该书曲目分为6类：爱国歌曲、学校和幽默歌曲、圣歌、儿歌、情歌以及杂项。每首歌加以简单说明，还配有不少关于音乐的名人格言。

（二）香港中华音乐院

1947年成立于香港的"中华音乐院"是香港最早的专业音乐教育机构，是中共地下党、左翼进步人士李凌、赵沨以"新音乐社"名义而开办的业余音乐大学，曾培养了不少音乐家，团结了很多进步青年。香港著名乐评家周凡夫曾评价："中华音乐院可说是因为时代变迁、过渡期的契机，在香港诞生而与中国内地数十年来音乐发展具有密切关系的音乐教育机构。"该院成立的缘起是由于内战局势的原因，即1946年，以蒋介石为首的国民党顽固派公然撕毁"双十协定"、开始大举武装进攻解放区和搜捕国统区的共产党员，全面破坏抗日战争以来所争得的第二次"国共合作"的局面，全面挑起气势汹汹的"第三次国内革命战争"。在这严重的时刻，在周恩来同志的统一布置下，为了保护国统区文化界的革命力量，开始有组织地将大量文化界的党的骨干、著名进步文化人士，分批撤往香港。此事在上海主要由"文委"冯乃超等同志负责。到香港后，这项工作又分别由中共南方局香港"群委（包括学联等组织）"和"文委"直接领导[①]。1947年4月，中华音乐院在中国共产党南方局党委领导下，院长由马思聪担任，但实际工作由李凌与赵沨两位副院长负责。教务（后改名"院务"）先后为叶素、严良堃、谢功成等担任，校务先后为陈新生[②]、俞薇担任。该院持续不到3年，在当年吸纳了不少著名音乐家任教。

【图片1-1】1947年香港中华音乐院旧址

[①] 具体负责工作的领导有：方方、乔冠华、龚澎、夏衍、邵荃麟、林韵等。详情参见汪毓和：《对香港中华音乐院的调查和研究》，刊于《中央音乐学院学报》2007年第3期。

[②] 陈新生，当时主要从事出版，在社会上人头很熟。

【表1-2】香港中华音乐院部分教师名录

教师 \ 工作情况	职务	工作职责	解放后曾担任的主要工作
马思聪	院长	小提琴、演出	中央音乐学院院长，中国音协副主席等职。
李凌	副院长	刊物出版等	中央音乐学院教学部主任、音工团团长，中央歌舞团团长，中央乐团团长，中国音协副主席，中国音乐学院院长等职。
赵渢	副院长	音乐欣赏，编译作曲理论教材	中国音协秘书长、副主席，文化部办公厅主任、中央音乐学院副院长、院长，兼中央歌剧团团长等职。
严良堃	教师	作曲理论、视唱练耳、钢琴等	中央音乐学院音工团指挥，中央乐团首席合唱指挥、中央乐团团长，中国音协副主席、顾问。
谢功成	教师	作曲理论	华南文艺学院音乐部副主任，中南音乐专科学校作曲系主任，湖北艺术学院副院长，武汉音乐学院院长。
俞薇	教师	钢琴、大提琴等	中南音专副校长、广州音专、广州音乐学院副院长等。
叶素	教师	声乐	中南音专副校长、湖北艺术学院、广州音乐学院副院长等。
黄伯春	教师	声乐、歌咏	中央实验歌剧院歌剧团团长。
陈良	教师，后被派赴越南任该院所分设的"音乐班"主任	声乐、歌咏指挥	中央音乐学院音工团、中央歌舞团任职、广西艺术学院院长、上海音乐学院副院长等。
胡均	教师	作曲理论	广州华南文工团团长，东方歌舞团党委副书记等。
谭林	教师	作曲理论、出版工作	广东音协秘书长、常务副主席。
熊克炎	教师	作曲理论、钢琴	中央音乐学院视唱练耳教研室主任。
黎章民	教师	翻译编辑、英语、出版、"文委"工作、《星岛日报》副刊"音乐"的编辑	中央音乐学院研究部编辑、本科英语教师；人民音乐出版社历任编辑室主任、副总编辑、社长等职。
肖英		歌咏、"学联"工作	中央歌舞团任办公室主任，后调任东方歌舞团任副团长等。
黄容赞	教师	作曲理论	中南音专、广州音专、星海音乐学院任教。
曾理中 杨匡民 孟文涛	教师	作曲理论	中南音专和武汉音乐学院任教。

以上这些教师当年在香港的音乐教育普及工作和音乐活动的推动过程中，都发挥了很大作用。另一方面，中华音乐院也为中华人民共和国培养了大批音乐骨干——解散以后，大部分返回内地，也成为全国各地重点音乐机构及院校的领导与教学工作者。

中华音乐院的学制和方针完全仿照上海中华音乐院，主要培训音乐运动干部。该院分为作曲、声乐、器乐三个系，学制四年。具体分为日班、夜班和星期班三个时段开课，其中夜班又分为本科和师范科两类。学员分为提琴、声乐、钢琴、理论作曲、舞蹈五个组。各专业主科除分设初、中、高级考试的课程标准外，还设有乐理、视唱练耳、音乐欣赏、钢琴、音乐史、和声、曲体学、对位法、指挥法等共同课。中华音乐院的专业设置和课程开设较为灵活，比较适应香港当时的具体情况，尽快地为当地培养了急需的音乐人才，例如叶纯之[①]、许仪曜[②]、陈以炳[③]、谭少文、温虹、王光正等。

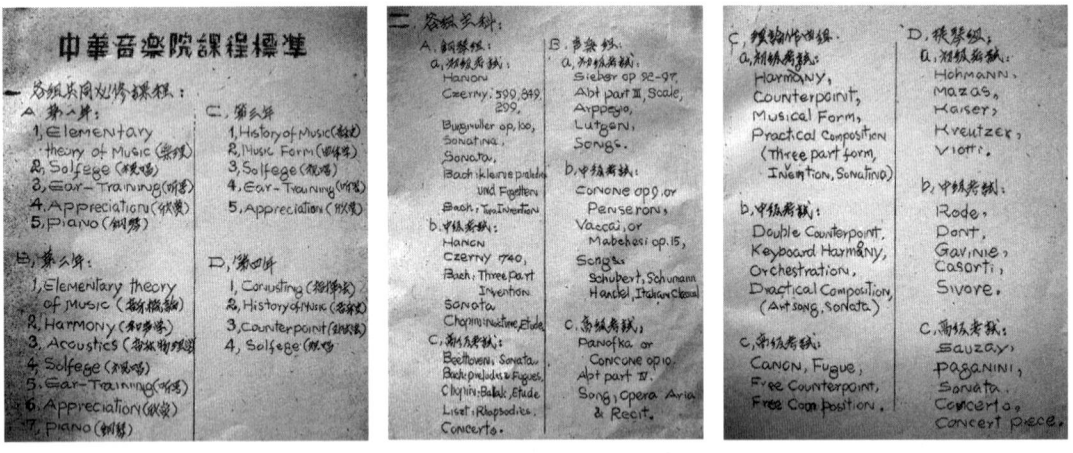

【图片1-2】香港中华音乐院课程标准：必修课/主科（钢琴、声乐、理论作曲）

中华音乐院在香港《星岛日报》开辟了"音乐（双）周刊"[④]，以马思聪为名义主编，但实际工作由黎章民来具体负责[⑤]。学院从1947年6月7日至1948年10月30日共出版41期周刊。学院师生拿起手中的笔，在当时艰苦、特殊的环境下，积极地以新闻方式在香

[①] 作曲理论主科学员。新中国成立后曾在上海音乐学院任教，20世纪80年代后返回香港主要从事创作及评论。
[②] 作曲理论主科学员。新中国成立后曾在中央音乐学院作曲系学习，后调文化部教育司工作，20世纪80年代后在香港从商。
[③] 乐队指挥。后任香港A.M.A.管弦乐团指挥。
[④] 此刊物从第15期，即1946年9月开始由周刊改为双周刊。
[⑤] 2006年10月笔者访问黎章民本人所提供的信息。

港宣传新音乐。在每期周刊中大致均刊登一首"新歌"小品，并且以简谱和五线谱两种谱式合记的方法刊印。而在这些刊登的新作里，马思聪的作品占六成以上，例如其为《坎巴尔韩》《青春舞》（新疆）、《玩灯》《拜新年》（陕西）、《慢诉》（山东）、《绣香带》（甘肃）、《黄连苦》（昆明）等民歌编曲或配伴奏。马思聪的这些"新歌"作品的乐谱均为声乐（小提琴）的主旋律和钢琴的伴奏声部的结合，此种形式满足了中华音乐院的声乐、提琴和钢琴三个专业学生学习以及教师教学的实际需求，并且对香港地区的音乐普及是较为实用的方法。此外，周刊还发表学院教师们有关声乐、钢琴表演理论文章和翻译、介绍外国音乐家相关的理论文章，拓宽读者对以西为师的新音乐的理论视角。

由于香港中华音乐院的建成，一批音乐家和文化人集中到了中华音乐院，使之成为香港歌咏运动的一个中心，掀起了香港群众歌咏活动的高潮。"1947年11月16日，由香港歌咏协进会联合港九几十个业余歌咏团，举办了"星海纪念音乐会"（"黄河大合唱"）；1948年3月举办了"千人（也有称"二千人"）大合唱"音乐会（"新年大合唱"），由港九歌协20余个团体组成；1948年5—6月份，与中原剧社、建国剧社隆重联合演出了（港英政府只批准的）6场歌剧《白毛女》。以该院名义对外的演出还有：马思聪的《祖国大合唱》《春天大合唱》等作品。"①

1948年秋，由于内地战争形势发展很快，迫切需要补充大批干部。"音乐院"奉命开始分批抽调干部回内地。如俞薇、谭林等去广东东江游击队工作，胡均、谭庆逢、许文辛等去闽南游击区工作等。1949年春夏又将李凌、黎国荃、严良堃等和赵沨、陈良、黄伯春、肖英等分批调回北京，广州解放后，又将俞薇、谢功成、叶素、曾理中、苏克、孟文涛等分批调回广州。中华音乐院交给叶鲁接办，1950年，港英政府查封38个歌咏团体，叶鲁返回广州，院务由陈建功接手，不久该院也遭查封，即正式解散。②

1947年香港中华音乐院的创办是新中国成立前内地赴香港从事音乐工作一次规模最大、质量最高、影响最深远的举措，这也是当时香港在专业音乐教育方面开始真正起步的首例。在短暂的3年里，香港中华音乐院通过各种社会活动团结和培养了众多香港音乐界人士，通过办学的方式，无论从政治上还是专业方面，都培养了大批音乐骨干，在新中国成立后回到内地，为新中国做出贡献。另外，学院通过出版音乐刊物，来传播解

---

① 汪毓和：《对香港中华音乐院的调查和研究》，刊于《中央音乐学院学报》2007年第3期。
② 有关中华音乐院，请参阅：汪毓和：《对香港中华音乐院的调查和研究》，刊于《中央音乐学院学报》2007年第3期；李凌：《往事杂忆——关于香港中华音乐院》，刊自《香港中华音乐院建院四十周年纪念》第19—30页，1987年4月1日，香港中华音乐院校友会印制；刘靖之：《早年香港的音乐教育、活动与创作》，选自朱瑞冰编著：《香港音乐发展概论》第21页；《星岛日报·音乐（双）周刊》1946年6月7日至1948年9月30日。

放区、国统区进步音乐创作和推动香港的进步歌咏运动,在当地群众中反响巨大,并且留下了深远的影响。

第一节　香港早期左翼音乐家:黎草田

　　作曲家的生活曲线好像是一条铁轨,创作事业在它上面迂回地前进着,寻求着理想的目的地。①

——黎草田

　　黎草田(1921.4.20—1994.2.13)祖籍广东中山县,生于越南西贡,原名黎观暾,又名黎丹路,抗战期间改名"黎草田"(后简称"草田")。其8岁移居广州,初中毕业后举家移居香港。七·七卢沟桥事变发生后,就读中学时的黎草田受到全民抗日救亡的形式所推动,积极投身到香港同胞支持抗战的爱国热潮中去,在抗战爆发前夕就开始参加救亡歌咏运动,抗战初期即在华南地区辗转大江南北,从事音乐救国工作。1938年黎草田与陈建功成立"秋风歌咏团",这是香港的第一个合唱团。黎草田以歌声去宣传抗日救国,不仅担任独唱及合唱领唱,还担任合唱的指挥。1939年3月,其指挥香港中华基督教青年会唱歌班的千人抗战大合唱。1940年,其参加港粤青年会随军服务团赴前线担任文艺宣传工作。

　　在1940年前后,黎草田就成为当时《新音乐》杂志少数投稿者之一,并先后在该月刊《每月新歌选》上发表不少作品,例如《游击队歌》《战马嘶鸣》《过来吧兄弟》这些歌曲在当时曾经产生过很大的影响。1942年考入"广东省立艺术专科学校"音乐系,正规学习音乐,这使他的音乐才华在日后有全面提高和发挥。1944年7月,他参加了中国共产党领导的抗日文艺演出队"演剧四队"②,从此黎观暾改名叫草田,与演出队活跃

---

① 黎草田:《音乐札记之生活的曲线》,摘自傅月美编辑《大时代中的黎草田》第199页。
② 抗敌演剧队是中国共产党领导的以演剧方式进行抗日宣传的文艺团体,全称为国民政府军事委员会政治部抗敌演剧队,1938年8月组建于武昌,由周恩来组建并领导的一支特殊的战斗队伍。在武昌昙花林宣布成立10个抗敌演剧队,由郭沫若、田汉、洪深主持训练1个月后分派各战区抗日前线工作。在抗战前期,一队在广东,二队在江西、湖南,三队在山西,四队在湖北,五队在安徽、江西,六队在安徽、山东,七队在浙江,八队在湖南,九队在广西,十队在河南,进行演剧宣传活动。"抗敌演剧队"在抗日战争初期长期活动于环境复杂、危机四伏的国统区,运用文艺武器去鼓舞抗日将士英勇杀敌、动员组织民众踊跃向前、团结激励各阶层人民一致对外,团结抗战。他们在战地、农村、街头、剧场演出话剧、音乐数千场,他们抬担架、救伤员、教群众识字、教学生唱歌……他们是文艺战线上的群众工作队。"抗战演剧第一队"在1941年改番号为"抗敌演剧宣传第四队",1945年日军投降更名为"演剧四队",1946年1月改名为"军事委员会政治部演剧第四队"。

于西南后方，曾奔赴前线随军服务，沿途指挥歌咏，向老百姓宣传抗日。草田在队中负责音乐组的业务训练，具体担任练耳、和声讲解工作。黎草田早年与舒模、孙慎、费克集体创作了诵唱长诗《岁寒曲》①，由"演剧四队"和"新中国剧社"演唱并出版。黎草田作曲的《屠场葬礼》（赵华词）、《将军的号令》（瞿白音词），流传较广。1945年8月15日，日本宣布投降，"演剧四队"于10月在贵州举行盛大的"为胜利而歌"音乐会，草田创作的《和平序曲》②（史莽作词）在音乐会上演出，反映热烈。

抗战胜利后，1946年黎草田重回香港。其后，他创作了许多反映时代呼声的歌曲、粤语群众歌曲并继续组织香港的民众歌咏活动。从1946、1947年间，黎草田开始与李凌、赵沨等一起在被称之为"文化沙漠"的香港开展群众音乐工作。此外，他还参加了胡均所领导的"港九歌咏联谊会"的工作，他负责多个合唱团，同时为香港电影进行配乐工作。1946年12月，《新音乐月刊》（华南版）由广州移到香港出版，出版第一卷第六期，黎草田应邀加入编委③。当时他主要负责印刷、发行等方面的工作，期间他用广州方言作词创作了歌曲《古怪歌》④。1949年渡江战役胜利之后，黎草田又发表了歌曲《渡江的儿郎，辛苦了》⑤，引起了很大的反响。他为反内战、争民主做了很多工作。

1949年，中华人民共和国成立后，草田长期从事爱国电影作曲、配乐工作，1952年，加入"长城电影公司"，担任电影配乐和作曲，为许多电影创作了脍炙人口的歌曲。直到20世纪80年代，他共创作电影配乐及插曲作品140余部，包括《翠翠》《白发魔女传》《绝代佳人》和《梁上君子》等。他同时又是位电影演员，常在"长城""凤凰"等电影公司的影片中演出，演技颇为出色。在20世纪60、70年代，他随"香港银星艺术团"曾先后到新加坡、马来西亚、菲律宾等东南亚国家去演出，并担任该团艺术指导。1979年起，草田开始为香港话剧团⑥演出的剧目作曲和配乐，话剧代表作有《骆驼祥子》《象人》《溥仪》《雄霸天下》《莫扎特之死》《榕树下》及《明月明年何处看》等，这些话剧插曲和配乐，令演出增色不少。

黎草田对于香港音乐发展最突出的贡献在合唱领域。几十年来，他在业余时间组织和指挥合唱团，演唱进步歌曲。1958年，在新华社香港分社文体部的倡议下，草田组织

---

① 1945年创作，内容反映湘桂黔大溃退，其中两首《屠场葬礼》《将军的号令》为草田所作。又有称该作品题材为"合唱组曲""叙事诵唱长诗"。
② 1944—1945年，黎草田在"演剧四队"时创作此曲。
③ 主编赵沨；编委：黄力丁、胡均、黎草田、孙慎、联抗、陈新生、郭杰。
④ 发表于1946年8月《新音乐月刊》华南版一卷四期。
⑤ 发表于1949年4月26日香港《大公报》。
⑥ 香港话剧团建团于1977年，于2001年公司化，是非牟利艺术团体，是香港历史最悠久、规模最大的旗舰剧团。

了"音乐爱好者合唱团",1975年改名为"草田合唱团",该合唱团经常演唱中国歌曲和中国民歌,在宣传、推广中国音乐作品方面作出了许多努力,使香港音乐爱好者能够不断听到内地的新作品。香港20世纪60、70年代的国庆文艺汇演上,他指挥的合唱节目,常常担当演出的重头戏,深受欢迎。1986年,他与费明仪女士一同组织了"香港合唱团协会",有力地推进了香港的广大群众的业余音乐生活。

黎草田一生创作了大量群众歌曲、电影歌曲与方言歌曲,并将100多首中外名曲改编成合唱。他的音乐特点是简洁、流畅。代表作有独唱曲《我底歌》(史潮诗)、《我站在悬崖上》[1](野雪词);合唱曲《再出发进行曲》[2](符公望词)、《骆驼祥子》[3](袁立勋词);电影插曲《彩舞曲》[4](杨髦词)、《唱四季》[5](丁可词)。草田后期也创作了一批器乐作品与管弦乐作品,如钢琴曲《跳鼓》[6]、《昨天的梦》[7],中乐合奏曲话剧《聊斋新志》[8]主题曲等。

《我底歌》是草田于1944年在"演剧四队"时期创作的歌曲,代表了草田早期的创作风格,同时也刻画了在战争年代革命者坚强不屈的精神形象:

"我愿意像一匹骆驼,驮着万斤重载,跋涉在沙漠,累死在沙漠,我愿意像一块毛铁,投进然然烈火的熔炉,经过千锤百炼,变成钢!我愿意像一只海燕,唱出旧世界将覆灭的预言,在暴风雨之前,告诉人们:下过雨,就是晴天!"

在抗战的艰苦岁月中,黎草田期望通过歌声表达一种革命的乐观主义,用比拟的手法("骆驼""毛铁"和"海燕")反映出革命者不屈不挠的坚持。相比同时期黄自的艺术歌曲《玫瑰三愿》而言,黄自借此曲反映战火洗礼后,上海国立音专校园外的玫瑰一片凋敝,黄自以田园诗式的艺术歌曲精细、雅致、细腻、含蓄的"学院风格",表达玫瑰对青春幸福的渴望,从而诠释出战火对美好事物的无情摧毁后的无奈。而草田的《我底歌》(见谱例1-1)中的"三愿"则表达的是一种直接、踏实、厚重、真切地反映广大群众的呼声与战时的朴素感情。

---

[1] 《我底歌》《我站在悬崖上》两首歌曲均为1944年3月,草田在"广东艺专"时期的作品。《我底歌》,1947年4月刊登于《新音乐月刊》第六卷五期。
[2] 又名《分别进行曲》,广州方言演唱,1947年3月发表于《新音乐月刊》华南版第二卷三期。
[3] 话剧《骆驼祥子》主题曲,用广州方言演唱,1979年创作。
[4] 电影《绝代佳人》插曲,1953年创作。
[5] 电影《玫瑰岩》插曲,1956年创作。
[6] 1984年发表。
[7] 话剧《人啊!人》主题曲,1985年创作。
[8] 此曲曾获第二届香港舞台剧奖"最佳创作音乐奖",1990—1992年抱病期间为湾仔剧团而作。

【谱例1-1】《我底歌》(1944)

黎草田

与香港同期从事艺术歌曲及合唱创作的作曲家林声翕、黄友棣相比,黎草田最大不同就是其作品中许多都是用"广州方言"来演唱,而前两位的作品均用普通话来演唱。黎草田此种做法在当时十分罕见,即便是现在,也是很少有的。这一类型的作品有二部轮唱《一只豺狼一只羊》(1947)、合唱曲《再出发进行曲》(1947)、话剧《骆驼祥子》(1979)同名主题歌、艺术歌曲《枫桥夜泊》(1979)、混声合唱《风萧萧兮易水寒》(1982)等。从某种意义上讲,这种做法更具有地方性、区域性特色。

草田在其后期创作了数首钢琴独奏曲,其中1984年发表的《跳鼓》是较为突出的,作品描绘了老乡们在嘹亮的音乐声与击鼓声中,跳着粗犷的民族舞蹈,连续的三连音模拟越来越快的鼓点,这段音乐粗犷而富有活力,表达他们对丰收的喜悦(见谱例1-2)。其后,"一对年轻的恋人,被大家拥出来表演双人舞。女的千姿百态、脉脉含情;男的则活泼调皮,不时向女的挑逗。最后,二人的舞步溶在大伙儿的快速节奏中,热烈而奔放地进入舞蹈的最高潮,再现主题鼓声旋律。"①

【谱例1-2】 钢琴曲《跳鼓》(1984)

黎草田

香港20世纪40—50年代的左翼音乐的发展与当时全中国音乐主流相一致,即群众歌曲与进步电影歌曲的创作。黎草田始终与内地音乐界、文艺界保持着密切的联系和往来,他的创作切实地迎合了当时的时代要求。他还担负了团结香港的进步文艺界朋友的工作,每年音乐舞蹈界国庆或春节联欢会,他都是主要策划者。自20世纪50年代起,黎草田一直担当着香港"左翼"音乐活动的领路人,即使是在"文革"时期,他也带领了香港音乐代表回内地参加了第四届"文代会",在会上作了关于"港九音乐"的工作报告,并出任"中国音乐家协会"音乐创作委员,以及第五届及第六届广东省政协委员。1993年,草田荣获"第二届香港舞台剧奖"之"最佳创作音乐奖";1994年,荣获"第三届香港舞台剧奖"之"香港戏剧协会特别纪念奖"。

黎草田是香港本土音乐的拓荒者,在经历了国内外种种政治的冲击,他都全力地投身到社会与政治的洪流里,坚定地推进了香港文化的"时代"进程。可以说他将一生献给了中华民族的进步音乐事业,他勤勤恳恳地为抗日战争、为中华人民共和国的兴旺和香港顺利回归祖国,都做出许多有意义的工作,是多年来,在香港乐坛上一直被公认的"左翼"音乐界的代表。

---

① 黎草田纪念音乐协会出版CD:《〈大时代中的黎草田〉黎草田作品选》CD封面内页说明。

第二节　以声乐创作见长的作曲家：林声翕、黄友棣

20世纪40年代，中国艺术歌曲和民歌在香港开始被接受和认识。香港的艺术歌曲创作同样深受政治、经济、社会环境等因素的影响。从50年代开始，可以说进入香港艺术歌曲创作的第一阶段。当时从事音乐创作的专业作曲家不多，如周书绅、张永寿等，但其中影响最深的，还要数在中国内地接受专业音乐教育，于1949年移居香港的林声翕、黄友棣这两位作曲家。

一、林声翕[①]

艺术须反映时代精神。

——林声翕

林声翕可谓是香港专业音乐创作萌芽期的拓荒者。多年来，他在香港音乐界做出了许多创举：20世纪30年代，在林声翕笔下诞生了香港早期的艺术歌曲《白云故乡》《野火》等；1940年他在香港出版了他的第一本艺术歌曲集《野火集》；1956年林声翕在香港创办了第一个全部由华人乐队成员组成的"华南管弦乐团"。林声翕作为香港音乐界的元老，其声乐作品的影响力至今首屈一指。

[①] 林声翕（1914.9.5—1991.7.14），广东省新会人，著名作曲家、音乐教育家、指挥家。1931年入读广州音乐学院，师从黄晚成老师学习钢琴。1932年考入上海国立音乐专科学校，主修钢琴，从师于俄籍教授拉查罗夫。师从萧友梅学习和声，随黄自教授学习作曲。1935年毕业后，出任广州中山大学音乐系讲师。抗日战争时期，逃难到香港。1941年后，香港沦陷，其赴重庆担任教育部中华交响乐团指挥，兼任国立礼乐馆典礼委员会委员。1945年，迁往南京执教。1949年南京解放，再度迁居香港，为华南管弦乐团出任指挥一职。先后执教于德明书院、清华书院、岭南书院，兼任英国皇家音乐学院香港区主考。1961年，在香港德明书院创办音乐系。1964年，往欧洲等地考察音乐教育，历时一年。20世纪70年代后，多次赴台湾进行讲学、演出等活动。1990年到北京、西安等地访问。其作品形式和风格多样化，除了交响乐、室内乐、歌剧、大合唱（如1973年创作的《山旅之歌》和1987年创作的《中华颂歌》等）之外，他的声乐作品（特别是艺术歌曲）占极重要的分量。其中较突出的有《满江红》（1932）、《野火》《白云故乡》（1938）、《水调歌头》（1942）、《草绿芳洲》（1943）等是林声翕早年的优秀声乐作品。此外他还作有交响诗《西藏风光》（1955），歌剧《鹊桥的想象》，钢琴曲《泰地掠影》（1972），声乐曲《野火集》（1940）、《期待集》（1962）、《山旅之歌》（1974）等。

【表1-3】林声翕各类体裁音乐作品信息一览表

作品体裁	作品量	作品名称
创作歌曲	198	《白云故乡》《野火》《秋夜》《期待》《你的梦》等百余首
改配器歌曲	138	《一根扁担》《掀起你的盖头来》等民歌百余首
清唱剧	2	《五饼二鱼》《长恨歌》（为黄自补遗）
合唱交响诗	2	《抗战史诗》《中华颂歌》
歌剧	3	《易水送别》《鹊桥的想象》《倾国倾城》（未完成）
室内乐	3	《新年小品》（五重奏）、《哀歌》（大提琴与钢琴）、《BBC Fanfare》（铜管乐队）
管弦乐	7	音画三幅《海、帆、港》、交响诗《壮丽的海洋》《怀念》《西藏风光》《爱丁堡广场》《寒山寺之钟声》《机智叙事曲》等

（一）暂住香港时期

早在20世纪30年代，林声翕因躲避战火，暂居香港3年（1938—1941）。在这期间，其为香港萌芽期的专业音乐创作记录下最早的、历史性的一页。此时的林声翕在上海国立音乐专科学校刚毕业不久，秉承其师黄自的音乐美学传统，在国难当头之际创作了许多艺术性与爱国思想相结合的声乐作品。

艺术歌曲《白云故乡》[①]创作于1938年夏，林声翕与他的老师韦瀚章及合唱团的朋友相约到浅水湾游泳，嬉戏之间，北望白云山的故乡，远山浮现海上，波浪响起，热血奔腾的青年，又如何不仇恨日本侵略者？韦先生很快就将此诗写好，林声翕为之谱曲，这是林声翕与韦瀚章第一次合作的歌曲。作者首先用行板、富于感情的 $\frac{3}{4}$ 拍子开始，以 $^\flat g$ 小主和弦移入主调 $^\flat G$ 大调，伴奏用一连串规则的属七和弦琶音导入歌调（见谱例1-3），这象征海波似的音响，激起人的情怀、陶醉、回忆、迷惘的意念。当歌调唱出"层云的后面，便是我的故乡，海水茫茫，山色苍苍，……"的词句，格外使怀乡的游子，有感归不得的凄然哀伤。在第25小节标示激动（见谱例1-4），随之伴奏响起一连串较强劲的"柱式"主属和弦间交替的音响，描述化悲愤为力量的决心，歌曲随之在宏伟强烈的 $^\flat G$ 大调的主音上结束。

---

① 《白云故乡》创作于1938年夏，是林声翕与其师韦瀚章先生的初次合作。1993年该曲入选"20世纪华人音乐经典"。

【谱例1-3】艺术歌曲《白云故乡》(1938)片段一

林声翕

【谱例1-4】艺术歌曲《白云故乡》(1938)片段二

林声翕

海水茫茫，山色苍苍。白云依恋在群山的怀里，我

1940年，林声翕在香港出版了他的第一本，同时也是香港这片土地上诞生的第一部独唱歌曲集《野火集》。歌集中收入其1932—1938年所写的8首声乐作品：《满江红》(1932)、《渔夫》(1935)、《春晓》《夏夜》(1936)、《雨》《野火》《白云故乡》《浮图关月夜》(1938)。这本歌集奠定了林声翕在中国新音乐史上的地位。其中《满江红》《野火》《白云故乡》三首迄今仍然深受欢迎，经常在音乐会上得到演出。

林声翕在谈到自身创作心得时曾谈到：

"作曲首先要把技术训练好，技术不但是和声、对位、作曲法等群体的技术，同时也要了解乐器的发展，还有乐曲内容的设计都很重要，一首乐曲如没有内容，只是为技术而技术，那么这个作品只是对音响的堆砌，那样是不会动人的。因为到底人是有人性的，人性里面也有感觉、感情，那感情的喜、怒、哀、乐、爱、欲、恨要在你的作品里发挥出来，没有感情就没有人情，也就引不起人的共鸣。我觉得作品中第一要有'感情'与'人性'；第二要有'时代感'——每个时代都在发展，变迁，可是每个时代都有其特定的精神，比如说，当年"抗战"就有当时的时代精神，有时代感，假如今天有人要写，可能只是从文字去感受，却没有真正感受到当时的时代精神……"[1]

正如词人韦瀚章[2]于1940年5月14日为《野火集》再版的"序"中评价：

《野火集》中充满了抗战意识，民族风格；有悲壮激昂、沉雄愤慨的节奏，使人同仇敌忾的气势；也有悠悠的旋律，使人撼动了"故国不堪回首"的情怀，引起早复河山的愿望。作者以抒情的体裁完成这本集子，正是适应现在音乐的欲望的产物。[3]

林声翕早期的歌曲风格较为严谨，受到其师黄自精细雅致风格及德奥艺术歌曲的技法影响较深。《满江红》《野火》和《白云故乡》有明显的欧洲风格痕迹。较同时代的作曲家，如黄自的其他"四大弟子"[4]相比，林声翕在严谨、典雅风格方面则显现得较为突出。

（二）定居香港时期

林声翕为躲避战火，早在1938—1941年间，曾暂居香港3年，之后又回到内地，1949年以后则长期定居香港，创作不断。从50年代开始，其先后在香港主持德明书院音乐系、清华书院音乐系，并创立华南管弦乐团（1956—1970）。1973年，林声翕与韩国、日本、菲律宾、台湾的音乐家倡议组成"亚洲作曲家同盟"。凡此种种，都不是一般音乐家能够成就的，他的音乐才华与领导能力在香港备受推崇，也是"香港作曲家"中的中流砥柱。

林声翕自20世纪50年代来港定居以后还创作了许多独唱曲，如《期待》（1950）、

---

[1] 2008年5月笔者根据香港浸会大学图书馆收藏的录影带《八千里路云和月：林声翕的创作路程》整理录音记录，栩屋传播公司制作。

[2] 韦瀚章（1905—1993）祖籍广东香山县翠薇（今属珠海市）。1929年上海沪江大学毕业，曾任上海国立音专注册主任、商务印书馆编辑、上海沪江大学秘书、教授。1950年定居香港，后担任香港基督教文艺出版社编辑、香港音专监督兼教授，荣获香港民族音乐学会颁授的荣誉会士衔。1959—1970年，曾应聘赴马来西亚出任婆罗洲文化代理局长、华文编辑主任暨出版主任。韦瀚章是我国的第一代从事现代歌曲创作的歌词大师。自1932年在上海国立音专工作期间写出处女作《思乡》以来，一生共创作了500多首歌词，其中包括了抗日歌曲《旗正飘飘》《白云故乡》、艺术歌曲《采莲谣》《五月里蔷薇处处开》、清唱剧《长恨歌》等。

[3] 韦瀚章"序"，林声翕作曲《野火集》，香港大地图书公司出版，1940年5月初版。

[4] 江定仙、陈田鹤、贺绿汀、刘雪庵4人被誉为黄自的"四大弟子"。

《轮回》(1950)、《弄影》(1951)、《黯淡的云天》(1951)、《鹊桥仙》(1960)、《何年何日再相逢》(1970)、《难得》(1971),联篇歌曲《海峡渔歌》(1978)、《阿里山观日出》(1984),合唱曲《渭城曲》(1960)、《你的梦》(1969)、《晚晴》(1975)、《梨山花开》(1975),民歌合唱《水仙花》《一根扁担》《掀起你的盖头来》,以及歌剧《鹊桥的想象》中的合唱选段等。除声乐作品外,林声翕还创作了部分器乐作品,但总结其一生的艺术成就,无论从作品数量、作品的影响力以及作品本身的艺术风格,最能代表其创作风格气质的要数艺术歌曲题材。

从香港音乐发展的拓展期开始,林声翕的艺术歌曲创作始终在创作的数量以及质量上占绝对优势。1964年秋,林声翕赴欧洲、美国考察音乐教育和音乐创作,为期一年,这一经历对林声翕其后的创作风格产生了一定影响。

1. 1949—1965年

在萌芽期移居香港的内地作曲家当中,林声翕的声乐创作以严谨的学院派风格著称,作品多深受德奥艺术歌曲的技法与风格影响。林声翕主张作曲不脱离大众以及传统,他特别强调理论基础,所以他的作品,大都表露着中华民族的特性,以及浓厚的人情味。他认为音乐原本就是人的思想和情感的一种表现艺术,它之可贵之处是被赋予了节奏、律动,经过美化后再予以表达。因此,林声翕创作的许多艺术歌曲如《轮回》《弄影》《秋夜》《期待》等,就是本着类似的意念写成的。多年来这些作品一直是香港歌唱家们的保留曲目。

在林声翕的古诗词艺术歌曲创作中,《鹊桥仙》是其早年较具代表性的作品之一,1960年创作。词作者秦观以中国古代经典传说故事为题材,写作了这首《鹊桥仙》,描绘了人间的悲欢离合的情结。在此曲的创作中,林声翕展示出其对中国文学及音乐熟练的功夫,对西洋写作理论的精确把握,以及他优秀的钢琴艺术修养。作品从中国的"变宫调式"下行曲调开始,令人有飘渺如游丝的迂回感。这种突出的声响,一开始即引发了人们对天空安详神秘的幻想。前奏之后的第1句歌调,极易使人感受到d小调的意味;第2句很明显是中国的"变宫调式"。虽然此曲是两(a+b)段歌谣体,却不像一般歌曲那样规则,从它各段的转化与衔接来看,虽然较为明显,然而对于这种短歌来说,当主曲调结束后,再加以富有情意的"尾声"现象,尚不多见。其次值得一提的是该曲在节拍方面的布局,先是以带柔情慢板的 $\frac{4}{4}$ 拍子进行到第15小节,之后歌曲速度变快,节拍上也做了大的改变,改为"交错拍子"(伴奏与歌调采用不同的拍子,即歌调与伴奏的低音声部用 $\frac{4}{4}$ 拍子,伴奏高音声部则用 $\frac{12}{8}$ 拍子,第17小节歌调伴奏低音声部用 $\frac{3}{4}$ 拍子,伴奏高音声部用 $\frac{9}{8}$ 拍子)。这种情况在中国歌曲作品中并不多见,作曲家如此频繁地转变,当然是在追求歌曲发展上的效果,借这种节奏的变化,给伴奏创造了多种自由表现的机会，从第15小节之后，伴奏上作规则的三度迂回上下，以及在第20、21小节的情况，的确给予人一种新奇的意味。在第25小节处，速度标示"回原速"，拍子也改为$\frac{4}{4}$拍，曲调伴奏进行到此，更显得婉转悠扬，全曲在醉人的意境中结束。

在林声翕的现代诗艺术歌曲中，《秋夜》是其中的代表作，该曲经常得到演出并被灌录成音响出版物。歌词由韦瀚章教授在1957年的一个秋天的夜晚写成，林声翕教授看中后为其作曲。诗中流露着诗人借景、爱静、悯人、怀情的天性。作曲家以^bA大调，用"柔情地、稍慢"速度的曲调来辅助中秋夜景物的意境表达。乐曲开始处，伴奏的高音声部作了夜景"静"中取"动"的主和弦装饰，"下中音""倚音"滑行至"属音"的音响，象征秋虫的低鸣。再配以低音如流水般轻柔的主、属和弦间的三度琶音，格外显得宁静而安详。直到第12小节，歌曲速度转快，伴奏高音声部改为八度连奏的"六连音"，低音陪衬着主曲调的出现，描绘出秋风阵阵的吹袭，桐叶飘零的凄然，同时曲调也作了^ba小调的转调。直到第27小节时，速度、调性转回原状。作曲家依照诗词段落，将音乐也划分成明显的4个乐段，使人更易辨别歌中的情节及整个布局。曲调伴奏，自始至终使人感受到"秋"的气息。

《期待》是林声翕于1960年创作的现代诗艺术歌曲，徐訏①作词，这是一首用"中国调式"写作的艺术歌曲。全曲由3个乐段组成。从歌曲前奏的高音声部的音响看，一开始就令人感受到一种强烈的、忧郁的期待感，尤其是在歌曲的a段（第一段），歌曲在"变宫调"的慢板下进行，配以$\frac{3}{4}$的节拍，使期待的感觉尤为明显。再加上伴奏上采用了在第2、3拍上运用轻柔的"琶音"效果，更加强了旋律朦胧的期待感。从第22小节起，曲调转成"商调"，速度也加快，伴奏高音声部用了平行八度的和音弹奏主曲调，低音声部依据调式的主、属和弦，配以连续性的分解进行，一则是为了与a段作鲜明的对比，另外也是为了表达激动的期待情绪和渴望。直到第35小节，歌曲又转回"变宫调"，其后连续2句强有力的"我在期待"，加上伴奏高音声部半音音列渐强上行的效果，其间衬着主和弦的音响，使"期待"的意念更加彰显。从第39小节开始，作曲家将已转回"变宫调"的旋律，在速度上比照原来a段（tempo I）情况时，歌曲开始作扰人哀伤的表现。尤其是当"童年期待到老，白发如银，心空如镜……"词句出现时，更

---

① 徐訏（1908.11.11—1980.10.5）浙江慈溪人。1933年北大哲学系毕业，转该校心理学系读研究生。1936年赴法国巴黎大学修哲学，获博士学位。抗战爆发后回国，居上海。先后任《天地人》《作风》等刊物主编。1937年发表成名作短篇小说《鬼恋》。1942年赴重庆执教于中央大学。1944年出版长篇小说《风萧萧》。1948年出版《进香集》等5部诗集，总称《四十诗综》，收1932年以来的诗作。1950年移居香港，以写作为生，曾与曹聚仁等创办创垦出版社，合办《热风》半月刊。1960年出版描写抗战时期中国社会百态的长篇《江湖行》。1966年起先后任中文大学教授，香港浸会学院文学院院长兼中文系主任。

令人体会到无尽的惆怅。

2. 1965—1991年

受1965年从欧美考察经历的影响，林声翕回港后的创作技法更为丰富，除对原有德奥古典与浪漫派音乐风格的较为熟练的把握外，更增加了对印象派以及西方20世纪现代音乐的手法的运用。

钢琴曲《诗三首》创作于1965年，是林声翕根据唐朝人张继的诗作《枫桥夜泊》、杜牧的《泊秦淮》和王之涣的《出塞》3首诗的意境创作而成的叙事曲。作品中用了多调性、全音阶、二度对位等现代音乐手法，特别是吸收了印象派音乐技法，扩大了音乐表现的手段。这是林声翕从欧美回港后最初的创作。为达成自己的研究，同年，林声翕用"十二音技法"为宋代词人苏轼的"回文词"作曲，谱写了春夏秋冬一组声乐套曲《苏轼回文词四首》。作曲家用两组五声音阶加两个音的办法，使十二音音乐带有一定的民族特色和调性特点。作为他自称的"习作"，曾经一度被"束之高阁"有20多年。后林声翕在整理旧书籍时发现了这部旧作，于是在1990年2月"香港艺术节"上首次发表。该作品于次年被收入其艺术歌曲《轻舟集》[①]出版。

1976年，林声翕创作声乐套曲《田园三唱》。该作品分为三段，由《古筝篌》《咏中国笛》和《移步向君前》组成。《田园三唱》原来以英文演唱，采用钢琴、长笛、女高音独唱紧密配合的室内乐形式写成，融汇传统与现代的技法，风格新颖独特。作曲家从古筝、古琴、洞箫音乐中吸取音乐语言，将不同调式、不同音阶组合在一起，与林声翕其他声乐作品迥然不同。在此曲动人的旋律中，蕴藏着无限高贵清雅的哲理和飘逸超脱的深情，也代表了林声翕音乐创作上的一些突破。

从林声翕多年来创作的声乐作品风格中不难看出他继承了其师黄自的风范。值得一提的是，在1972年林声翕为黄自未完成的的中国第一部清唱剧《长恨歌》进行了补遗，包括《惊破霓裳羽衣曲》《夜雨闻铃断肠声》和《西宫南内多秋草》三个乐章，从而使清唱剧《长恨歌》在音乐、剧情结构方面趋于完满。林声翕补写的三段音乐，在风格上力求与黄自原作在艺术风格上保持统一。

林声翕一生创作数百首声乐作品，一方面在其创作中体现学院派对于西方作曲技法的严谨性，同时又兼及中国文化的内涵。最能体现林声翕音乐创作艺术特征的要数他的艺术歌曲创作，该体裁的音乐大多篇幅不大，但技法简练、结构严谨、形象鲜明，能较好地体现原诗的意境和感情。在悠久的中华文化浸润下，林声翕自觉地沿着"五四"以

[①] 1965年林声翕创作艺术歌曲《回文词四首》，苏轼词，分为A.春——落花、莺梦；B.夏——柳庭、藕丝；C.秋——井桐、夜影；D.冬——雪花、梅子。1991年6月香港新潮文化事业公司出版。

来赵元任、黄自等以西为师，探索民族化的创作道路。他秉承黄自以中国人文精神为内涵的乐风，并将之发扬光大，特别是在中国艺术歌曲创作方面。他的作品无论豪放或婉约，壮丽或柔美，在旋律方面皆超俗，诗意深浓。

移居香港后，林声翕除创作了大量声乐作品以外，在后期还创作了部分大型体裁的作品（详见前"林声翕各类体裁音乐作品信息一览表"），如大合唱《海峡渔歌》（1975）、歌剧《易水送别》（1982）、清唱剧《五饼二鱼》（1985）、合唱交响诗《中华颂歌》（1986）、管弦乐作品《泰国风情画》（1986）、管弦乐与合唱《抗战史诗》（1983）等，还有少量器乐独奏曲和重奏作品。

林声翕将自己的"创作观"概括成8个字："继承、检讨、发扬、创新"。他强调：创作者应努力把握现在，但不能罔顾历史，更应秉承着灵性与智慧，放眼前瞻。因此，他认为作曲家的创作应该知所"继承"，不过，他也应"检讨"，择其善者而"发扬"，当进入创作后，林声翕则强调对人类生活应有所寄望，那就是"前瞻"的"创新"。

二、黄友棣[①]

> 数十年来，我的工作目标，只是要使"中国音乐中国化"。常闻人说："音乐无国界"，此言并不正确；我要用实际的作品，来证明此中原因所在。
>
> ——黄友棣　2002年1月

黄友棣于1949年移居香港，其音乐创作也是以声乐作品为主，作品数量庞大，一生创作乐曲逾2000首。其中有很多动听而著名的独唱艺术歌曲和合唱曲。黄友棣创作的《问莺燕》（许建吾词）、《杜鹃花》（方芜军词）、《中秋怨》（李韶词）、《遗忘》（钟梅英词）、《轻笑》（徐訏词）、《岁寒三友》（李韶词）等，都是其声乐作品中的代表作。1962年，黄友棣根据白居易的长诗《琵琶行》谱写了女高音朗诵、钢琴独奏、混声四部合唱的清唱剧，更是他众多作品中之精品。

1957年，黄友棣曾赴罗马学习作曲理论，进而寻找中国风格的和声技术。黄友棣希

[①] 黄友棣（1911或1912.1.14有争议—2010.7.4）生于广东省高要县。1930年入中山大学教育系，同时学习小提琴和作曲理论。1934年赴香港考取英国圣三一音乐学院提琴高级学位。抗日战争期间，在广东省从事抗日歌咏活动及音乐教学工作。1949年移居香港，执教于香港珠海书院及德明中学。1957年赴意大利罗马学习音乐，拜师国家音乐院教授——马各拉（Franco Margola），1959年拜师圣乐院教授卡尔都祺（Edgardo Carducci），1963年获罗马满德艺术学院作曲文凭，回香港继续执教于香港珠海书院。1969年和韦瀚章开始合作。1987年定居台湾高雄。其创作了《杜鹃花》《秋夕》《轻笑》《孔子纪念歌》《伟大的中华》等合唱作品及艺术歌曲，以及管弦乐《春灯舞》，钢琴曲《台湾民歌组曲》《小提琴独奏六首》等器乐作品。

望以调式和声为基础,融合现代和声的手法,再加上中国风格的音乐语言,重新整编中国古曲和民谣,为中国音乐带来现代的气息。6年后,1963年,黄友棣获得了罗马满德艺术学院作曲文凭回到香港。黄友棣在意大利的一位老师卡尔都祺(Edgardo Carducci)建议他回国后,为了让大家"士别三日,刮目相看",应该着手写作几首大型的交响曲或大型歌剧,以彰显多年苦学的成绩。但黄友棣却不以为然,他认为:"中国当前急需的,并非曲高和寡的交响曲或歌剧,而是培养作曲人才的教材资料。"1968年,黄友棣在老师卡尔都祺指导下出版了《中国风格和声与作曲》一书,卡尔都祺教授亲为作序,序中说明该书写作的目的在于"扩展五声音阶的和声范围,求取变化,而不陷于大小音阶和声的圈套。"同年,他又出版了《中国民歌的和声》,以上两本书均由台湾正中书局出版。这也是中国近现代音乐史上,继赵元任探索中国化和声创作语言之后的又一位音乐家,并且将该理论进一步系统化、深入化。

黄友棣以"艺术歌曲大众化、民间歌曲艺术化"为创作实践目标,他的作曲态度是严谨敦厚和朴实诚恳兼具的。黄友棣擅长用朗诵叙述,创作中国风格的音乐,发扬语言文字的特点,以中国音乐教育及创作为职志,强调音乐全民教育。

黄友棣的声乐创作范围主要包括四个方面:

1. 以古今经典诗词创作的艺术歌曲、独唱或合唱曲,如《轻笑》《琵琶行》(白居易)、《燕诗》(白居易)、《秋花秋蝶》(白居易)、《孤雁》(杜甫)、《离恨》(李煜)、《元夕》(辛弃疾)、《陌上花》(苏轼)等。

2. 以中国艺术歌曲独唱曲改编的合唱曲,如《南飞之雁语》(萧友梅)、《山中》(陈田鹤)、《五月里蔷薇处处开》(劳景贤)、《浣溪沙》(胡然)、《我住长江头》(青主)等。

3. 以中国民歌改编的"民歌组曲"。黄友棣把每一首动听的民谣比喻为一颗发亮的珍珠,把许多发亮的珍珠串联起来成为一条美丽的项链,使它们发出更明亮的光芒。他对中国民谣的整理和加工不遗余力,先后编写了将近50首"民歌组曲",如《云南组曲》《迎春接福》(粤北客家)、《蒙古牧歌》《锦城花絮》(四川)、《红棉花开》(华南传统小曲)、《天山放马》(新疆)、《凤阳花鼓》《刮地风》等。

4. 晚年所写的佛教歌曲,如《安祥合唱曲二首》[①]、《因果歌》《不二歌》《证道歌》《无心法》《悟》《古寺》《念佛同心》等。这些作品与黄友棣晚年移居台湾后潜心修佛的经历有关,多数是为佛教徒合唱而作,他也因此有"音乐菩萨"之美誉。

---

① 又名《安祥之歌》,包括《常见自己过》(二部合唱,由《六祖坛经》摘句)和《心颂》(四部合唱,内容为《达摩宝训》)两首合唱。

黄友棣声乐作品代表作：

（一）《杜鹃花》

方健鹏作词，黄友棣作曲的《杜鹃花》是其创作初期的代表作。这首歌曲创作的可贵之处在于，作曲家从该曲的创作开始力求探索"中国的声音"。该作诞生于抗战时期，当时从事音乐教育工作的黄友棣为配合抗日宣传，鼓舞民族的同仇敌忾的士气的大背景下完成的。黄友棣当时考虑到许多作曲家在创作中国歌曲时，没有考虑应该有中国的味道，所以黄友棣创作《杜鹃花》，希望在其中增加中国语言与旋律的特点，即带有中国民谣风格的歌曲。黄友棣说："当时处于抗战时期，到处哭哭啼啼的，我不能加重这种情绪，所以我给它一个很好的希望，把它写成快乐的歌。"[①]抗战期中，国立中山大学由广州迁往云南澂江，后再由云南迁返粤北梁昌县的坪石。当时黄友棣任教于师范学院，该院建校于群山环绕的管埠。战时的后方，川桂一带，多是山丘，每年春季杜鹃花盛开山野，因为它是季节野花，山坡路径，无不是它生长之所，又因颜色众多，鲜艳夺目，引人入胜。每当春回大地、漫山遍野，尽是鲜艳如火的杜鹃花，这比翠绿的陌头杨柳，更易惹人怀旧念远。1940年冬，师范学院的同事陈维祥先生送来一首新诗，这是文学院哲学系四年级学生方健鹏（笔名芜军）所作，诗句很纯朴，黄友棣因而想用此诗作成民谣风味的抒情歌，以例证民歌艺术化的设计。1941年春，由广东省立艺专音乐科学生以无伴奏的形式合唱，深受听众的喜爱。而这也给予黄友棣一份启示：音乐创作，不可忘记自己民族语调。外国作品可能美丽而优秀，但绝对无法取代民国曲风的亲切感。这在一定程度上坚定了黄友棣探索中国风格和声的道路。

"大乐必易，大礼必简"，古有名言，这也是黄友棣一生奉行的音乐哲学。《杜鹃花》的流行与它的通俗有关，常能在各种场合都听到"淡淡的三月天，杜鹃花开在山坡上……"。从歌的曲调、和声、节奏中，可体会黄友棣过去作品与后来作品有很大的差异。《杜鹃花》显然属于简单的类型，全曲以F大调贯穿始终，节拍也由始至终使用4拍子，和声则是以简单的主、属和弦做节奏形式的弹奏，不过在每一段落结尾处，加一上行"琶音"，作为与下一乐节相连的效果，冲淡了曲调的单调感，这些处理可见作曲家对歌曲通俗手法的构想。

（二）《轻笑》

黄友棣1955年创作此艺术歌曲，词作者为徐訏。歌曲运用主和弦与三度和音一连

[①] 录影带《筚路蓝缕，以启山林》；黄友棣梓屋传播公司制作；公共电视小组；香港浸会大学图书馆馆藏：AVH910.9886 2201 v.2

串下行的"断音",清脆地开启了本曲的前奏,使人意味到歌曲活泼天真轻松的曲趣。再依据第6小节第2拍后半拍开始所奏出曲调,更使听者意会出曲中的意象。作品采用三段式歌谣体,加"尾声"相衬。作者用G大调及 $\frac{4}{4}$ 拍的"小快板"速度开始,把第一段曲调重复方法作不同歌词的呈述。进行到第26小节,就作了转拍变调的安排,首先是改用 $\frac{3}{4}$ 拍,把钢琴的音响逐渐提高,并附上"琶音"音响,赋予听觉上新的节奏感受,然后用柔和曲调呈述歌中描绘人性心里愉快的形态。进行至第61小节,曲调转进平行调($\flat$B—g),作情节、音感、曲调的变化。然后又以"慢板"(Lento)富于感情的小调意味,做含情脉脉的描绘;其后象征轻笑的钢琴声响再现,另起的曲调在不觉间被淹没,曲调回归至G大调,轻笑似的声响,仍在断断续续、时隐时现中伴奏至曲终,凭添了对轻笑甜蜜的回味。

(三)《遗忘》

钟梅音作词,1968年黄友棣为该词谱曲。这是其创作歌曲中少有的关于爱情题材的作品,但是此曲颇具感染力与影响力。正如黄友棣所说,《遗忘》是一首使人难忘的好诗,因为它甚富恋情意味。为了受托替它作歌,黄友棣也希望能表现出脱俗、典雅含蓄的意境,曾花费许多时间寻找歌曲的模式。因为歌词所描绘的是人人容易感受的纯真爱情,而这种情意却又使人毕生难以遗忘,亦正如歌词中所述:"终夜绕着我徜徉……","我终夜踯躅堤上,只为追寻遗忘……"的确爱情会赋予人矛盾的心理。其中"终夜绕着我"一句的旋律放在"遗忘"下边,以两个不同的旋律作对位的效果同时出现。此曲的创作,吻合歌词的要求,词曲结合恰当地表达,耐人寻味。

他采用中国风格"变宫调"调式,将速度置于"小快板"。用3拍子节奏,将那使人难忘的"情意",架构成平易的曲调,使人一听就能了解。乐曲一开始,由小提琴同钢琴作平行八度的演奏,予以加强这"情意"(曲调)的体认及印象。他为了强化这意念的妩媚感,迂回性,借助小提琴特有的音色与钢琴清脆及低沉的效果,作彼此辉映,相辅相成的功效,是"遗忘"的一大特色。助奏的小提琴与伴奏的钢琴,摆脱了与主曲调作重复、延续、陪衬的惯例,做富有独立性格的表现,这也是本曲的又一超凡脱俗的显现。最为可贵的是,每当歌者唱出"遗忘"二字时,平淡的曲调即刻象彩丝般在伴奏的钢琴上,低沉隐约地出现"终日绕着我"的旋律,助奏的小提琴随之亦响起了迂回缠绵的音响,两者把人声紧紧缠绕着,格外增加了难以遗忘的意境,亦显示出矛盾的心情。

在各段情节的转变上,大都是借用提琴。如急跳弓,做描绘浮云无拘无束的飞翔;短音密奏,以显示苍凉的夜色;左手的拨弦声响,做表现趑趄不前的情意;和弦急奏,作增强人的狂乱情态;泛音的出现,却有助人进入遐想的境界……到后来"仍得要纤小的躯体,载起这沉重的忧伤",象征"遗忘"的曲调,又在低沉不断地、隐约地呜咽。

从20世纪70年代开始,香港明仪合唱团的创办人费明仪向黄友棣开始委约作品。当时在香港可供合唱团演唱的中国作品数量有限。中国的民歌丰富多彩,但由于大都篇幅小,一分钟,有的还不足一分钟,因此,能够搬上舞台的民歌很少。黄友棣曾说:"现在还没有人做这个事情,我一定要做这个工作。这些民间的东西,都是一颗一颗珍珠,我要把这些珍珠串起来,成为一个很好看的珠链……我要将艺术歌曲大众化,把流行歌曲艺术化……"①从此,为了把中国音乐中国化,思考中国的语言音韵的平仄、高低,配合音乐的旋律、线条、结构,他每一年都为明仪合唱团编民歌合唱篇。其中的代表作有:《凤阳歌舞》《阿里山之歌》《迎春接福》《跳月》《弥度山歌》《天山明月》等。

1987年退休后,黄友棣又从香港移居台湾,直至2010年病逝。

作曲家林声翕、黄友棣与词作家韦瀚章(1906—1993)三位教授从20世纪80年代开始在港台音乐界有"岁寒三友"②的美誉。"岁寒三友"指坚毅不拔的青松,挺拔多姿的翠竹,傲雪报春的冬梅,它们虽系不同属科,却都有不畏严霜的高洁风格。它们在岁寒中同生,历来被中国古今文人们所敬慕,而誉为"岁寒三友",以此比喻忠贞的友谊。就音乐的时代而言,这三位亦师亦友的音乐家可称为中国20世纪30年代音乐的一脉相承。三人合作创作歌曲的时间较长,在香港70、80年代声乐创作乐坛上,3人都已渐入古稀之年,且在专业创作领域德高望重,多年来一直持续声乐创作与合作,因此其被誉为香港乐坛的"岁寒三友"。他们3人都是广东人,1949年以后,不约而同赴香港定居,为乐教奉献心力,是香港乐坛的中流砥柱。

韦瀚章是一位传统文人,他精于歌词创作,主张"诗乐结合",他的歌词创作为中国艺术歌曲开辟了新途径。早年在上海国立音专任教,他和黄自合作的第一首艺术歌曲《思乡》完成于1932年,此后还合作了《抗敌歌》《旗正飘飘》,以及中国第一部清唱剧《长恨歌》,都是脍炙人口的作品。他毕生淡泊名利,歌词温柔敦厚,皎然出尘,有清雅脱俗之感。韦瀚章的歌词被编成两本专集,《晚晴集》中的作品均为韦瀚章作词与林声翕作曲艺术歌曲;《芳菲集》则都是韦瀚章与黄友棣合作的声乐作品。这两部歌曲集是

---

① 录影资料:《文化大师薪火相传》Disc2,香港九龙公共图书馆馆藏:78 0242 DVD10073。
② 1983年,台湾文艺基金会颁赠"特别贡献奖"给韦瀚章、林声翕、黄友棣,何志浩献诗一首《三人行》祝贺他们,开篇为:"岁寒三友松竹梅"。就这样,他们3人从此被冠以"岁寒三友"的美称——苍松、翠竹、寒梅,分别象征韦瀚章、黄友棣、林声翕,成为音乐界的佳话。

三人珍贵友谊的见证。

林声翕与韦瀚章首次合作始于1938年，时值抗战期间，韦瀚章漫步香港浅水湾的沙滩，《白云故乡》歌词构思的灵感由此产生。林声翕与韦瀚章合作的歌曲还有女声三重唱《围炉曲》(1957)、《迎春曲》(1957)、二重唱《重游西湖》(1958)和《旅客》(1958)。1972年林声翕为黄自当年未完成的、韦瀚章作词的清唱剧《长恨歌》中第四、七、九三章做了补遗，而韦瀚章也于1976年将林声翕根据英文歌词创作的《田园三唱》配写中文歌词。另外，在香港音乐发展的黄金期里，二人还合作了学校歌曲《树人书院校歌》(1972)、《培正中学校歌》(1977)、《健康情绪歌》(1972)；古诗词艺术歌曲《日月潭小望·浪淘沙》(1972)、《天祥道中·西江月》(1972)；节庆纪念歌《恭贺新禧》(1978)、《祝荣星！贺荣星！》(1982)；歌剧《易水送别》。此外还合作了《一颗星》(1970)、《一剪梅》(1971)、《大空歌》(1974)、《可爱的香港》(1984)、《你我莫相忘》(1977)、《长风万里歌》(1988)、《红梅曲》(1971)、《晚晴》(1975)等歌曲。

【图片1-3】2002年12月7日台湾高雄中正文化中心"乐韵飘香——韦瀚章·黄友棣·林声翕（岁寒三友）作品音乐会"演出海报

黄友棣与韦瀚章合作的歌曲不如林声翕多，其二人于1970年初次合作的《碧海夜游·水调歌头》，先后编为独唱和混声四部合唱曲。二人合作的歌曲还有：《鼓》《飞渡神山》(浪淘沙)、《雾》(浪淘沙)、《迎春三部曲》《重青树》《青年们的精神》等。

林声翕与黄友棣早在大学时代就已相识，但二人的背景大相径庭——林声翕接受过完整的音乐学院教育，而黄友棣的音乐学养则来自苦学自修。他们二人对于音乐的理想也不同，林声翕追求的是艺术的、美的音乐境界，由音乐艺术出发，走向音乐教育的道路；黄友棣追求的，则是教育的、善的音乐功能，由音乐教育出发，走向音乐艺术的道路。尽管有如此不同之处，却无碍于他们60年的音乐之交。

论及创作风格的异同，他们的共同点在于继承了五四以来赵元任与黄自艺术歌曲的创作风格，都具备深厚的中国传统文化修为。林声翕早年就读上海国立音专时曾师承黄自，因此其颇受老师的学院派作曲技术——严谨、音乐情感细腻、风格精细雅致特点的影响；而黄友棣则更倾向于对于语言学家赵元任——重视中国语言音韵与音乐结合的平仄关系，以及在寻找中国化的和声方面，进行了身体力行的继承和探索实践。

林声翕、韦瀚章于20世纪90年代先后谢世，岁寒三友，只余其一。黄友棣为此非常伤感，曾写过多篇悼念文章，自比为"留堂的孩子"，不觉间教室里其他的孩子都先走了，只留下他茫然四顾，不知所措……

第三节　其他音乐家

抗战以来，由于躲避战乱的原因，一些内地作曲家频繁往来于内地与香港之间，特别是广东籍作曲家，他们在香港短暂居住的状况很多，在这一期间，他们也创作了部分优秀作品，这其中的代表性作曲家有马思聪、夏之秋、何安东、谢功成等。

一、马思聪

早在1929年9月马思聪17岁时，他第一次留法归来后就曾在香港举办过音乐会，这也是中国人在香港举办的第一场小提琴独奏音乐会。据上海《申报》10月3日报道："新由巴黎回国之中国音乐神童马思聪，于上月在港粤备受各界欢迎。每次演奏，会场必人山人海"。马思聪的"神童"之说也是从此不胫而走[①]。1932年春，马思聪第二次留法归来，在香港又举办了个人独奏音乐会。1935年2月11日和8月，马思聪又两次在香港举行小提琴独奏音乐会，均由夏里柯[②]伴奏。8月初的香港《行政公报》介绍马思聪的音乐会：

"星期三晚上在基督教青年会礼堂，中国一流的青年小提琴家马思聪，以他娴熟的技巧和富有领悟力的演奏，献上了一台安排精当的曲目。听众有中外音乐爱好者和香港的业余小提琴手，他们极为欣赏马思聪的演奏。这个才华横溢的青年小提琴家的音乐天赋和造诣，使外国听众相信可以成功地把西方音乐介绍到中国并使之在这个国家发展……"

---

① 张静蔚编著：《马思聪年谱（1912—1987）》，中国文联出版社2004年版，P13，24，50，56
② 夏里柯（1885—1972），原名Harry Ore，俄籍钢琴家。20世纪20年代初定居香港，在广州、香港、澳门一代教授钢琴和作曲，并举办各种形式的演奏会。

1938年10月至1939年夏，日军侵占广州，马思聪避难到港，为东江流动歌剧团[①]创作《东江流动歌剧团团歌》(林悠如词)。1941年夏，马思聪又从重庆到香港。当时诗人、作家徐迟在港组织过一次音乐沙龙，请马思聪为20来个文艺界名流学者，其中有大作家茅盾，演奏他自己的作品。这一年，马思聪在香港创作了他的代表作《西藏音诗》和《第一交响乐》。同年12月8日太平洋战争爆发，18日马思聪离开香港回故乡海丰县。1947年5月，李凌请马思聪出任香港中华音乐院院长，每月赴港一次。7月在港举行小提琴独奏音乐会。10月任香港《星岛日报·音乐周刊》主编，该刊物曾发表不少音乐知识、民族音乐和音乐评论的文章。同年在香港与诗人金帆合作，创作和演出《祖国大合唱》。1948年初，马思聪受进步力量的影响，支持学生反对国民党专制统治，要求民主，拒绝在国民党支持内战的宣言上签字而离开广东艺专，再赴香港。该年底，在香港地下党组织的筹划下，准备北上到解放区。

在1949年春节前的1月21日，新音乐社和中华音乐院再次主办了马思聪的小提琴独奏会。此外，在1946—1948年间，马思聪在香港发行的《新音乐》(华南版)、《星岛日报·音乐周刊》《儿童音乐》等刊物上发表了许多歌曲作品。1949年4月与金仲华、萨空了、欧阳予倩等100多位爱国人士一起，从香港乘船北上，经烟台到达北京，为迎接中华人民共和国的成立而筹组"新政协"及"第一次文代会"。直至1967年，由于"文革"的迫害，马思聪和夫人王慕理、次女马瑞雪、儿子马如龙一起于1月15日晚，乘黄埔"002"号艇再次前往香港，6天后抵达美国定居，从此直到1987年逝世，再也未回到祖国内地。

二、夏之秋

作曲家夏之秋曾在1938年作为武汉合唱团团长兼指挥，在香港进行了近一个月的演出。在这段时间里，夏之秋创作了两首新作——爱国歌曲《思乡曲》和《赠寒衣予负伤将士》。由于初到香港，夏之秋与团员们租不到住房而露宿街头。当夜深人静时，夏之秋看到一个小姑娘牵着一位盲人艺人迎面走来，胡琴声凄婉地从夜风中传来，歌声既像痛苦的呻吟，又像深重灾难中的叹息。这感人肺腑之声，深深触动了夏之秋阵阵思乡之情和民族之恨，一段段离愁别恨，爱国怀乡的旋律在他的脑海里萦绕。其后，夏之秋将这段旋律记在纸上，合唱团员戴天道为其填写了4段歌词："月儿高挂在天上，光明照耀四方。在这个静静的深夜里，记起了我的故乡……"并定名为《思乡曲》。这首歌

[①] 东江流动歌剧团于1938年12月在香港九龙宣告成立，是在中共香港地下党领导下，由华侨同乡服务团办事处组织的流动宣传歌剧团，主要任务是巡回于东江游击区，号召民众，宣传抗日。

的旋律具有"小调"色彩,优美深情,宛转动人,问世以后,久唱不衰。1997年7月1日,迎香港回归的北京主会场上,人们演唱着这首经典歌曲,成为纪念香港回归的重要文化活动。《赠寒衣予负伤将士》是廖仲恺的夫人何香凝创作的一首诗,合唱团在香港演出时,其女儿廖梦醒将此诗交与沪江大学的同学、合唱团副团长黄椒衍,请夏之秋为之谱曲。夏之秋谱好后,合唱团立即进行排练,很快便在香港进行演出,获得强烈反响。

三、何安东[①]

1938年广州沦陷后,何安东随岭南大学附中一起迁至香港。其后的5年里,何安东在香港继续从事音乐教育事业,同时在当地参加一些抗日的演出活动。1941年香港沦陷,何安东因在20世纪30年代写了大量的抗日救亡歌曲,于第二年被日寇抓进赤柱监狱。他创作的《奋起救国》《全国总动员》《大众的歌手》等著名抗战歌曲,在当时很有影响力,鼓舞了全民族的抗战热情。何安东为左翼进步电影创作的同名主题歌《前程万里》(蔡楚生词)[②]是一首由女声领唱的合唱歌曲。歌曲表达了香港人民对祖国遭受日本侵略的强烈愤慨,以及决心投入抗战的决心。前面由女声演唱的段落,主要抒发对祖国遭受日本侵略的关切,旋律相对比较舒展。后面合唱的段落为进行曲风格,愤怒而有力,节奏铿锵,是在出征前的宣誓。旋律采用了五声宫调式,有一些广东音乐的因素,$\frac{2}{4}$、$\frac{4}{4}$节拍交替运用。整首歌曲情绪激昂,表达了上战场前的热烈情绪。

四、谢功成

作曲家谢功成的代表作之一是合唱《阿拉木汗》,这是他于1948年在香港中华音乐院任教时根据维吾尔族民歌进行改编的四部混声合唱。这首合唱旋律活泼欢快,四个声部声区适当,各声部音色光彩透彻。尤为突出的是第三段开始时,作者在具有音型化特点的原民歌上方,自创了一行对位声部旋律,如行云流水一般,使得原本为对位的声部

[①] 何安东(1907.3.8—1994.8.31)作曲家、音乐教育家。生于广东省江门县,青年时代与我国著名广东籍音乐家冼星海、马思聪、陈洪等过从甚密,共同携手从事爱国音乐活动。1928年冼星海曾将岭南大学管弦乐队指挥一职移交何安东。其小提琴演奏颇得马思聪、陈洪赏识。1938年迁居香港。抗战时期,在香港写了大量救亡歌曲。1942年被日本侵略者关进赤柱监狱,遭到残酷摧残,险被杀害。1943年冬,何安东出狱,并被驱逐离港。1956年,何安东当选为中国音乐家协会广东分会副主席,一直从事音乐教育和创作。

[②] 故事影片《前程万里》,新生影片公司于1940年出品,编导蔡楚生,是一部描写香港工人经历过生活的苦难后,决定到内地参加抗战的影片。

仿佛成了主题声部。该曲以其生动风趣的音乐形象、娴熟的合唱写作技巧，以及精致而丰富的合唱效果饮誉国内外，一直到今天还是专业、业余合唱团队的保留节目。在此期间，谢功成还改编了蒙古族民歌《沙里红巴唉》、云南民歌《雨不洒花花不红》，创作了《嘉陵江水不断流》[①]等歌曲，在中华音乐院的师生间广为传唱。

小　结

20世纪30—40年代，在抗战与解放战争时期，香港地区由于南来的内地音乐家的到来，使得香港的音乐创作进入萌芽期。他们或暂住或定居香港并持续创作，其中的多数人都是广东籍作曲家。作曲家们都是"舶来客"，从他们在香港的音乐创作来看，包括作品体材、内容以及表现手法，基本上都是他们在内地时期风格的延续。

在创作体材方面，萌芽期作曲家的作品多数集中在小型声乐体裁。无论是左翼音乐家黎草田的群众歌曲创作，还是香港乐坛元老林声翕、黄友棣二人的声乐作品，大多限于小型声乐体裁。只有少数"过客"，如马思聪多次来港暂住时，创作过少量合唱和器乐作品。这都是由当时中国音乐生活整体客观情况决定的。

在创作题材方面，众多作曲家的作品所反映的内容均与当时全国上下抗日、反内战的呼声相一致。旅港的音乐家们身在香港，心系国家的安危和民族的前途，在其笔下诞生了许许多多反映时代背景的声乐和少量器乐作品。例如黎草田创作的歌曲《和平序曲》《渡江的儿郎，辛苦了》，何安东的《奋起救国》，林声翕的艺术歌曲《白云故乡》，夏之秋的歌曲代表作《思乡曲》，以及马思聪表现爱国之情的管弦乐作品《第一交响乐》等，这些作品均成为香港音乐萌芽期的代表作。

在创作风格方面，作曲家们所表现的手法都是其在内地时所熟悉并经常采用的。黎草田的创作始终代表着以文艺大众化为宗旨的左翼音乐潮流；林声翕早期的歌曲创作则深受其师黄自的风格影响，他的这种学院派精细雅致的艺术歌曲创作特征，是对30年代黄自所作的德奥艺术歌曲创作手法、风格的继承；而黄友棣的作品则更多体现的是对20年代以来，赵元任对中国派和声的探索与追求的思路，以及他本人所探寻并终身奉行的"中国音乐中国化、艺术歌曲大众化、民间歌曲高贵化、爱国歌曲艺术化、传统乐曲现代化"的创作理念。

在音乐生活方面，可以说香港是当时抗日、反内战文艺的一块后方阵地。当时处于

[①] 2006年10月黎章民提供。

主导地位的"中国文艺界抗敌协会香港分会",受内地文艺思潮争论的影响,还在香港开展文艺的"民族形式"与"大众化"问题的讨论,使旅港的文艺工作者与内地同道们在思想上保持一致。抗战前尚处于萌芽状态的香港音乐离不开内地音乐家的培育,从抗战开始到20世纪40年代末,香港音乐完全汇入到中国音乐的主流之中。事实上,当时整个中国的音乐活动也在抗战和内战的新形势下改变了发展进程。因此,当内地的政局发生了新的变化,南来的文化人纷纷北撤后,香港艺坛便成了大潮过后的一片荒寂的浅滩。

第二章

香港专业音乐发展的拓展期：
20世纪50—60年代移居香港的内地作曲家

概 述

　　1949年10月1日中华人民共和国成立后，国民党败退台湾，中国内地和香港的关系有了新的变化。在20世纪40—50年代交替阶段，即中国新旧政权交替之际，香港面临了一次大规模的移民潮，50年代初，从内地南下香港的移民仍然络绎不绝，一时间超过75万人由内地涌入香港这一南海一隅，这是中国内地居民奔向香港的"第一次移民潮"。许多对新政府持有异见或怀疑态度的，与旧政府有种种瓜葛、对新政权表示不满或疑惑的旧时期官员、工商业主、音乐家纷纷从内地迁居香港。与之相反的，另有一大批先前居住在香港的左翼人士为响应建设共和国的号召而返回内地。在这大规模"回流"的人口迁移中，也同样包含了不少文艺工作者，其中有不少抗战后避难香港的左翼音乐家此时陆续返回内地，仅有个别仍滞留香港。

　　港英当局于1949、1950年两次颁布《移民管理条例》，实施《人口登记条例》，区分香港居民和非香港居民，宣布取消华人自由出入香港。同时中国政府为保证国家安全也在1950年采取了对出境人员的限制措施，此后30多年，内地和香港两方中国人彼此隔绝而成两个世界，内地与香港的社会、政治、经济开始朝着不同的方向发展。从此"内地人"与"香港人"开始有所区别。

　　20世纪50年代末、60年代初，中国内地爆发了一系列的政治运动和出现严重的自然灾害，继而内地暂时放宽了对赴港人员的限制。与此同时，内地开通了供应香港鲜活菜的"三趟列车"，以及供港饮水的"东江—深圳供水工程"的建成，又使香港和内地的关系暂时略显密切起来。香港再次成为内地，特别是南方粤、闽等省份许多人士的移居地，他们通过各种渠道来香港，有的甚至不能通过日常交通工具来到本属于中国人的土地，而是要冒生命危险经水路或崎岖的山路偷渡而至。这次，可被视为香港的"第二次移民潮"。

一、移居香港的内地作曲家概况

20世纪50—60年代，由内地移居香港的一批批文化人、知识分子、艺术家、电影界人士，他们当中很多并非由于政治原因，而是出于生活问题来港定居。由于近水楼台的关系，以广东籍身份前往香港定居的人口最多，其中有施金波、吴大江、关圣佑、叶惠康等作曲家，他们之前均居住或出生在广东地区，在内地接受过专业音乐教育，而在中青年时期来到香港立足、创业，从事音乐活动。

【表2-1】拓展期移居香港的内地音乐家名录（部分）

专业	音乐家名录	毕业院校/工作单位
作曲	叶惠康	燕京大学（后并入中央音乐学院）/中南音专
	关圣佑	广州音乐专科学校
	施金波	上海音乐学院
钢琴	周书绅	上海国立音专、青木关国立音乐院/中央音乐学院
二胡、作曲、指挥	吴大江	私学/海南军区战士歌舞团
二胡、高胡	徐华南	不详
琵琶	吕培原	家学兼私学
古筝	苏振波	自学
三弦	郑文	不详
电影音乐	梁乐音	曾留学日本，随日本音乐家习作曲及音乐理论
	姚敏	私学，曾师从日本作曲大师服部良一习作曲
	王福龄	上海音乐专科学校
	于粦	广东省艺术专科学校

拓展期里，香港本土没有诞生出自行培养的作曲家，音乐创作方面比起内地而言仍旧显得后滞，而在此阶段里诞生的大多数音乐作品都是来港的内地或外籍作曲家们创作的。香港本土音乐创作基本上是由内地来港的音乐家们推动的，他们积极从事教学、创作、演出，不仅使平静的音乐圈子热闹起来，还培养造就了一批音乐人才。在声乐创作方面，香港这一时期除了有在萌芽期就已移居香港的林声翕、黄友棣两位作曲家之外，还有周书绅。他在20世纪60年代初移居香港，在港专门从事抒情歌曲和钢琴音乐的创

作。与此同时，以钢琴音乐创作见长的作曲家施金波也移居香港，以中乐创作见长的作曲家、指挥家吴大江，还有为香港儿童音乐教育做出许多贡献的音乐教育家、指挥家叶惠康等都在60年代初纷纷来港定居。在60年代末的"文革"期间，关圣佑也来到香港发展。他们均为拓展期香港专业音乐发展做出了自身特有的贡献。以上这些作曲家们的音乐创作已经成为今天香港音乐史发展的重要部分，其作品既保留了内地音乐创作的某些风格，又反映了香港人的真实生活感受。60年代，从海外学成回港的各种音乐专业人士加入音乐教学、创作、表演行列，使香港的音乐队伍日益壮大。他们在表现手法上广泛借鉴西方的现代艺术，但在精神内涵上则不断回归中国传统，例如黄育义、林乐培、陈健华等。

值得一提的是，这一时期里，电影界留居香港发展的人士也有很多。他们当中主要是来自上海的已成名的作曲家、歌星、电影明星、制片家等，因为早年间香港的电影行业就已初具规模，有利于这部分人迅速适应香港的工作和生活环境。例如从事电影音乐创作的姚敏、梁乐音、王福龄等作曲家为香港电影创作了许多小有名气的电影歌曲，他们是促进国语时代歌曲在香港生根、成长及繁荣的功臣。其为拓展期香港的电影音乐创作与传播发挥了独特的作用。

二、专业音乐教育

（一）私立专业音乐教育

1950年创办时名为"基督教中国圣乐院"的"香港音乐专科学校"（1960年更用此名）是香港教育司署立案的私人音乐教育机构。该院是1950年由邵光[①]创办，同年1月18日正式开课。创办初期，该院由邵光、胡然、林声翕、周书绅等参加主持和任教，成员主要是从祖国内地来港的音乐家。开始时它以传授基督教音乐为主，1960年改名为"香港音乐专科学校"后，教学范围有所扩大。

该院当年吸纳了众多著名音乐家先后加盟任教，如担任顾问兼教授的韦瀚章、胡然、林声翕，还有王友健、王铨、成之凡、吴天助、周书绅、翟立中、田明恩、范希贤、许建吾、綦湘棠、马国霖、胡悠苍、陈玠、章国灵、黄棠馨、叶纯之等人，大多数是由内地南来的音乐人。当年物质条件虽不理想，但师生的教与学，都有全力以赴的投入精神，很快便在香港的音乐舞台上发挥作用。学院为香港培养了不少

[①] 邵光是位虔诚的基督徒，抗战时期在重庆青木关国立音乐院毕业，1949年自南京移居香港，1950年以基督教奉献精神创办圣乐院。1965年，邵光率盲人音乐训练团前往美国巡回演出，不幸遇车祸，不能返港。1983年2月21日逝世于美国。

音乐人才,如第一、二届10位毕业生中的徐仲英、孟宪琳、张金泉、王若诗、陈毓申、纪福柏、黄育义、伍泗水,和其后毕业的黄道生、黄日照、潘志清、胡德倩、周少石、张材光等,都在音乐上取得一定成就,其中不少更是其后香港乐坛上的活跃分子。

基督教中国圣乐院于开办同年,即1950年,青年会上演了邵光圣乐作品音乐会,演出作品盛极一时。1951年初,正式上课14个月后,便在青年会举办师生作品音乐会。这场音乐会除让各系学生发挥在钢琴、提琴、铜管、声乐方面的学习成绩外,主要为作曲系学生提供发表作品的机会,并介绍老师的近作。这种鼓励发表新作品,由师生上台演出的做法,自此便成为圣乐院和改名为"音专"后所举办的音乐会的良好传统。基督教中国圣乐院成立不久由校内学生组成合唱团,这个合唱团自上述两场音乐会开始,便一直在校方举行的音乐会中担起演出合唱作品的任务,同时还不时举行音乐会,甚至参与其他音乐团体的演出活动,合唱团的成员负责训练和指挥。在近半个世纪中,随着学生毕业和学校人数更替而不断变化,活动能力和水平亦有起伏,但该团却是至今仍继续在香港乐坛上活动的少数成立于20世纪50年代的合唱团体。

除了在香港的合唱活动中做出贡献外,"音专"于1954年正式组成由王铨负责训练的弦乐团,1969年组成由陈其隆指挥的男声儿童合唱团,1984年成立的少年管弦乐团(1990年更名为音专管弦乐团),1987年成立的儿童管弦乐团,都为香港的音乐活动增添了姿彩。1951年8月,综合性音乐杂志《乐友》创刊号面世,初时为不定期刊物,1954年改为月刊,60年代虽曾停刊,但1971年复刊后,仍能以双月刊、季刊等形式持续出版至今,对推动香港的音乐活动发挥了一定的作用,并且有一段时期,乐友社还主办过音乐会等活动。另一方面,"音专"还不定期举办音乐比赛活动以促进本港音乐的发展。"音专"自己主办或与其他组织合办的音乐比赛,较大规模的有1976年的中国艺术歌曲作曲比赛;1978年的全港公开作曲比赛;1991年的全港中国艺术歌曲演唱比赛;1995年的中文歌词创作比赛;1996年联合香港作曲家联会及香港合唱团协会主办"香港艺术歌曲创作比赛";1997年"颂祖国·庆回归"歌唱比赛[①]等。

除20世纪50年代创办的基督教中国圣乐院(即1960年以后的香港音乐专科学校)以外,在60年代,香港教育司署立案的私人音乐教育机构还有:

---

① 此次以小组及大合唱两项参与比赛,其中大合唱获选入决赛并得第三奖。

【表2-2】香港私立音乐教育部分机构一览表1[①]：

音乐院校	办学时间	备注
德明书院音乐系	1961–1963	林声翕创办，只办了两年
清华书院音乐系	1963–?	持续到20世纪70年代
香港音乐院	1965–1969	声乐家赵梅伯创办，开办了4年
联合音乐院	1969–?	7位音乐界人士发起成立董事局
海燕艺术学院音乐系	1969–?	

（二）政府专业音乐教育

"香港中文大学"成立于1963年，由当时已存在的私立大专院校崇基、联合、新亚三所书院组成，是香港政府主办与资助的高等教育机构，以英国牛津、剑桥大学书院体制为模式建成，是全港唯一设书院制度的大学。两年后，即1965年增设了音乐系，隶属于崇基学院，这是香港第一个大学程度的音乐系。香港中文大学音乐系的成立，标志着香港专业音乐教育有了新的发展。中文大学教师来自世界各地，学校以"结合传统与现代，融会中国与西方"为创校使命，音乐系开始采用美式大学4年制的音乐教育体制。在课程设置方面，该系完全仿效英国大学音乐系，到20世纪70年代后改以西洋及中国音乐并重的方针，训练、培养兼研中西音乐文化的人才。

中文大学所开设的音乐学位课程是香港历史上最悠久的，在教学、研究资源方面在香港以至亚洲都是名列前茅。音乐系以理论及实践相结合的形式训练学生，本科生需要学习中、西音乐，范围包括演奏、理论、作曲及音乐史，所涉及科目具体包括和声、对位、作品分析、西方音乐史、中国音乐、演奏及合奏等课程，并可从各种分类中挑选科目，作为选读专业。

中文大学音乐系创办50多年来，为香港培养了一大批专业音乐人才，目前香港音乐界的中坚力量，很多都是中文大学音乐系的毕业生，其中不少人在该系完成本科学业后，还进一步到欧美完成更深程度的作曲课程。香港目前最活跃的一些作曲家、音乐学家，作曲家罗炳良、曾叶发、陈永华、余少华、林青华等，很多都是毕业于中文大学音乐系。然而中文大学音乐系在20世纪60年代刚刚建成时，即在拓展期的香港音乐发展过程中，在专业作曲人才的培养方面尚在含英咀华，直到70年代后期在此方面才初见端倪。

[①] 20世纪70、80年代"香港私立音乐教育机构一览表2"，请参见本论文第三章的概述部分。

第一节 以抒情歌曲创作见长的作曲家：周书绅[①]

从20世纪50年代开始，在香港时常被演唱的声乐作品多数还是萧友梅、黄自、赵元任的艺术歌曲，如《问》《思乡》《春思曲》《玫瑰三愿》《天伦歌》《教我如何不想他》等，还有后来的青主、贺绿汀、刘雪庵、陈田鹤、陆华柏、李惟宁、林声翕、黄友棣、黄永熙、胡然、劳景贤等的《大江东去》《我住长江头》《嘉陵江上》《追寻》《红豆词》《山中》《故乡》《偶然》《满江红》《阳关三叠》《问莺燕》《浣溪沙》《五月里蔷薇处处开》等作品。同一时期里，香港听众所接触到的中国民歌有《茉莉花》（江苏）、《茶山情歌》（贵州）、《绣荷包》（云南）、《猜调》（云南）、《绣荷包》（山西）、《刮地风》（甘肃）、《四季歌》（青海）、《南风吹》（陕北）等。以上所有这些作品无不是来自内地的优秀创作与民歌。伴随着内地作曲家的到来，这些经典之作在拓展期的香港音乐土壤中滋养了许许多多怀旧的新移民们的心灵，同时也鼓励了当时的作曲家们将这种音乐艺术风格加以继承，在殖民统治的土地上延续着关于祖国的声音和情感。而对于土生土长的香港人来说，则令人体会到一种亲切的乐音。

在拓展期里，除了在1949年移居香港的林声翕、黄友棣两位作曲家在声乐创作领域保持着旺盛的精力和热情的投入以外，在抒情歌曲体裁的创作方面，周书绅颇有建树。

周书绅在香港的创作，主要包括声乐与钢琴两类。声乐体裁作品中尤以抒情歌曲见长；钢琴作品分为两类，一类属于中国民族风格小品，一类属于声乐化钢琴作品。在艺术歌曲与钢琴这两类体裁的创作中，作曲家都融入了浓郁的中国民族音调的特点，充分显示出其对"五四"以来，众多中国作曲家们在钢琴这种西洋乐器上寻找民族化语言这一创作传统的继承。

---

① 周书绅（1925.12.21—）钢琴教育家、作曲家，出生于四川重庆涪陵市，1936年11岁即入武昌艺术专科学校学习钢琴，1944年毕业于当时上海国立音乐专科学校设在四川青木关的国立音乐院，在校学习钢琴与作曲。1948年起曾任教于广州市立艺术专科学校，1950年，周书绅由广州到香港，在香港中国圣乐院任教。1953年赴巴黎音乐院深造，从师于柯托、宾文鲁迪等教授学习钢琴。1957年毕业后任北京中央音乐学院钢琴系教授，1962年重返香港定居，教授钢琴并进行创作，1971—1974年任清华书院音乐系主任、教授。曾担任香港教师音乐家协会主席。其长期致力于钢琴教学及音乐创作，以抒情歌曲、钢琴曲创作见长。出版物有《周书绅钢琴曲集》《周书绅抒情歌曲集》《周书绅合唱歌曲集》等。

一、抒情歌曲创作

(一) 古体诗抒情歌曲

在古体诗抒情歌曲创作中，以"七言绝句"与"五声音阶"，即"诗"与"乐"方整型的组合，是周书绅创作中常见手法。在这些作品段内结构中通常运用了中国式"起—承—转—合"的逻辑结构因素，无论是诗歌还是乐句，均以方整的4句结合，符合长久以来中国人艺术审美情趣中对民歌的欣赏习惯。例如他的抒情歌曲代表作《夜曲》《雾四月》《画中人》就是这一类型的作品。

【谱例2-1】抒情歌曲《夜曲》(1945)：♭A宫调式（五声），民歌"小调"风格

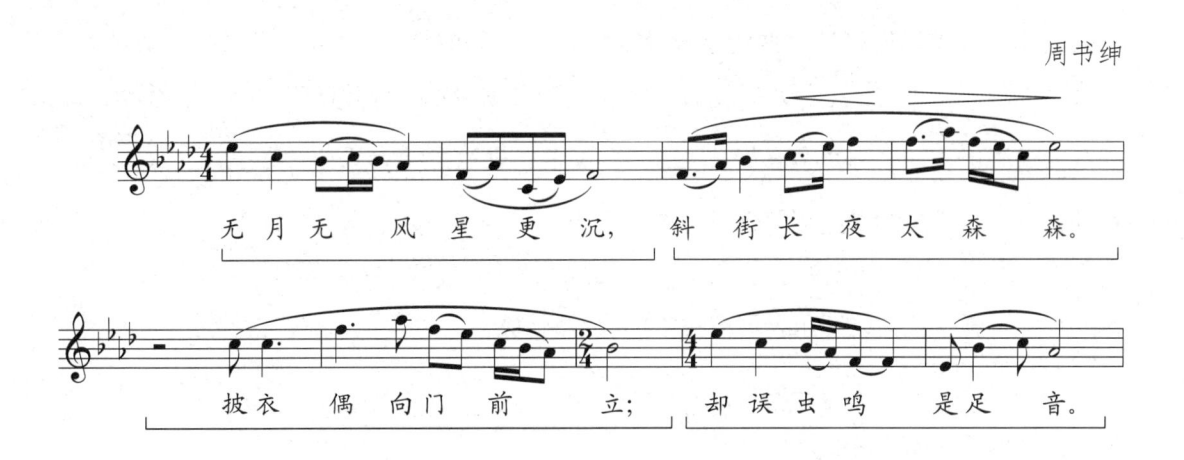

周书绅

【谱例2-2】抒情歌曲《雾四月》：C宫调式（六声），民歌"小调"风格

周书绅

【谱例2-3】抒情歌曲《画中人》：C宫调式（五声），一字对一音"琴歌"风格

周书绅

[乐谱：Sentimento，12/8拍，歌词"昔日情怀大不同，荷花开后桂花浓。难得有人来相会，寒梅月影上帘栊。"标注"（一字对一音）"]

此外，其古体诗抒情歌曲的旋律体现中国传统风味特征。如上《夜曲》《雾四月》均带有民歌中"小调"的特点，其音乐叙事与抒情相交融，旋律曲折、细腻、婉转，旋律线波浪起伏，加上附点节奏型 ♩. ♪ 、♫ 的张弛有度与十六分音符 ♬、♬♬ 的快速进行，令人有细腻迂回之感。而在《画中人》的诗与乐的结合方面，作曲家采用了"一字"对"一音"的手法，这在中国古代的"琴歌"的演绎中是常见的手法和特色，因此也为《画中人》的音乐表现增添浓郁的古韵风格。

（二）现代诗抒情歌曲

在现代诗抒情歌曲创作方面，周书绅继承了"五四"以来赵元任、黄自等人对中国艺术歌曲创作民族化的传统，即利用西洋传统创作技法与中国元素相结合的手法。

《飞蛾》是周书绅的《抒情歌曲集》[1]中的一首，同时也是其抒情歌曲作品中的代表作，采用三段歌谣体写成。作曲家在歌曲开始的段落中运用了中国五声性G宫系统的A商、D徵、G宫调式的交替。他将曲调的乐汇，分以两个乐节组成一个乐句，由两个乐句构成歌曲的A段。不过从第14小节起，由于歌词表现的需求，另外加入了5小节的扩充，不但不显得多余，反而令人有圆满之感。之后，经过间奏，转进G宫调的同宫系统调（e羽调），伴奏开始作了较趣味性的表现，首先是主和弦的三度音之间的反复跳进、连奏；另外，以七度和声音程作"级进旋律上行"，节奏上以"三连音"的形式出现，以及同音反复的西洋"宣叙调"旋律，描绘出飞蛾盘旋、停顿、熊熊烈火之势的效

---

[1] 周书绅作曲：《抒情歌曲集》，香港音乐研究社1969年出版。其中编入《飞蛾》《小妞儿》《怀念》等21首抒情歌曲。

果,以至死亡的象征,构成B段的对比性曲趣。接下来,从第29小节起,节拍再现A段的 $\frac{3}{4}$ 拍,速度改用慢板,并且带有感情的伴奏引导,进入悲伤的音调,钢琴始终伴衬怜悯、同情的音响,格外显得伤感。从第39小节起,再由钢琴奏出再现A段的起句,同歌唱者作类似"轮唱"的表现,渐入曲终的境界,彼此在极慢而轻微的音量下终止在高八度的"主音"G音上,给人带来了无尽的回味。

《白云飘飘》与《飞蛾》同样是采用中国五声性调式与西洋大小调式相结合的三段歌谣体的抒情歌曲。在A段中,作曲家首先采用中国传统D宫系统五声宫调式, $\frac{4}{4}$ 拍子的小快板,钢琴伴奏整段持续节奏型 的效果,表现其逍遥舒泰,轻松恬然的情绪。这种音响,一直伴衬着悠扬婉转甜美的曲调,作描绘似的叙述。当曲调进行到B段(第11小节)时,曲风则发生了极大的转变,曲调转为西洋调式D大调的同主音d小调上。与此同时,旋律与伴奏也作了大幅度的调整,显示出B段发展所需的潜势,例如速度变为行板,以"自由诵"似的宣叙调旋律,伴奏改作密集"三连音"和六度音程和弦的弹奏,作充实歌调延迟时间的效果。再在第14小节起,用"沉重的心"的自由速度,表达游子怀乡的意念,钢琴则以"琶音"和弦相应,尤其显得空虚、伤感、迷惘与嘘叹的情绪。再现的A段曲调虽与开始的A段相似,但由于改换了速度(第20小节),注明为"感伤的慢板",调式转回原来A段的D宫调,再经过1小节的间奏引出,钢琴渐以悠扬的主属音作八度跳进或同音反复的形态,描述回味性的甜美,确能使人忘却现实的哀愁与伤感,这不失为一种巧妙的设计。

(三)钢琴伴奏

周书绅的抒情歌曲创作中大都运用分解和弦或和弦琶音的伴奏音型,充满浪漫主义的田园诗于风景画的优雅气息。此外,值得一提的是《小妞儿》和《纽扣》的伴奏是其所有作品中最与众不同的两首,作曲家通过不同以往在节奏上的变化,刻画出两个活泼、俏皮的音乐形象。

自周书绅发表了他的这首《小妞儿》,该作品就一直活跃在男女声独唱会的节目中,并广受听众的欢迎与喜爱。作曲家不但把曲调写得"乡土"而不俗,平庸而高雅,而且伴奏尤为出色。他使用了中国的商调式,配以诙谐的快板及 $\frac{4}{4}$ 拍子,一开始就奏出了轻松活泼明快的节奏,掌握着全曲的气氛,描绘了小女孩顽皮、天真无邪的个性。歌词方面也是歌者易表,听者易懂的语句,所以极易使演唱者与听众产生共鸣。

凡一首称得上完整的歌乐作品,必需有赖于歌词、曲调、伴奏三者的健全结合,周书绅的抒情歌曲体现了这一特征,因此声乐界在对其作品的评赏之余,常有如下的说法:

"他的东西具有多项特色：好听易唱、中国的民族风味极浓，不但有美妙动听的旋律，而且有丰富深度的内涵，有抒情婉转的意味，亦有新奇现实的感觉"。①

二、钢琴创作

钢琴教育家周书绅在教学之余，还积极推广中国风格的钢琴作品，不仅编辑出版了两本中国钢琴曲的乐谱②，还灌制了由其本人演奏的中国风格钢琴小品③，对拓展期香港的中国作品的传播方面做出身体力行的努力。另外，周书绅还创作了部分钢琴独奏曲，多数是以民歌旋律改编而成，例如《孟姜女》《小放牛》《菊花黄》《想阿哥哥》等，这一类作品充满了民歌"声乐化"的旋律特征；另外有部分是他创作的钢琴作品，例如《舞龙》《怀念》《龙船》《太平山》等。其中《舞龙》是表现民间节日舞龙活动的，全曲充满节庆气氛，民间打击乐音响贯穿乐曲，渲染了节日歌舞的热闹情景。乐曲为对比性复三部曲式，首部是一个民族风格旋律的多次变奏，在G宫调式上。中部转入♭E宫调，引用了一段内蒙民歌《牧歌》的旋律，辽阔、抒情，带有浪漫情调。再现部回到首部的音乐材料，但较首部更加热烈，并在模拟"锣鼓"打击节奏声中结束了全曲。另外钢琴独奏曲《怀念》原为同名抒情歌曲，其脱离歌曲后即为一首独立、完整的具有民歌风味的钢琴独奏曲，从中可看到周书绅钢琴创作中的旋律民歌风、钢琴"声乐化"的特点。

此外值得一提的是，周书绅于1977年创作了古筝与钢琴的重奏作品《中国幻想曲》④，该作品的曲调具有明显的中国五声调式特征，加上古筝的吟、揉、按、滑的演奏，使作品更具浓郁的汉民族风格。全曲除主体部分，还包括前奏、尾声和华彩的多段体结构，每一段拥有不同的主题，均为徵调式的调式色彩，但就演奏速度而言，则又是由快板、慢板、快板组成，具有复三部曲式的性质。

古筝长于表现音腔，而西洋乐器钢琴则不能，加上两者的音色相去甚远，因而形成了强烈的对比，为创作造成不小的难度，但周书绅仍然做出了大胆的尝试。他正是利用这种强烈的对比，或是运用对答的手法，表现出一种情趣，或是以钢琴的和声来衬出绮丽的筝声，或是以筝独具特色的五声性的琶音作背景，钢琴奏出极富情感的曲调，又或是用复调的手法，将两者揉合在一起。《中国幻想曲》不仅表现了作者对"中国"的向

---

① 参见周书绅编：《抒情歌曲集》，香港音乐研究社1969年出版，第2页，"唱家的话"。
② 周书绅编：《中国钢琴曲集》，香港新音乐学会1968年出版；《中国钢琴小曲集》，伦敦帕特松公司1972年出版。
③ 周书绅独奏：《中国钢琴小品集》，四海唱片出版社发行黑胶唱片。
④《中国幻想曲》于1977年8月23日首演于由香港市政局与新音乐学会主办的《周书绅作品演奏会》，由香港著名古筝演奏家苏振波与周书绅本人演奏。

往与激情，也表现出了周书绅对民族音乐的创作热情。

第二节　以钢琴音乐创作见长的作曲家：施金波[①]

为我国音乐文化建设尽点力，让喜爱音乐的人们能分享中国作曲家的创作成果，这就是我音乐生活的目的[②]。

——施金波

自1957年施金波从上海音乐学院毕业，至1997年逝世的40年里，他一直对中国风格的音乐创作进行不断的探索与追求，并以此为终其一生的理想和目标。这与20世纪50年代内地音乐院校偏重对传统技法的教学有关。施金波的创作很大程度上受到民间音乐的影响。其数十年都经常警惕自己，不要做寄生异株的花草，因而在众多西方音乐流派的现实里没有成为随波逐流的浮萍。

一、创作观念

施金波的音乐创作有自己深长的根，源自中国内地的民间音乐是他创作生长的土壤。在他的《七首中国民歌》的标题下，施金波写下了："中国民歌是我的母语和教材"一句。这种体悟，早在作曲家学生时代就已形成了——

"上海音乐学院贺绿汀院长勉励我们每天都要唱熟几首民歌。我们就每天利用早饭前半小时，三五人一组念唱，风雨不间，成了习惯。此外，还常常有机会到剧院观摩戏曲，或欣赏民间艺人来学院演唱演奏的各种传统音乐[③]。"

这个例子说明施金波在他的学生时代期间所接受的内地音乐教育对其日后创作观念

[①] 施金波（1933—1997.6）出生于广东新会县北街镇。曾肄业于广州"华侨大学"商学院、"华南人民文学艺术学院"音乐系。1951—1957年入"上海音乐学院"本科及深造班攻读理论作曲。1958—1962年任教于"广州音乐专科学校"，担任理论作曲教学。1963年定居香港，30多年均从事教学、作曲。1970年起受聘于"香港清华学院"，曾担任音乐系主任、音乐研究所所长等职务，从事理论作曲及钢琴教学。1983—1988年连任3届"香港作曲联会"副主席。其作品众多，包括《大提琴与管弦乐协奏曲》《羽调式弦乐四重奏》等大型作品及交响诗、室内乐《五首速写》、钢琴独奏曲《海公戏狮》、合唱曲《对花》、艺术歌曲《遥远的歌》等。

[②] 施金波：《施金波钢琴曲作品集》，1996年香港艺术发展局赞助出版，自序页。

[③] 施金波：《中国现代音乐创作之我见》，收于《我的和声语言——中国风格的现代和声》，1997年5月初版，香港上海书局有限公司经销。

上的影响之深。根植于故土，不离母语，既是必然，也很必要。古今中外许多音乐家的成就也就说明了这个事实。

施金波认为，民间音乐是人民在自己生活环境中和历史过程中创作、发展起来的音乐文化。这种音乐文化不但有与众不同的独特风格和地方色彩，更是发乎心灵的直率自白，其精神气质通过多种不同性质的音乐媒介表露无遗。面对"传统"与"现代"的问题，施金波在实践上力求采取科学的态度，合理的做法。希望将"薪火相传"与"推陈出新"的理论，在具体的作品里得到验证，使其生长出可供欣赏和享用的花果。

对于中国音乐创作现代化问题上，施金波是抱着肯定和鼓励的态度的。但他不认可以"新"为时尚，只以"新"作为对作品好坏高低的评价标准。施金波借鉴西方现代技法来充实自己的创作，其原则在于：取其精华，去其糟粕，取舍有分寸，运用要灵活。

"西方许多现代音乐强调'抽象''虚无'，追求音响花样或数理的堆砌，忽略了音乐功能所要体现的人性和灵性。而中国的现代音乐，有些听来觉得肤浅幼稚，'貌合'而'神离'，技巧其外而内容空洞，拿去迎合一些西方同好者还可以，但自己人听来就格格不入，更难以理解和接受。我想，原因是这些作品里面有没有自己民族的精神气质？有没有多少传统的音乐品味？能否听到一些时代的脉动？[①]"

在音乐审美方面，施金波认为在写作实践上，"曲高"与平衡"和者"的"寡""众"问题不可忽视——"寡"与"众"不单与听众的欣赏水平以及文化水平有关，实际上还是各种音乐对于"人"的心理反应和生理反应的问题。

"中国的现代音乐，技法不妨'多''高'和'新'。写出形似的、貌和的作品未尝不可，但'形神兼备'，技巧与风格统一的作品就该说是上乘之作，能产生'雅俗共赏'的效果，这些现代作品一定会更有生命力。"[②]

二、旋律、和声的民族化

旋律具有音乐表现力和思想内容，它是音乐作品不可缺少的部分。在中国几千年的传统音乐中，旋律艺术一直充当着音乐的主体地位。钢琴音乐与中国的传统音乐在思维方式、审美意识上具有较大差异——钢琴音乐以多声"立体思维"为主，重视横向的旋律行进，又强调纵向的和声音响，讲究结构的精密组织；而中国传统音乐则主要是"单声思维"，强调横向的线性旋律思维。也就是说，中国传统音乐更注重的是横向旋律线

---

① 施金波：《中国现代音乐创作之我见》，收于《我的和声语言——中国风格的现代和声》，1997年5月初版，香港上海书局有限公司经销。

② 同前。

条的流动与变化。施金波众多钢琴作品中，有许多是以民间音调作为素材，作品的旋律线条十分突出，符合中国人的音乐审美习惯，即单声音乐思维为主。加上作曲家本人多年来在中国化和声方面的探索，用中国钢琴音乐语言在西洋乐器钢琴上作了丰富的表达，中国风味浓郁。

（一）民族风格旋律写法

施金波的钢琴作品在旋律民族化方面主要具有如下两方面的特点：

1. 根据比较完整的民间音乐音调进行创作

作曲家利用这种创作方法将线性的、单声思维的旋律改变为多声织体，利用音区、音型、和声的不同变化以形成不同的、新的音响色彩变化，从而使民间音乐旋律产生新的音乐表现效果。这种创作方法从音乐的纵向思维入手，丰富了民间音乐中只有旋律的单调性，使音乐音响效果更加充实、饱满。例如他的钢琴独奏曲《七首中国民歌》中的第7首《新疆舞曲》，从原民歌乐谱与钢琴曲的高声部的旋律声部比较看，它基本上使用了原民歌的旋律音调，没有作较大的改动，从整体结构来看，只不过在个别处做了一些细微的变化与增减，例如在原民歌的A段的"起—承—转—合"中的"转"句，施金波的钢琴曲则将其去掉，做成了"起—承"两句的重复，事实上民歌中的"承""合"两句旋律相同，则总体上还是比较完整的再现了原民歌的旋律音调特点。

2. 采用民间音乐中的部分旋律音调进行创作

施金波也常利用民间音乐中的部分旋律音调，通过重复、移位、转调等一系列手法进行创作，例如在他的钢琴变奏曲《爱的音诗》中，作曲家仅节选了8小节的山西民歌作为变奏曲的主题。把音乐主题从纵、横二个方向进行展开、发展，音乐既保持原民间音乐旋律的主题，又将音乐的表现力进行扩展成其他不同手法，9个对主题进行美化和深化的变奏。作曲家创作的中心思想是表达农村封建社会中一位女子渴求恋爱自由的心理活动，音符赋予痛苦、抗争、诗意和胜利等多角度的写照，从而营造出一个积极意义的音乐形象。

（二）民族化和声技法应用

作品风格有赖于所运用的和声语言。在众多移居香港的内地作曲家当中，黄友棣从60年代开始将西方传统和声运用到中国民歌的改编之中，寻求中国和声在民歌中的创作方法。施金波则是另一位专门在钢琴音乐创作上潜心研究中国和声理论的内地作曲家，并且在理论与实践当中均超越前者。在他众多钢琴、艺术歌曲、合唱等作品中，其广泛实践着他的中国风格的现代和声创作理想。

1. 以五声性民族和声作为基础

施金波的作品在技法上力求传统与现代结合，以"推陈出新"的艺术思想不断探索，坚持作品风格的民族性和通俗性。他重视中国人的听觉感受，多以传统五声调式音阶为基础。以施金波的合唱曲《对花》[①]为例，1970年出版，一经问世受到海内外欢迎和好评，经常在音乐会上演出，并被多届香港学校音乐节选为合唱比赛的高级组指定曲目。施金波编作后的民歌，在原作的基础上可谓"锦上添花"。改编民歌，是要求颇高的二度再创作，施金波称其为"编作"而非"改编"。他并非仅在原曲基础上"多加声部"，之后配以伴奏。首先作曲家了解到该民歌的意趣和内涵，掌握了该作品的调式和旋律的特点，采用中国传统五声调式宫调功能理论，从而丰富其内容，加强作品的感染力。开始的主部为D羽调式（谱例2-4），乐曲进行到中间部分（谱例2-5）时，则运用了"移宫犯调"使三音列改变的办法将主旋律改在G羽调式上出现，结束时转回原调。此段还将速度由快板改为行板，伴奏音型由动力性和声改为抒情琶音式，合唱织体改为独唱，但全曲的旋律节奏没有改变，曲调的轮廓也十分相似，使音乐产生既有对比，也有统一的效果。

【谱例2-4】合唱曲《对花》主部（1970）

施金波

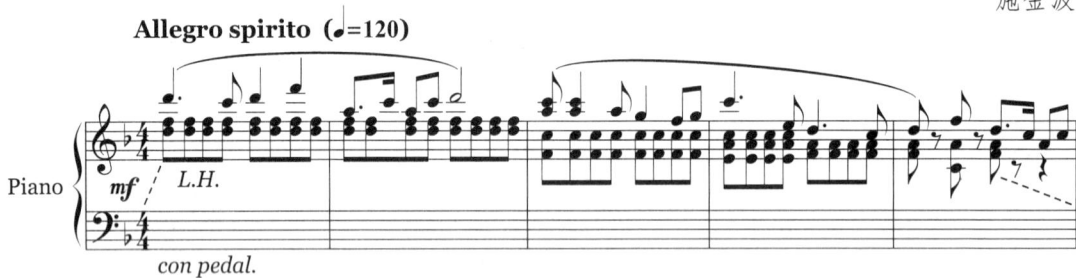

---

① 施金波：《中国民歌五首》OP.11（1970—1982）之一，这几首民歌的编作，时间上先后相距10余年，均为香港各合唱团邀约而作。

【谱例2-5】合唱曲《对花》中间部分（1970）

施金波

2. 在五声音阶基础上增加变化音和弦

施金波以中国调式特点来写作曲调，在继承"五四"以来中国作曲家探讨中国式和声的基础上，还作了大胆尝试和创新——在他的作品中不回避七声和有升降号的变化音。同样运用五声音阶为素材，但他不仅仅满足于追求作品的中国风格，同时还讲究表现该风格的多样性和趣味性。例如在其钢琴作品《欢乐时光之四：溜冰》[①]（谱例2-6）中使用了一些不协和音程，用以增加曲调的趣味和表现力。用九和弦音构成跳进小七度和大七度尖锐音响，目的是配合切分音节奏，刻画溜冰的夸张动感效果。构成纯五度音程的根音♭B音是F宫系统七声音阶的"清角"，E音是"变宫"，其纯五度因此也是柔和的，作为七度音程前的准备，构成了先后出现的七和弦曲调。

【谱例2-6】钢琴曲《欢乐时光之四：溜冰》（1971—1976）

施金波

在《欢乐时光之三：摩天轮》中（谱例2-7），作曲家运用主和弦及降六级和弦的分解和弦音型完成了主题乐句，形成瞬息转变的和声色彩，配合乐曲的标题"摩天轮"所需要的转动形象。

【谱例2-7】钢琴曲《欢乐时光之三：摩天轮》（1971—1976）

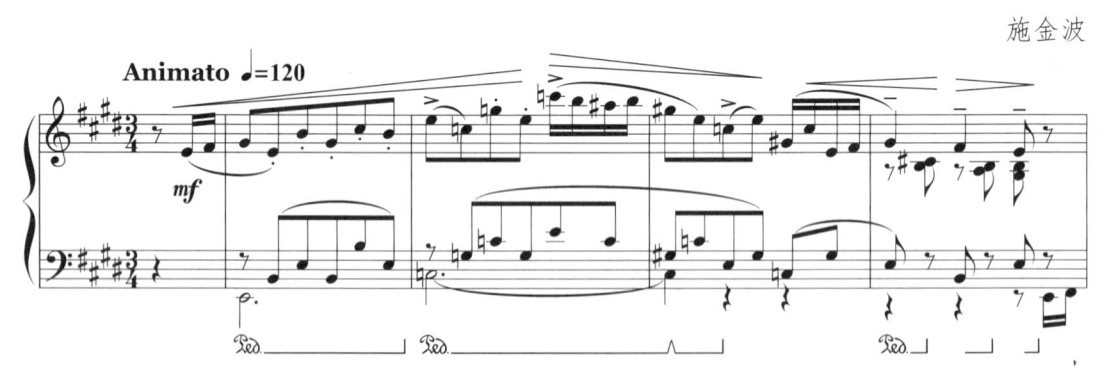

施金波

---

① 施金波：钢琴组曲《欢乐时光—献给儿童》OP.19（1971—1976），包括《捉迷藏》《荡秋千》《摩天轮》《溜冰》《梦境》《杂技表演》《进行曲》七首小品。作者从儿童的愉快活动中获得特别的生活情趣，每首乐曲都是情绪与描绘相结合，笔法简明有力，听来效果别致而真实，不但儿童感到亲切，成人亦能共鸣。乐曲不是供儿童弹奏而作，从技巧与演绎标准而言，更适合有相当演奏水平的钢琴家。乐曲刊于1984年由"香港作曲家联会"编辑出版的《香港作曲家钢琴作品集》，1990年收录在同名的CD出版。

3. 对附加音和弦的应用

从中国调式和声的风格来说，语言学家赵元任在20世纪20年代创新出的中国式和声，即"附加六度"的大三和弦是令人满意的。但施金波发现宫调式以清角（Fa）和变宫（Si）作根音的大三和弦，不仅失去了它在五声音阶中的装饰性及次要性，反而显得勉强生硬，在风格上不协调，如果用附加六度和二度，未尝不是一个方便的办法。在《欢乐时光之六：杂技表演》中（谱例2-8），由第7小节开始，三个和弦依次是♭E宫调式大三和弦的I^{+6}、I^{+2+6}，及I^{+2+6}，第四个可说是同根音♭E羽调式的附加音小三和弦I^{+2+4}（加F加♭A）。第9小节是♭E羽调式，虽然没有三音♭G，但有七音♭D，羽调主和弦性质仍然是清楚的。

【谱例2-8】 钢琴曲《欢乐时光之六：杂技表演》（1971—1976）

施金波

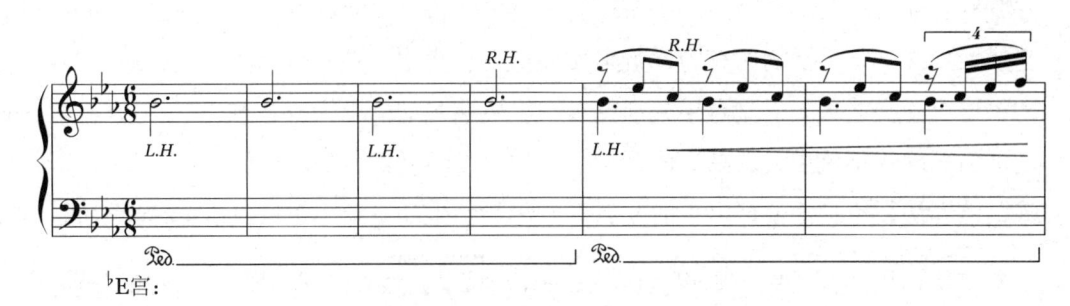

施金波在钢琴组曲《欢乐时光——献给儿童》的创作中，表现出其对现代中国音乐创作的探索成果。音阶、调式与和声的运用不落俗套，笔调简洁，有创意，效果新颖而

富于趣味。表达了作曲家对生活的美感多于对童年的回忆，感情的流露又重于事物的描绘，情景逼真，儿童感到亲切，成人亦会引起共鸣。

三、钢琴织体

施金波的钢琴织体写作手法丰富，在众多同时代的作曲家中，其能力是突出的。其钢琴织体的丰富不在于音响上的堆砌，而是要赋予不同的音乐主题以一定的灵性。施金波常常写作一些标题小品，作曲家往往会用一种典型并且听觉效果十分贴切的钢琴织体来描绘这些被标题所定义下的音乐形象。而且，在表现不同作品的音乐形象所运用的音乐语言又各不相同，因此更显示了施金波在这方面的能力。

以《欢乐时光》为例，由《捉迷藏》《荡秋千》《杂技表演》等7首小品联成一套"组曲"。作者从儿童日常生活、游戏、玩耍中获得生动有趣的灵感，每首乐曲都是情趣与描绘相结合，笔法简明有力，听来效果别致、真实，使儿童倍感亲切，产生共鸣。其中第一首《捉迷藏》以左右手分别弹奏一组快速跑动的十六分音符，每一组中的各音之间均为三度的小跳进，后来变成三度小跳和二度级进进行相结合的音型，加上连线"落滚"的奏法，于是便演绎出小朋友们你追我躲的生动场面（见谱例2-9）。第二首《荡秋千》中所运用的音乐织体则更为精炼——以 ♩♫♫ 的节奏型在左、右手分别弹奏单声部旋律音程的上下行跳进贯穿全曲，演绎出秋千在空中有节律地上去、下来（见谱例2-10），从音符的节奏织体形态上看的确十分形象。

【谱例2-9】钢琴曲《欢乐时光之一：捉迷藏》（1971—1976）

施金波

【谱例2-10】钢琴曲《欢乐时光之二：荡秋千》（1971—1976）

施金波

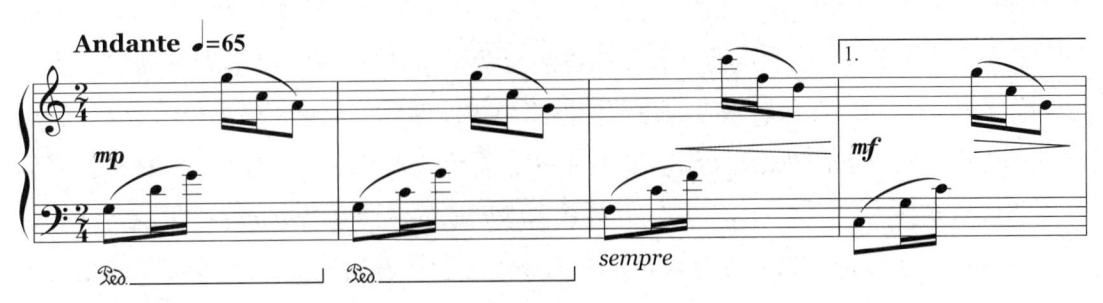

在钢琴组曲《田园即景三首》中的第三曲《群蜂飞舞》中，其音乐织体从音型到节奏型来看形态始终如一，全曲贯穿着左右手密集交替的十六分音符，左手双音音程与右手单音所构成的5个相邻的半音"#f_1""g_1""♭a_1""a_1""♭b_1"所织出的一张密不透风的网，在"急速"之下的不协和音营造出令人纷扰之感，联想曲名，自然会被"群蜂"所吓跑（见谱例2-11）。

【谱例2-11】钢琴曲《群蜂飞舞》（1975）

施金波

在钢琴曲《海公戏狮》[①]的4小节引子中，施金波用柱式和弦加上锣鼓点节奏 ××× ××× ×××× ×× × 来模仿的民族打击乐器的音响，一下子就烘托出了过年时热烈喜庆的气氛。"锣鼓点"材料三次奏出，贯穿于各乐段之间，最后同样以锣鼓声结束全曲，这种音响效果令人印象深刻。

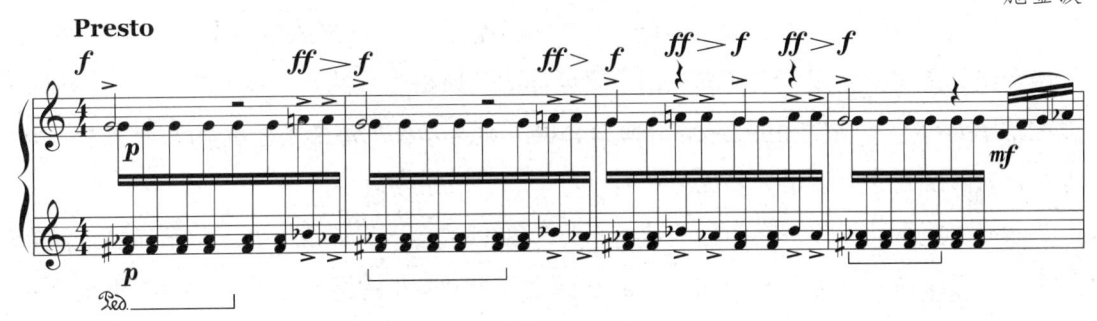

① 《海公戏狮》1971年香港初版，"海公"是广东福建一带，每逢过年舞狮队里头戴孩童笑脸大面具的丑角。一红一白，穿着宽袍大袖，手执葵扇，在狮子的前后左右手舞足蹈，一蹦一跳地附和着锣鼓，用一些滑稽动作逗人开心。1980年与《大雄宝殿》和《爱的音诗》一起辑入台湾出版的《中国钢琴曲集》。《海公戏狮》多次被选为"香港学校音乐节"中国钢琴曲比赛指定曲目。美国波士顿"中国音乐节"选为比赛指定曲目。

总结施金波一生的音乐创作，多集中在钢琴、艺术歌曲和合唱领域。1996年由香港艺术发展局赞助其出版了《施金波钢琴曲作品集》《施金波艺术歌曲作品集》《施金波合唱曲作品集》。1997年5月由香港上海书局又出版了施金波的《我的和声语言——中国风格的现代和声》。以上这四部著作在香港能够得以出版，事实上也是施金波一生音乐创作的功力写照。在移居香港的内地作曲家当中能够总结其生平最为集中的3种音乐体裁的创作，及其创作理论进行出版的作曲家，是绝无仅有的。只有老一辈林声翕等作曲家出版过多数为单行本的作品集，并且在内地同期的作曲家当中也是少见的。这一切终其原因是源于作曲家始终保持着坚定的创作信念和执着的追求。自1951年施金波入上海音乐院起，他的音乐生涯经历了46年，最早的10年间是以写钢琴与合唱作品为主。1963年定居香港，他一直没有停止过专业音乐创作，但他并不是职业作曲家。香港的环境虽然稳定和自由，如同许多音乐家一样，也不能避免分心创作而去解决经常困扰的生活问题。好在施金波几十年从事音乐，使他精神舒畅。

在众多移居香港的内地作曲家当中，施金波始终将专业音乐创作视为社会文化建设的一项事业，并以此为己任，终身奉行。他曾写到："能对文化建设有所贡献，并争取在世界乐坛上增添一份异彩，我相信这个愿望并非是不可能实现的梦想。每一个中国作曲家，首先要 在自己的工作岗位上，履行义不容辞的天职……"

1996年8月，施金波完成了他的《我的和声语言——中国风格的现代和声》，该著作中介绍其是怎样运用现代的和声语言来创作中国风格音乐的。在该书的序言中，施金波在结尾处写道："明年1997年香港回归祖国，亦逢母校上海音乐学院70周年大庆，作者谨以本书献礼，以表庆贺之忱。"

然而，施金波却在香港回归的前一个月，即1997年6月悄然而逝。拳拳赤子未能看到米字旗缓缓降下，五星红旗冉冉升起在阔别了150余年的国土上的那一刻，不禁令人为之遗憾……

第三节　香港中乐①职业化进程的开拓者：吴大江②

我为中国音乐在西洋人的面前挣回点气，提高西洋人对中国艺术的重视而骄傲。③

——吴大江

20世纪40至60年代的香港，中乐的发展最为蓬勃。邵氏、凤凰及长城等大型电影制作公司因资本雄厚，在制作电影时，特别是黄梅调电影，不但请专人作曲，更会雇用20多人的中乐队为电影现场录音，为中乐的生存提供大量空间。加上当年的夜总会表演节目多有中乐表演作监场，中乐乐师白天还可兼职教学。作曲家吴大江就是当时其中的代表人物。

吴大江于1962年来港，曾在香港中文大学教授中国音乐，同时也参与演奏会、电台、电视的演出活动，又先后替百多部电影和电视片配乐。1974年应新加坡政府之邀，担任新加坡人民协会文工团的策划及节目统筹工作，并成立了交响乐团、华乐团、舞蹈团及合唱团。1977年，应香港政府的邀请，回港创立香港中乐团，同时出任音乐总监及指挥，这一年，也成为吴大江从事中乐生涯的一个分水岭。

一、中乐生涯

（一）1963—1976年

为电影作曲、配乐是吴大江定居香港后最先投身的事业。1963年，也是他到港的第二年，就开始为香港及台湾的多部电影进行配乐。如1963年7、8月的暑假期间，吴大

---

① 中国民乐在香港称为"中乐"；在台湾称为"国乐"，名异实同。

② 吴大江（1943.11.13—2001.9.4）作曲家、指挥家，生于广东海丰。吴氏自幼随马思聪堂弟马思宣习小提琴，11岁随马思聪胞弟马思周习乐理。1958年，吴大江15岁加入当地文工团，继习乐理、小提琴，并习二胡、高胡、板胡、琵琶、筝等乐器。1962年移居香港，在香港中文大学教授中国音乐，也在演奏会、电台、电视等演出，后加入邵氏公司做电影配乐工作，先后为百余部电影和电视片集配乐。1974年应新加坡政府之邀，担任新加坡人民协会文工团的策划及节目统筹工作，担任新加坡人民协会华乐团乐队指挥，成立了交响乐团、华乐团、舞蹈团及合唱团。1977年，应香港政府的邀请，回港创立香港中乐团，1977年至1985年出任香港中乐团首任音乐总监，多次率团海外演出。1986年出任台北市立国乐团指挥（一年后卸任），从此定居台湾。2001年9月4日逝世于台北。

③ 吴大江日记：1964年9月1日。摘自郑学仁著《吴大江传》，香港三联书店2006年版，第92页。

江首次为邵氏公司黄梅调电影《七仙女》[①]作配乐录音。1967年，吴大江首次在电影配乐上取得突破性的进展，即为当时电影节音乐制作名流周蓝萍代笔电影《龙门客栈》[②]的作曲——

"对着银幕画面一边看、一边做笔记、度长度……用京剧锣鼓、梆板，配合剧中人物眼神、手势，用《声声慢》的锣鼓点制造悬疑、诡异的气氛，当剧情进入追逐、武打的时候，用唢呐拉开气势，再以《急急风》的紧锣密鼓，造成扣人心弦的紧张节奏，不但效果出来了，而且干净利落，又有民族音乐风格。"[③]

在该片中，吴大江将京剧锣鼓点首次运用到武打场面上，不但带出了一种新鲜、独特而又切合画面的效果，还成为日后许多这类场面给电影配乐争相效仿的经典摹本。此外，他还为电影《状元及第》《山中传奇》[④]《大军阀》[⑤]《侠女》《空山灵雨》《缇萦》及《国父传》等作曲、配乐。其中《缇萦》的音乐在1970年获得亚洲影展作曲"金禾奖"。在吴大江的配乐之下，使剧中人物性格、情绪的刻画以及剧情的发展及气氛的渲染增色不少。这些作品都脍炙人口，真正将他的创作达到大众化。初到香港时，吴大江常常被要求为电影抢时间配乐，通常要在1—2周内完成写作与配乐全过程。首先是要对着电影毛片中的情节分段创作音乐，之后在小房间里将写作的音乐分几次录制收音，最后对着画面放出音乐完成电影配乐。70年代，有时他也会利用已有的现成音响的片段为当时的电影进行配乐，例如为一些武侠片中的紧张气氛作渲染时，他会用到日本作曲家武满彻[⑥]鬼片电影中的音乐录音。虽然在目前看来这是一种侵权行为，但在当时，的确是电

[①] 该片原取材内地1955年拍摄的黄梅戏电影《天仙配》，李翰祥编剧，主演凌波、乐蒂等，周蓝萍制片。1963年荣获第2届台湾金马奖最佳音乐奖。

[②] 1967年台湾联邦电影公司拍摄，胡金铨导演，片头作曲名为周蓝萍，实为吴大江代笔。

[③] 郑学仁：《吴大江传》，香港三联书店2006年版，第103页。

[④] 该片由香港第一影业机构出品，曾荣获六项金马大奖荣誉，参与伦敦、东京、芝加哥、墨尔本等影展。导演胡金铨（1932.4.29—1997.1.14）生于北京，1949年到达香港，1958年入邵氏当编剧及演员，1962年执导，1966年到台湾发展，1975年开始声名远播，但因欠缺卖埠市场而令事业陷于低潮，于1997年在台湾因心脏病逝世。

[⑤] 该片曾获第19届亚洲影展：描写人物最成功喜剧片奖。邵氏兄弟（香港）有限公司、邵氏制片厂出品。

[⑥] 武满彻（1930.10.8—1996.2.20）日本作曲家。师从清濑保二学习音乐。19岁前后与作曲家汤浅让二和钢琴家园田高弘等组成艺术家社团"实验工房"，并开始作曲。1957年创作《弦乐追思曲》，别有新趣，影响较大。20世纪60年代作有由17件弦乐器演奏的《地平线上的多里亚》，琵琶、尺八和乐队演奏的《十一月的阶梯》、钢琴和乐队演奏的《星群》等，逐渐蜚声国际乐坛。70年代后的作品有《鸟儿飞落到星状的院庭》等9首管弦乐曲，雅乐曲《秋庭乐·一具》，弦乐四重奏《仅有的路》，以及不少电影音乐和室内乐作品。他的创作个性鲜明，音乐语言新颖独特，在日本音调基础上运用了西方现代音乐技法，具有时代新鲜感。

影配乐的普遍做法①。

1964年4月5日，吴大江首次在香港大会堂参加"广东音乐演奏会"的演出，这是他来港后首次正式在音乐舞台上亮相。据笔者统计，自1964至1972年间吴大江每年在香港大会堂的民乐演出2—6场②。香港大会堂及香港电台合办的这一系列普及音乐会举办了数年，其间为类似吴大江等一批内地的音乐人提供了一个展示才华的舞台。由此吴大江陆续参加了许多艺术普及教育音乐会的演出，从一位二胡乐师开始，到负责二胡独奏项目的几年间，吴大江开始在香港乐坛建立声誉，期间曾被音乐界的同行及报刊冠以"二胡王"的称号。与此同时，为了生计需要，吴大江也在多个夜总会、舞厅的民乐队担任伴奏工作，这为其增添了许多民乐队演奏的实践经验。

他曾与张永寿学习过一些不拘常法的作曲技法，后又拜在林声翕门下学习作曲理论，由于林声翕在20世纪60年代的香港已是享誉盛名的音乐大师，吴大江在最艰难的时候也曾以卖血来支付其学费。他抓住每一个机会不遗余力地向许多研习过作曲理论的音乐人进行讨教，吴大江曾写道："艺术是苦的天堂，能吃得艺术中的苦的人，是一种不平凡的而有意义的享受。"③

在港经过6年努力后，1968年吴大江成立了"21世纪唱片公司"，大胆尝试用西洋管弦乐为民乐伴奏，组建了一个纯西洋管弦乐团，命名为"21世纪管弦乐团"，继而出版了他的第一张唱片，中西合璧的《二泉映月》④。这种用钢琴与西洋管弦乐队为民乐二胡伴奏的形式，在当时香港乐坛可算是颇为大胆的创举。

吴大江对发扬中国民族音乐和使香港中乐团得到各界人士的认同方面的努力功不可没。1976年，香港举行首届亚洲艺术节。应香港市政局之邀，由吴大江指挥、有50余名演奏员的新加坡人民协会华乐团到香港进行两场演出，曲目包括吴大江创作的大合奏《椰林舞曲》和《麦里芝池畔》等。其中在吹管声部，笛子又细分为梆笛、曲笛和新笛，根据需要，又加入了西洋管弦乐器竖琴和钢琴。大会堂音乐厅近1500个座位座无虚席，而华乐团表现出的精神面貌、乐团纪律、合作性、技术水平及演出乐曲等，都令香港观众耳目一新。当时为香港市政局和听众留下了良好印象，同时也为职业化的香港中乐团的成立起到了积极的催化作用。

---

① 该情况为2008年5月8日笔者于香港采访作曲家陈能济时获悉。
② 参见郑学仁著：《吴大江传》，香港三联出版社2006版，第88—90页。
③ 选自香港三联书店2006年版《吴大江传》第92页，吴大江1964年9月1日的日记。
④ 唱片编号：TFLP201，收录二胡曲《三门峡畅想曲》《鸟投林》《瑶族舞曲》《汉宫秋月》《青年舞曲》，前两首用钢琴伴奏，后4首由管弦乐伴奏。

(二)1977—2001年

1977年4月，香港市政局通过正式成立完全职业化的香港中乐团，6月1日，香港市政局聘请吴大江为首任总监兼指挥。同年10月14日乐团首演，中乐团每月保持在香港大会堂演出2—3场音乐会，其中加插一些学校音乐会，作为中乐推广。截至1978年3月底，在第一个职业乐季结束前，乐团共演出14场音乐会，平均上座率高达98%；在第二乐季演出结束后，其29场音乐会的上座率达到98.3%[①]。由此吴大江与香港中乐团的名字已然成为了票房的保障，市政局上下均对吴大江作出的成绩称赞有加。

在1977年4月至1985年5月任期的8年期间，吴大江为职业化的香港中乐团奠定了在香港乐坛举足轻重的地位。在香港乐界，这一时期常被称为香港中乐团的"吴大江时代"。吴大江于1977至1984年担任中乐团第一任艺术总监，该阶段被视为乐团的初创期。乐团团员来自世界各地，除内地、香港外，还从新加坡、台湾招收人才，训练和管理尽量与世界接轨，邀请包括西乐在内的很多演奏家、指挥家来与乐团合作，用交响乐的指挥来训练民乐演奏者，对乐团的融合度、适应性、专业化有很大帮助。同时还建立了委约制度，海内外有很多专业作曲家投入到民族管弦乐的创作中。截至21世纪初，香港中乐团在30年里委约创作和改编作品已达1730余首，其中包括14位非华人作曲家创作的18首作品。

吴大江在担任中乐团总监期间，积极进行整理各类型的中国民族音乐作品，委约新作品，建立编制完整的乐队以配合演奏大型中国民族管弦乐曲等的改革，为香港中乐发展掀开了新的篇章。吴大江对于艺术创作极富创意，对音乐的拓展则具备开阔的视野。在厘定中乐团的发展战略构建方面，他认为必须委约本地或海外的作曲家为乐团创作乐曲，只有这样才能把中乐发扬光大。他的创见得到了前香港艺术发展局主席陈达文的支持，于是中乐团的委约作曲制度就此在香港开始建立起来。吴大江领导香港中乐团期间，委约了超过百名作曲家为中乐团创作200余首作品（参见图2-1），迄今为止，乐团拥有的委约作品达1500多首。委约制度让中国内地作曲家有机会为香港中乐团创作乐曲，壮大了香港的中国作曲家队伍，特别是移居香港的内地作曲家的创作队伍，增加了中乐团的演奏曲目。这些数量丰富和风格多元的作品，为乐团奠定了稳固的基础。香港中乐团以及目前香港的中乐能够得以蓬勃发展，与吴大江当年的高瞻远瞩是分不开的。吴大江最关心的是新乐曲的来源。他常说："好的音乐作品是香港中乐团的血，没有血，乐团又怎能生存呢？"[②]吴大江为香港中乐团的成立与成长方面功绩卓著，他为香港中乐

[①] 详细统计见郑学仁：《吴大江传》，香港三联书店2006版，第233—235页。
[②] 吴杏冰：《风采迷人的指挥家》，选自郑学仁著《吴大江传》（香港三联书店2006年版，序言第8页）。

团早期发展奠定了扎实的基础，是他将香港中乐团建设成为同类乐团之中的佼佼者。

特别强调的是，香港中乐团的成立及其委约制度的确立，为内地作曲家构筑了展示其中乐创作才能的平台。在中乐团建团初期，吴大江即联络了本港的若干作曲家商讨为之创编新作品，并从第二季开始，委约香港当地作曲家写作新作品，"委约作曲制度"开始确立。中乐团在最初三年演出的200多首乐曲中，首演的新作品达30首，平均每年有10首新作品首演；改编作品近150首，受委约的作曲家多达20余位。

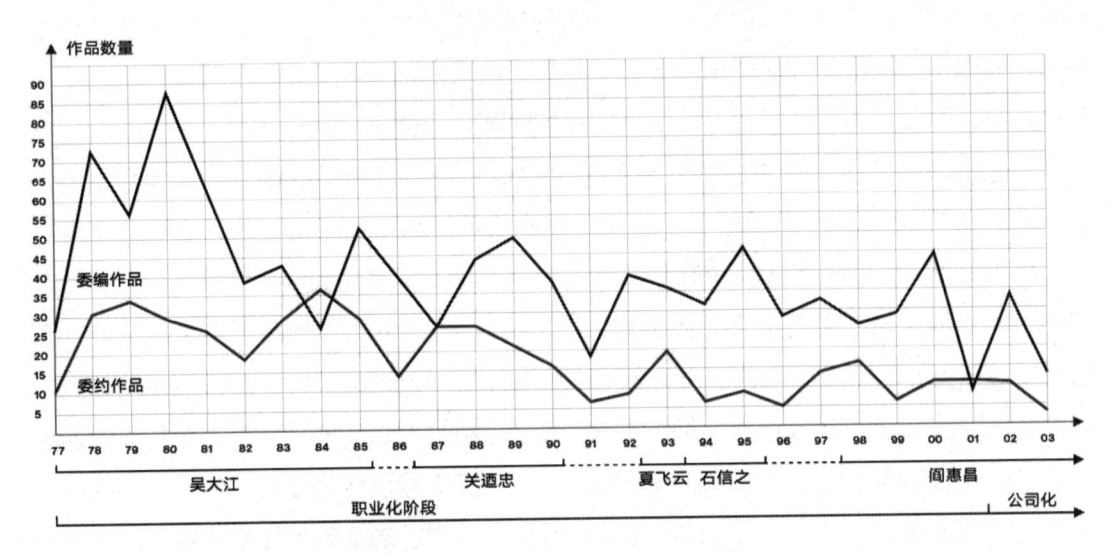

【图2-1】香港中乐团委约、委编中乐作品数量曲线图（1977—2003）[①]

由以上曲线图显示，中乐团自1977至2003年的27年间，以吴大江担任乐团总监期间，乐团委约、委编作品数量最多，从吴大江时期的第二年，特别是1978—1981年的4年间，中乐团的年委编作品高达88部之多（1980年）；除1984年，中乐团的创作数量达到历史性的巅峰以外，其余基本上每年的委编作品都超过委约创作。"吴大江时代"之所以成为中乐团历年演出、委约作品最多的阶段，其有赖于香港市政局拨发的雄厚经济支持。在乐团成立的第一个乐季，即1977至1978年度，经费已达百万港币，此后的8年期间，平均每年递增百万元，至1985年，已过800万元。正是在如此庞大的经费支持下，吴氏许多积极的理想以及在其之后的历任总监的诸多建树，才能卓有成效地实现，这是在华人世界的同类乐团中绝无仅有的。

---

① 以上量表由笔者参考陈明志编著《中乐因你更动听》，2004年三联书店（香港）有限公司出版，上册第209—238页附录，进行统计、绘制而成。其中乐团总监人名上方"▬▬▬▬"为其任职时期；"┈┈┈┈"为乐团总监空缺阶段。

根据以上作品量表可以看出，吴大江担任乐团总监期间，其年度委约、委编作品量是历任总监中最高的，9年间每年平均77部，其中移居香港的内地作曲家的作品年平均28部，占作品总量的36%。

二、中乐代表作

在艺术创作方面，吴大江的音乐创作具有多样化的风格特点。历年来其发表的作品形式多样，对中、西管弦乐曲和中乐独奏曲的创作贡献尤为突出，借助他对音乐创作所持的开放态度，推动了香港中乐的多元化发展。吴大江熟悉中国乐器的性能，有能力驾驭中乐团，因此"吴大江时代"的中乐团被认为是最能体现"民乐思维"的交响化中乐阶段。他的"交响化"是中国的，并不是用中乐团来模仿西洋管弦乐的配器来交响一番。吴大江把20世纪现代乐风引入创作民族管弦乐作品中的手法，使乐章内涵更加丰富，感染力更大，影响深远。1981年第六届亚洲艺术节发表的大型民族管弦乐合奏作品《缘》，为香港中乐团委约吴大江的创作，于1982年香港首次参加在巴黎举行的联合国教科文组织主办的国际现代音乐交流会（International Rostrum of Composers）获选进入推荐名单的前15名，后被选入"世纪中乐名曲选"20世纪最受乐迷欢迎中乐作品候选金曲。可以说这部作品代表着吴大江音乐创作的一个高峰，该作品凝聚了他对人生的深刻体会，和带有率直、自恃、洒脱的人生观。他在传统中乐的基础上探索新技法的试验性创作的做法，鼓励了不少香港专业作曲家投身中乐现代化的行列，对推动香港的音乐及中乐发展有很大帮助。

概括吴大江一生的音乐创作，可将其划分为两个风格阶段：第一阶段，其借助西方传统功能和声体系展开民乐思维的创作；第二阶段，是利用西方20世纪新派技法来丰富中国音乐元素创新的时期。1981年，吴大江创作的管弦乐作品《缘》是其音乐风格的转折点。

（一）1962—1980年

在此阶段里，吴大江的音乐总体创作都离不开西方音乐中功能和声系统的运用，但他凭着对中国音乐的熟悉、对中国乐器性能及配器技巧的熟练，加上张永寿的"五声叠式和声"[①]效果的启发，将这些中国音乐元素尽情展现在乐曲的创作中，诞生出中国味道浓郁的现代中乐作品。例如筝曲《丰收歌》（1966年作，又名《欢乐的日子》），这

[①] 该理论提倡以中国音乐常用的sol、la、do、re、mi五声音阶及四、五度重叠和弦为基础，以取代西洋三和弦功能和声系统。

是吴大江到港后最早创作的古筝齐奏作品，乐曲开头运用了四、五度叠置的两个和弦，即"do、sol、re、sol"和"re、sol、la、re"，类似模拟琵琶空弦的四、五度和弦扫弦效果。此外，在民乐合奏《茶山情歌》(1968)、《桃叶荡》(1969) 和组曲《草原之歌》(1972作，包括《森吉德玛》《草原之夜》和《草原颂》3首歌曲) 等作品中，吴大江均运用了此种作法。

（二）1981—2001年

从吴大江管弦乐作品《缘》(1981) 成功创作开始，可视为其创作风格的转折点。在香港中乐团的工作经历，使他深受林乐培的现代新派创作技巧的影响，获得了不少新音乐的体验和滋养。早在吴大江为胡金铨电影配乐的过程中，他已体验到了这些新的创作手法及音响效果，启发他自行开辟了一种吴大江独有的声音及作曲技巧——"装饰性十二音列"[①]技法。在1981年的《缘》是吴大江第一首以这种手法创作的小品。两年后，1983年吴大江又创作了《胡笳十八拍》，该作品气势磅礴、音响效果独特，同样以"十二音列"技法来融会贯通传统调性音乐及新派手法，描绘民族流亡、兵荒马乱的情景。吴大江这两部代表作极富个人特色，亦有崭新的现代音乐风格，但他在这些风格中却自然流露出浓郁的中国音乐元素。

《缘》，显示了吴大江在佛教哲理方面的探索，作曲家将现代音乐的思维注入了民族管弦乐曲。该作品以纯音响效果，再配合重复出现的音型，营造四种不同的气氛，乐曲共分为4个乐章：《冥》《灵》《承》《空》。作品传达给听众"缘"的信息，即人与人由相遇、相识、相知都只是众多巧合一同出现的结果。每天擦身而过的人不下数百，为什么我与你成为朋友而不是与他呢？就如吴大江所说：

"缘似冥冥中安排的机会。有缘千里能相会，是偶然、是巧合，也许都是命运中安排。彼此间有缘的相遇，可能带来好果，亦可能带来后患，缘就是那么不可捉摸的一回事。"

第一乐章《冥》，表现人在未出生之前，冥冥中已有命数。佛曰："诸法因缘生，诸法因缘灭。"作曲家以纯音响效果，营造出一种虚无迷幻的气氛，如吴大江所述："在我们生命未来之初，我们的命数，已在冥冥中。"乐章的开始由打击乐器带动，给人一种模糊不清的感觉，突然间几个节奏整齐的长音由云锣奏出，恍如置身在迷雾中肉眼仅仅能够扑捉到的几点光芒（谱例2-12）。乐章尾段作曲家利用民族管弦乐团持续的、渐强的音量变化，把乐段的气氛推至高潮。

[①] 包括大小二度、增四度、减五度及大小七度的音列效果称为"吴大江音列"，虽然这种特殊的音列并不包含全部12个半音音阶，但由于这种崭新的"吴大江声音"，虽然无法归纳，但不知从何时起，这种新颖的做法就被冠以"装饰性十二音列音乐"。

【谱例2-12】 中乐作品《缘·第一乐章〈冥〉》（1981）片段

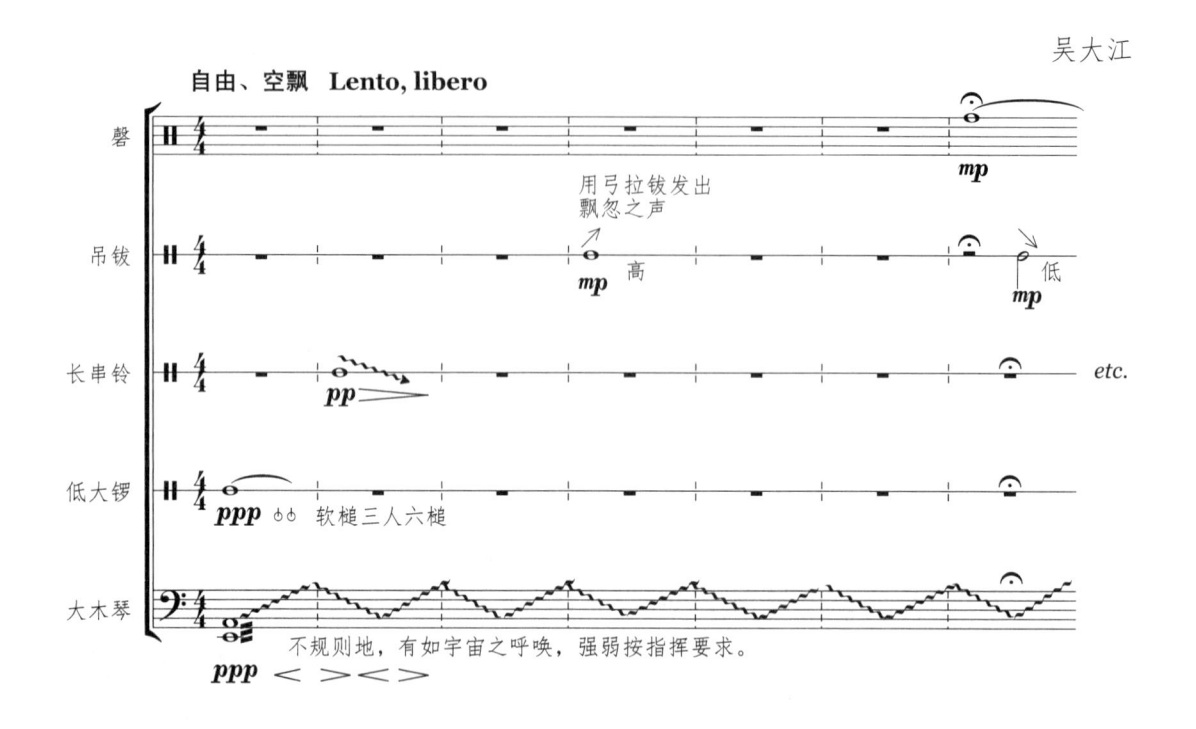

吴大江

第二乐章《灵》是启迪人对种种机缘的悟性。如吴大江在1981年11月21日香港中乐团音乐会场刊上所说："从生活中一些迹象，电光火石的刹那间，我们可能看到这定数。但必须灵台宁静，才能领悟。"乐曲中，将琵琶的泛音与筝的泛音群相结合，在清丽、透明的色彩表现之后，以渺渺的箫声做结束。这一段以固定的节奏型来演绎那种默默前进的感觉，在不同的音响效果配合下，产生出一种空灵的效果。

第三乐章《承》，表现对人生的乖桀或显达不必怨怼或不可一世，即所谓时也，运也，命也。由高音笙吹起一个不太和谐的和弦，揭开了第三乐章。吴大江认为"知道这是命数，但必须是达观的人，才肯去面对它、接受它，不论它是悲欢离合。能够与命数的节奏配合得宜，就能产生出生命的美。生命毕竟是美的……"乐章的速度开始变得急速，气氛也紧张起来，一片由各种即兴演变的混沌的感觉，把听众带进了另一个画面。乐曲在此取全音阶，以平行摸进的手法，突出增三和弦与减五度音程，以打击乐丰富中国色彩的乱声推向高潮（谱例2-13）。随后，笙再一次吹起那熟悉的和弦，慢慢地把热烈的情绪淡化。

【谱例2-13】 中乐作品《缘·第三乐章〈承〉》（1981）片段

吴大江

第四乐章《空》，表述《般若波罗蜜心经》中"色即是空，空即是色"的理念时，吹管和拉弦乐器相互配合，小二度装饰的五度音程出现在不同音区的声部，两者奏着同样的高音（谱例2-14）。乐队整齐有力地奏出不甚和谐的和弦，笙、箫五声性的曲调游离期间，虚渺而无尽，令人沉思，由世间的奢华返璞归真。拉弦乐器拉奏的长音，隐隐透露着不安的情绪，把乐章的不安感推至高峰。乐章的尾端回应着乐段的开始，就如吴大江所言："这样的接受，仍旧会有不安宁的感觉。很多人，通过宗教来稳定自己，来弥补、来填满。但实际上，在另一个角度看，这一切仍是一片空白。作者按中国人的佛教意识，以音乐表达出色色皆空的理念。"

【谱例2-14】中乐作品《缘·第四乐章〈空〉》（1981）片段

吴大江

  《缘》的内容表现的是东方佛教的命理，而曲作者则完全用的是现代新的作曲技法，在传统乐器上，甚至采用了一些非常规的演奏手法，出现一些奇特的音响。4个乐章犹如4幅泼墨而成的抽象画，落墨淡渺而柔嫩，重叠而精密，清澈、明丽而又沉实浑厚。

  1984年5月底，吴大江与陈能济合作改编的交响诗《穆桂英挂帅》是一首非常成功的移植作品。该作品原创于1960年，北京中央乐团团员以京剧素材，选取家喻户晓的京剧故事《穆桂英挂帅》为题材。乐曲分为4个乐段，包括《引子》《天波府忆往事》《辽兵入侵》和《挂帅出征》。其中加入了很多京剧音乐的皮黄板腔以及诸如《点绛唇》《水龙吟》《哭相思》《柳青娘》等曲牌素材，配上地道的京剧三大件，创作出这首京味十足的叙事乐曲。70年代中期，陈能济曾率先改编过该乐曲，由于当时香港中乐团还处于业余时期，因此技术上达不到演奏的要求，演出效果不理想。

  在吴大江改编移植的《穆桂英挂帅》中，在乐曲开始8小节庄严、威武的乐句中，加入比原曲更多的打击乐器，还在第3乐句的长音前，在第5小节第4拍的后半拍加上一下由马头锣、中锣、京钹及排鼓的一下强奏，令整个乐句顿时起了画龙点睛的效果。另外，在第3段《辽兵入侵》中，有一个由小笛、长笛、单簧管及双簧管等木管乐齐奏的快速半音下行乐句，吴大江考虑到竹笛、笙、管等乐器在快速演奏这种音型时会有一定难度，效果未必理想，于是其将这个乐句交给演奏起来比较容易的弹拨乐及弓弦乐组来担当，再以6支竹笛以颤音吹奏出一个减七和弦作衬托，这样的处理使得乐句可以较容易地演出，效果也更加丰满。战乱之后，满目疮痍，百姓流离失所，吴大江在这段《哭相思》曲牌的慢板乐段中，将弹拨乐器的性能发挥得更充分，利用琵琶、中阮及三弦的滚走效果，配合中胡深沉的音色、巴乌暗哑的声调及扬琴滚奏和弦的效果，营造出百姓伤痛及悲愤的心情，比起原作中仅以小提琴低音区奏出的效果更深刻感人。然而，整首乐曲中最令人津津乐道的，要属"引子"进入第一段《天波府忆往事》之间，吴大江即兴加入一大段四件头京剧锣鼓大配套的《急急风》锣鼓点，这比起原曲中只有短短数小节的打击乐器过门表现力丰富得多，更切合全曲的京腔味道。这部作品成为吴大江最成功的配器作品之一。

吴大江一生充满传奇，屡创奇迹，为人江湖义气十足。20世纪60年代从内地偷渡到香港，操海丰口音的粤语，又不懂英文，初到香港时生活的艰苦可想而知，但吴大江却从一个新移民，逐步成为活跃在香港电影届的配乐名家。吴大江从未进入音乐学院接受过系统的学院派音乐教育，因此他的做法也被许多同行视为"海派"风格，但他始终很努力去弥补自身的不足。他一生都在全方位地学习音乐、摸索音乐，他过人的地方，在于他对音乐有着不凡的天赋，特别敏锐的音乐触觉以及他那不平凡的际遇。他为香港70、80年代崇洋媚外的音乐界带来了新气象。他开拓海外民乐并推动民乐走向专业化，把民乐带入全盛的时代，是海外专业乐团的奠基功臣，深受海内外民乐界的肯定和敬意。今天海外民乐的蓬勃发展，吴大江功不可没。

1985年，吴大江于香港中乐团卸任音乐总监之职，次年出任台北市立国乐团指挥（一年后卸任），从此定居台湾。2001年9月4日逝世于台北。

第四节　专业与通俗音乐兼及的作曲家：关圣佑[①]

在香港音乐界，关圣佑素有"鬼才"之称。其移居香港后，为适应香港的音乐新环境，一方面从事专业作曲创作，另一方面，也开始在通俗音乐领域，特别是在影视音乐创作方面，投入了大量精力。关圣佑将专业创作技术融入对流行影视音乐剧情的诠释当中，特别是在80年代，关圣佑担任香港亚洲卫视音乐主任时期，其作品数量众多且家喻户晓。

---

① 关圣佑（1944—2011.11.10）香港著名作曲家，有"鬼才"之称。1959年至1965年就读于广州音乐专科学校附中及本科，为该校唯一同时攻读作曲与民乐系的学生。1962年，就读高中三年级时，发表钢琴独奏曲《金鱼》，大获好评，被誉为最有前途的年轻作曲者。1965年以优异成绩毕业。1968年移居香港，随即展开其专业音乐创作活动。

关圣佑主要作品有：大型中乐合奏曲《祭神》《中国戏曲唱腔主题组曲》[①]、《广东民谣组曲》[②]、《欢乐序曲》《新将军令》；大提琴协奏曲《月亮》；大合唱《慈母》及《登月》与大型舞剧《新镜花缘》等音乐创作。另外，他还创作了部分中西器乐独奏、室内乐作品及大量歌曲，例如民歌，亦有改编古典等。关圣佑的电影原创音乐则有《蜀山》《南拳王》《少林俗家弟子》及《猛鬼山坟》等多部作品。

一、专业音乐创作

在严肃音乐创作方面，关圣佑创作的中乐作品《祭神》、舞剧音乐《镜花缘》《鹰爪手决斗太极门》都是其为人称道的代表作。特别是《祭神》这首乐曲，自创作以来就是香港中乐团上演率较高的保留曲目，同时该曲也是历年来，每逢在维多利亚海港燃点烟花，电台、电视伴随着灿烂烟花作为背景音乐播放频率最高的乐曲。

（一）《祭神》

创作于1978年，是关圣佑取材于中国民间传统的祭祀活动，加上其丰富的想象力和出色的配器技巧创作而成。以乡间向上天祈福祭祀的情景创作的民族管弦乐曲《祭神》，充满了鬼神的灵气，是香港中乐团备受欢迎的演出曲目之一。

这首乐曲开始是一组渐快的鼓声，马上调动了听者的情绪，投入祭神的序幕，紧密的鼓声，更有如是向上天祈求五谷丰登、风调雨顺。该曲经常被用来伴随烟花的绽放，在于该曲散发着神秘诡异的气氛，多种鲜见的打击乐器与云锣又击打出极具狂野的律动节奏，正能切合观赏璀璨烟花的群众热烈的情绪，而全曲强烈的色彩感，更能和夜空中的烟花相媲美；乐曲末段多种乐器轮流演奏同一旋律，犹如巫师念诵的咒语，越奏越急地将全曲推向高潮。结束时往往是烟花在夜空中绽放，散发出刹那光辉的那一刻！

全曲虽没有明确的分段，但大致也可分为序、快、慢、快板几个部分。

一段由慢渐快的鼓声揭开了祭神的序幕（见谱例2-15），人们向上天祈求五谷丰登、风调雨顺。其他的打击乐（磬、钹、锣等）和弹拨乐器营造神秘诡异的气氛。速度慢起渐快的云锣，配合笙、鼓和革胡奏和，表现祭祀即将开始。然后拉弦乐器、弹拨乐器和吹管乐器逐渐加入，节奏固定而慢起渐快，宛如众人的脚步声，表示人们逐渐到来，即将观礼祭神仪式。

---

① 《中国戏曲唱腔主题组曲》包括《斗蟋蟀》《天上人间》《刘海砍樵》《二黄慢板》《变奏》五首。
② 《广东民谣组曲》包括《山歌》《咸水歌》《嘿呀吭》《林中夜会》四首。

【谱例2-15】中乐作品《祭神》打击乐组开场片段

关圣佑

接着一段响亮清脆的笛声划破长空，正式进入乐曲轻快的部分。鼓敲出富有特色和舞蹈性的节奏（见谱例2-16），人们紧随跳着祭神仪式的舞蹈。乐曲多次连续转换拍子，由 $\frac{5}{4}$、$\frac{6}{4}$、$\frac{5}{4}$、$\frac{6}{4}$ 再转回 $\frac{5}{4}$，在当时的民族音乐创作中较罕见。多种乐器轮流演奏同一旋律（见谱例2-17），好像巫师喃喃咒语，而拉弦紧密的拉奏营造祭神那诡异的情景，但乐曲很多时候都是各声部的对奏，保留了传统民族音乐的特色，此部分轻快活泼，节奏性较强。乐曲突然转慢，给人此部分完结的感觉，扬琴也以慢起渐快的速度，重现乐曲的主题旋律。

【谱例2-16】中乐作品《祭神》，打击乐组舞蹈性节奏片段

关圣佑

【谱例2-17】中乐作品《祭神》，管乐、弦乐器模拟巫师念咒的片段

关圣佑

"慢板"部分以扬琴和筝一段刮弦展开。此部分回应着乐曲开始的气氛，同样的神秘诡异，拉弦乐、弹拨乐和吹管乐轮流交替，奏出富有祭祀气氛的诡秘旋律（见谱例2-18），旋律开始的八度音大跳，犹如参拜者向神明叩头。向神明参拜后，祭祀的舞蹈再一次出现。

【谱例2-18】中乐作品《祭神》片段

关圣佑

此部分的"快板"其实是重复乐曲轻快的主题旋律。主题旋律反复出现，仿佛人们舍不得祭祀就此完结，而乐曲亦逐渐加快渐入高潮，气氛热闹、兴奋，最后云锣响亮、清脆的音响代表祭祀仪式正式结束。

乐曲配器手法简练严谨，每个段落均对比鲜明，并且色彩丰富，不失为一首雅俗共赏的佳作。

（二）《林中夜会》

1979年，关圣佑受香港中乐团委约创作《林中夜会》这部中乐作品[①]。该作品根据两首黎族民谣《夜会》《嘿呢啰》写成，全曲大致描绘了两部分场景：描写黎族人民步向营火夜会的地点，以及热烈欢舞的情景。

乐曲的第一部分，在柔弱的弦乐颤音上，笙以清脆的音色奏出主题旋律，然后琵琶以答和的形式出现，这旋律不断重复，表现出夜幕的宁静，其他声部逐渐加入。笛子吹奏主题旋律，音乐开始丰富起来，仿佛黎族族人正在准备营火夜会。然后乐队铿锵有力地不断重复齐奏出的音型，表示营火夜会快要开始，呼唤族人齐集。拉弦组先奏旋律，弹拨乐和吹管乐渐次加入，最后全体齐奏，模拟族人从四面八方到来齐集。

族人齐集，第二部分"营火夜会"正式开始，族人闻歌起舞，乐曲先以弹拨乐（琵琶、扬琴、三弦）奏出这部分富有舞蹈性的旋律（见谱例2-19），再由拉弦乐重复演奏，最后全乐队奏出，整个结构都很规整，主要是乐队齐奏。旋律速度愈来愈快，一片兴奋、欢乐的气氛。乐曲其后更加入了团员"嘿嘿"的呼叫，增加了乐曲欢快的气氛，族人进入兴奋的状态。呐喊声与乐队互相交织，突然管子的怪叫声划破长空，最后以"嘿嘿"的人声和乐队的颤音结束整首乐曲。

---

① 该作品首演于1979年6月，由吴大江指挥香港中乐团演出。

【谱例2-19】中乐作品《林中夜会》片段

关圣佑

关圣佑以中国传统音乐的创作手法创作此曲,整首乐曲的结构非常齐整,大部分由全乐队齐奏。而乐曲强烈的节奏感和舞蹈性的旋律成分表现了黎族营火夜会的热闹气氛和族人兴奋愉快的心情,令听众深受吸引,犹如置身现场。由于乐曲短小而气氛热闹,很多时候都被选为音乐演奏会中作返场的乐曲。

二、通俗音乐创作

除创作严肃音乐以外,关圣佑也为通俗音乐创作、填词,其发表的此类作品有300余首。在20世纪70、80年代香港的粤语流行曲时代的发展史上,关圣佑曾做出了杰出贡献。从20世纪70年代开始,关圣佑作曲的《快回头望一望》《江山美人》[1]《遂我英雄愿》[2]等歌曲就曾流行一时。此外《欢乐年年》《迎春花》两首贺年歌,更是数十年经久不衰,每逢新年期间,香港、内地各公共场所为烘托新年的喜庆气氛时,常以这两曲作背景音乐播放。80年代,关圣佑曾任亚洲电视音乐总监,期间其曾为《再向虎山行》[3]《武则天》《秦始皇》《八仙过海》[4]《西施》[5]等70余部电视剧创作主题曲、插曲及背景音

---

[1] 1977年,关圣佑为香港无线电视台《民间传奇》创作电视剧《江山美人》套曲,流行一时。其中包括《扮皇帝》《戏凤》《红线系几寸》《分别》《江山美人》《江南好》等插曲,卢国沾作词。

[2] 电影《南拳王》主题曲,关圣佑曲,郑国江词。

[3] 亚洲电视剧《再向虎山行》主题曲,关圣佑曲,卢国沾词。

[4] 1985年,香港亚洲电视摄制的电视连续剧《八仙过海》的片头与片尾主题曲的曲名、旋律相同,片头曲为粤语版歌词,演唱者为刘凤屏;片尾曲为国语版,演唱者吴秀兰。两曲均为苏翁作词。词作者苏翁(1932—2004),原名苏炳鸿,广东顺德碧江人,著名粤剧编剧家、剧评家。他自幼便对粤剧产生浓厚兴趣,1948年就读于广州大学,后转入岭南大学。1954年到香港跟著名粤剧演员何非凡学演戏。早期曾在广州从事编剧工作,稍后到香港继续从事编剧,他活跃于粤剧圈中,写作粤剧剧本,为小曲、时代曲填词。

[5] 香港亚洲电视台摄制电视连续剧《西施》,主题曲《情结解不散》由关圣佑作曲,苏翁作词,刘凤屏演唱。

乐。90年代，关圣佑淡出乐坛，其后鲜有新作①。

一部影片或电视剧成功与否，除了导演的精心构思、摄影的优美构图和演员的精彩表演外，还需要有动人的音乐，着力渲染故事情节，成为影视作品的重要组成部分。每当人们在观看一部好的电影和电视片时，不仅会被精彩的故事、动人的情节、美丽的画面所吸引，同时也会被其中美妙的歌曲所深深感染。甚至，影片的内容随着时间的推移会渐渐淡忘，而影片中优美的歌声却时常在人们的耳边回响，使人们难以忘怀。港台电视界多制作情节曲折的中长篇剧集，一两个月才播映完毕。所以，要求主题曲不同于寻常歌曲，必须是千锤百炼之作，能收到余韵悠悠绕梁不散之效。无论是曲谱和歌词，皆应朗朗上口，易于记诵，使观众百听不厌。在关圣佑笔下就诞生了许许多多这样深入人心的影视歌曲作品。

关圣佑的影视歌曲作品为剧情内容作了必要和充分的表情服务。其笔下的主题歌、插曲的内容、风格与影片、电视剧所表现的人物、内容、风格相协调，从而使影片、电视剧成为完整统一的艺术整体。80年代初，关圣佑为电视剧《八仙过海》创作了同名主题歌。该曲充满了中国人的传统道德观念，内容健康向上，既非脱离生活的空洞说教，同时又将深刻含义寓于其中，词句简洁，明白晓畅（见谱例2-20）。关圣佑采用古曲风格，将真挚朴实的词句偕委婉轻扬的旋律微微倾诉，令人备感歌词积极进取、惬意悠哉。旋律动听，短小精悍，易唱易记，不雷同于同时期香港的其他影视音乐人而具有新意，既有浓郁的民族风格，又有新时代的特点。作品既唱出了人们心里的话，又适应广大平民百姓的审美心理和接受水平。这首歌，尤其是开始的这段音乐，由仙境般竖琴拨奏加上悠扬飘渺的笛声，其中再配以电声乐器所发出的灵异声响，与剧情画面配合相得益彰——太上老君轻挥拂尘开启八卦五行之门，随后八众仙逐一登场，如仙人吕洞宾在蓬莱岛朝霞和晨风中的姿态，天人合一、飘飘欲仙，令人颇有此曲只应天上有的感觉。该曲的粤语版②更有广东粤剧风格，古朴亲切。再加上影视媒介的传播作用，使之不胫而走地流传开来，无论在香港、内地都获得了广泛共鸣。

---

① 香港中央图书馆：《香港音乐特藏乐谱目录》，康乐及文化事务署2007年出版，第420页。
② 粤语版歌词："仙山隔云海，霞岭玉带连，据说世外有天仙。天仙休羡慕，世人可苦干，何难亦有欢乐园。有志能自勉，艰辛不用怨，奋斗流汗血，得失笑傲然。但求为世上更添温暖，尽发一分光，进取一分暖。困扰莫愁虑，努力谋时间，日日度过，开心快乐年，玉楼仙宫，金堆玉砌，俗世比仙境，也不差一线。"

【谱例2-20】香港电视剧《八仙过海》同名主题歌（国语版）

关圣佑

♩=70 稍慢 轻巧地

[国语版]：人说天上好，神仙乐逍遥，成功的背后泪多少？都说人间苦，辛辛劳劳，汗珠干了有欢笑。神仙是人做，修练不辞劳，吃得苦中苦，正果才修到，要象神仙心一条，人间天堂定来到。神仙没烦恼，名利脑后抛，要象神仙得失都忘掉。天上人间都一样，天上好，人间好。

　　关圣佑所创作的影视歌曲在剧情中均有恰当的运用，达到感人至深的艺术效果，其笔下的影视歌曲往往抓住片中某一特定场景，用独特的音乐语言来表现人物的思想感情，因而常常能打动观众的心灵，起到"画龙点睛"的作用，具有广阔的听众市场。电视剧《八仙过海》主题歌的背景音乐起到了贯穿剧情的重要作用。当八仙，即李铁拐、汉钟离、张果老、蓝采和、何仙姑、吕洞宾、韩湘子、曹国舅8位主人公各自出场时，片头主题曲的背景音乐作为"主导动机"来配合剧情，暗示主人公们"仙风道骨"与众不同的灵气。当剧中吕洞宾在蓬莱仙岛的巨石上临风面迎日出打坐修练时，背景音乐演变为二胡缓慢、低沉地奏出"主导动机"的变奏曲调，材料上虽然相同，但情绪上却大相径庭，令人参透出修炼的艰辛及其心境的脱俗。剧中韩湘子跟吕洞宾学道，位列仙班，其人为人轻狂不羁，不喜读书，其叔韩愈曾责怪他，他却能在七日之内使牡丹花按叔父的要求改变颜色，并且每朵上边还有"云横秦岭家何在……"的诗句，令人瞠目结舌，此时的"主导动机"则更发挥了仙味十足的作用。剧中另外一首插曲《卖花歌》同样流传甚广，歌词结尾处一句"只要你是爱花人，鲜花一定为你开"，道出歌中作为八仙中唯一一位女仙，何仙姑是爱花之人。歌曲将纯真善良、爱惜物命的少女形象，自然地传达给观众。在电视剧《秦始皇》的同名主题曲中，要呈示"秦始皇"一代气焰逼人的君主——他的面貌，他的威仪，则又得另一套笔墨：打击乐雄浑壮阔的节奏及管乐急促有力地在高音区吹响，坚毅果敢的男声用宣叙调节奏开始气宇轩昂地唱到："大地在我脚下，国计掌于手中，哪个再敢多说话？夷平六国是谁？哪个统一称霸，谁人战绩高过孤家？"正是登泰山而小天下，遥看绵延的群山，想君临臣下举国归其一人挥斥，秦始皇是多么地得意，以至于目空一切，专权桀骜，这两句的词曲的结合，特别是音乐的节奏方面的运用，将秦始皇的霸主气焰刻画得惟妙惟肖、入木三分。

出色的音乐是影视艺术非常有力的表现手段。关圣佑创作的许多电视连续剧中的插曲就常常运用主题旋律变奏的方式，将优美感人的音乐始终浑然一体地置于一部剧中的每一集里，不厌其烦，来回往复地吟唱，烘托渲染气氛，开掘深化主题。或加快节奏，一派喜气荡漾，或放慢速度，哀伤凄凉，穿插得恰到好处，不显斧凿，让人感觉到其音乐是自然而然地随剧情喷发出来的。

关圣佑的影视歌曲《再生会怎样》[①]创作于1985年，是香港亚洲电视台电视剧《三世人》的主题曲。关圣佑试图以音乐旋律的发展、变奏手法来表现一世又一世——"三世"的感觉——歌曲的第一段（A段）便以优美而缓慢的五声音阶旋律来表现生在古代的"第一世"，这其中还使用了"顶真"的手法。

【谱例2-21】香港电视剧《再生会怎样》主题歌，A段内"顶真"[②]写法

关圣佑

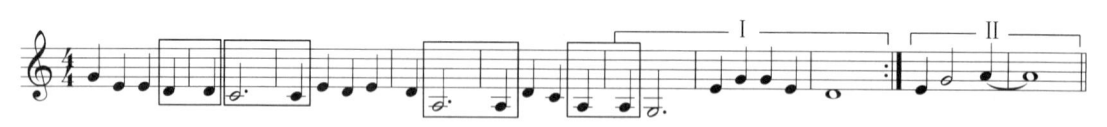

[①] 由来自马来西亚的歌手林芊苓主唱，卢国沾填词。
[②] 顶真又称顶针、联珠或蝉联，指用前一句结尾之字作为后一句开头之字，使相邻分句蝉联。中国民间音乐中常以此法创作旋律，即前一句的落音与后一句的起音相同。

【谱例2-22】 香港电视剧《再生会怎样》主题歌，A段与B段之间旋律关系

关圣佑

【谱例2-23】 香港电视剧《再生会怎样》主题歌，A段与C_1、C_2段之间旋律关系——逐渐紧缩

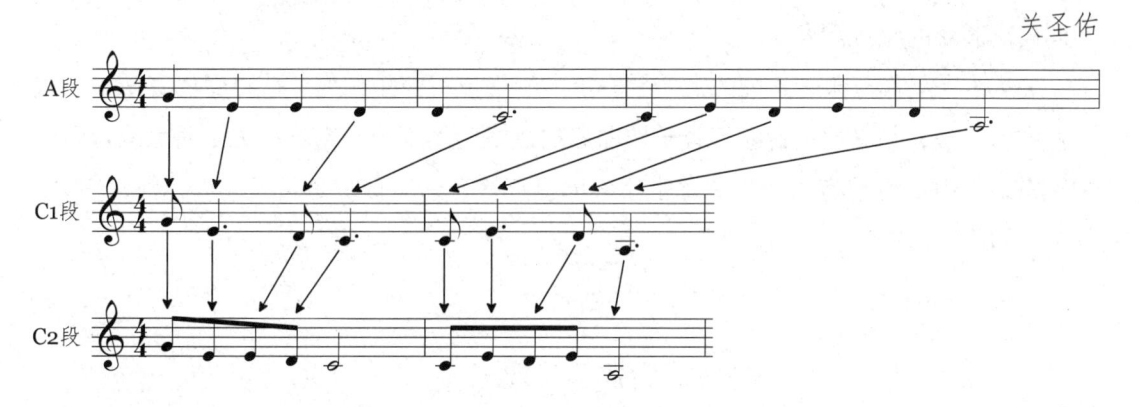

关圣佑

歌曲进入B段，也就是象征"第二世"，看下面的谱例分析，可以清楚知道这B段的音调完全是由A段演化出来的——两世的人生的内容看似很不一样，但其中材料的运用是相同的。同样，歌曲演变下去，还出现C_1和C_2段，象征"第三世"，它们同样还是全由A段演化出来的。关圣佑在这里是示范了怎样以一个音乐主题发展出不同的旋律面貌。

值得一提的是，A段和C_1和C_2段属于羽调式，B段却有徵调式的感觉，也就是说关圣佑在这里运用了同宫转调的传统手法，制造调性对比的色彩变化。如他在1976年为香港无线电视台创作的《宝莲灯》套曲，其中有多首二部合唱，以及1977年关圣佑为《民间传奇》创作的《江山美人》套曲，流行一时，比起后来1983年顾嘉辉创作的《射雕英雄传》套曲，先行了许多步。之后，关圣佑又为香港无线电视台写过《男人女人》《同屋共住》等剧集的歌曲。

关圣佑为提高通俗歌曲的品位，进行了不断的探索和尝试。一方面，关圣佑做到了通俗歌曲音调动听、音域适宜，节奏并不复杂，音乐语言简明易懂，歌词生活化、口语化，易记易唱；另一方面，关圣佑又将专业作曲技术融入通俗歌曲的创作——其一是重视旋律美，这是我们中国人长久以来形成的欣赏习惯和音乐美学传统。旋律是音乐的灵

魂,关圣佑的音乐创作恰恰迎合了听众的审美情趣;其二是重视民族化,创作根植于民族音乐的沃土。其旋律是民族的,但又不拘泥于某种民歌;其旋律气质上又是求新的,作曲家找到了民族韵味和时代精神的交汇点,找到了与平民大众心灵沟通的最佳点,创造了与众不同、别具一格的通俗歌曲,具有深厚的传统精神;其三是词曲结合耐人寻味,作品多写出平民大众关心的事,传达出他们的心里话,引发出人们积极进取健康向上的精神。对于青年人来说,即通俗歌曲的主要接受者,可以通过其音乐作品深入年轻人的内心世界与之对话,帮助他们树立正确的人生观、世界观。事实证明,关圣佑的许多作品,例如《再向虎山行》《八仙过海》《知我无情有情》《迎春花》《欢乐年年》等通俗歌曲作品,都引起了香港、内地听众的广泛的共鸣,受到了人们的普遍欢迎,满足了不同层次群众的欣赏需求。

关圣佑在创作严肃音乐同时又兼及香港的影视流行音乐创作,他将通俗音乐中融入专业技术手法,与其他港台流行音乐作曲家的风格迥然不同,绝对不失专业水准。他非常入世地在香港所特有的音乐文化生活环境里打拼,这大概就是关圣佑被称为"鬼才"作曲家的原因所在吧。

小　　结

20世纪50—60年代,香港专业音乐发展的拓展期当中,音乐创作的体裁方面要较前一时期有所丰富。萌芽期移居到港的作曲家黎草田、林声翕、黄友棣在这一时期仍保持前一阶段以声乐创作为主的体裁创作。而在拓展期里,移居到港的内地作曲家中的大多数都是新中国建立后内地专业院校培养起来的音乐人才,伴随着内地音乐院校专业师资力量和教学综合水平的提高,因此,在这一时期里,香港在器乐体裁方面,主要是钢琴、中乐体裁的创作领域被逐步开拓出来。

中华人民共和国成立前,我国音乐事业的发展主要依靠部分有识之士的努力与提倡,国家处于被动地提供一些基础条件,没有制定相应系统的政策;中华人民共和国成立后,才以国家的力量发展我国的音乐事业,各地音乐院校培养了大批作曲人才,新老作曲家作品的数量、品种众多。20世纪50年代以来,内地音乐院校普遍出现了对以下两方面的音乐创作技法的探索——一方面以苏联为师,把学习西方作曲技法提高到新的层面;另一方面则是全面学习民族音乐遗产,将创作技法融入民族化的新探索。中央音乐学院是接受苏联派遣的专家较集中的音乐院校,先后有11位苏联专家长期执教。所教授与作曲有关的课程包括基本乐理至作曲理论的全部课程。除本院有关教师及高年级作曲系学生外，还抽调了全国各音乐院校的有关教师及一些音乐专业团体的作曲家参加学习或旁听，影响遍及全国音乐界。与此同时，在搜集民族民间音乐遗产的基础上，进一步从作曲专业角度研究我国传统音乐的音阶、调式等内部结构的规律及与此相联系的和声复调运用及其他写作技法，一时蔚然成风。

本论文中所涉及的在拓展期里移居香港的内地作曲家就是在如上内地专业音乐教育环境下成长起来的。这批作曲家在内地广泛地学习过丰富多彩的民间音乐，创作风格上受到民族化、群众化的影响。他们又经历了曲折、复杂的社会磨练，在音乐语言上比较贴近民众，因而作品易于受到听众的欢迎。周书绅的抒情歌曲创作广泛采用了中国民歌的旋法和音调；施金波的钢琴音乐创作则一直考虑运用中国化的和声语言进行诠释。关圣佑同样在音乐的民族化上有所追求，在赴港后不久，其采取正统与通俗音乐创作并行的发展方式，同时又使其通俗作品不失专业水准，这是要在香港商业社会中求发展的一种较为现实的做法。而叶惠康因为在移居香港后不久又赴海外留学，这样的经历使得其音乐生活与创作活动更与香港社会生活现实需求紧密结合，其对香港儿童音乐教育事业发展的贡献是具有开拓性意义的。值得一提的是，吴大江虽未受到过系统化的专业作曲训练，虽在创作技法上欠缺学院式的严谨，但由于其具备了大量民族乐队演奏的实践经验，创作具有大胆、不拘成法与实用性强的特点，因此他在香港中乐界至今仍具有其独特的影响力。

第三章

香港专业音乐发展的黄金期：
20世纪70—80年代移居香港的内地作曲家

概 述

香港经济在经历了20世纪下半叶的飞速发展之后，一跃成为国际领先的金融中心和现代化大都市之一。雄厚的经济有力地推动了香港文化的发展，广泛的国际音乐交流使香港迅速成为国际现代音乐的中心之一。

对于香港来说，1971年是一个关键年份，这一年被视为殖民城市香港的历史新时期。麦理浩[1]爵士接替戴麟趾[2]爵士出任总督，夏鼎基[3]取代郭伯伟[4]爵士历任财政司、布

---

[1] [英]麦理浩（Sir Murray McLehose，1917—2000），香港第25任总督，1971年被委任为香港总督，先后续任3次，任期10年5个月，是任期最长的港督。1974年2月成立总督特派廉政专员公署。其推行一系列措施以减轻人口问题，其中包括"十年建屋计划"（1973年）、发展新市镇及兴建地下铁路（1979年）、推出"居者有其屋"计划（1978）。他推行九年免费教育政策（1978），所有6至15岁儿童必需接受教育。是自1949年中华人民共和国成立以来第一位到访的港督（1979年），曾到访北京与当时的国家领导人邓小平商讨1997年香港前途问题。1983年返回英国，英女王封其为终身贵族，并晋身上议院，是为麦理浩勋爵。2000年在英国苏格兰病逝，享年83岁。

[2] [英]戴麟趾（Sir David Clive Crosbie Trench，1915—1988），1964—1971年任第24任香港总督，任内香港工业长足发展，但期内文化大革命席卷中国内地，香港亦受影响而爆发了六七暴动。暴动后，戴麟趾推出一系列措施改善民生，如发展基建、小学六年义务教育等。

[3] [英]夏鼎基（Sir Charles Philip Haddon-Cave，1925—1999），香港前政府高官，历任财政司及布政司。1962年起服务香港政府和香港市民，直至1985年退休。他是香港金融体系的奠定者，定下香港政府理财哲学。

[4] [英]郭伯伟（Sir John James Cowperthwaite，1915—2006），英国殖民地官员，1961—1971年出任香港财政司。任内贯彻地推行"自由放任"政策，除了维持低税政策外，还减少政府对市场的干预。他的经济哲学被往后的财政司加以发挥，为香港政府后来的"积极不干预主义"、审慎理财和自由市场等方针立下基调，亦促使香港经济急速发展，为20世纪七八十年代的经济起飞做好准备，而自1970年起，加拿大费沙尔学会更每年都将香港评为"全球最自由的经济体系"。其经济哲学深受18世纪主张自由贸易的哲学家亚当·史密斯影响；而他自己任内的经济政策，也启发了英、美等国政府在20世纪80年代的经济方针，起了承前启后的作用。

政司司长。美国终于放弃支持台湾，同意由中国继承联合国安理会的席位，中国开始在世界上赢得应有的地位。而正是这一年，港英政府完全实现了普及初等教育，"这一殖民地的进步令人称奇[①]"。

20世纪70年代香港经济的腾飞带动了当地文化事业的发展，人们开始寻求更高层次和多样化的精神文化。1973年"亚洲作曲家同盟香港分会"成立[②]，同年4月，香港市政局开始财政独立，香港政府将每年所征得的差饷收益，全数拨交市政局，由局方全权决定款项的运用，开始拟定多项文化艺术方面的推广计划。当时香港大会堂已建成使用，而荃湾大会堂、香港文化中心、沙田大会堂及屯门大会堂等演艺场地均已陆续在兴建中或策划中，硬件方面的发展相当理想，因此，市政局针对当时情况，决定组织一个具有专业水准的演艺团体，以及要培养出新一代的听众。1974年率先由业余组织转化为职业团体的就有"香港管弦乐团"，可是在其他演艺范畴例如舞蹈、话剧及国乐演奏等却仍然没有什么基础，于是市政局便决定从这些方面着手，筹划组织机制包括中国音乐、舞蹈及话剧的职业艺术团体。其后1977年"香港中乐团"成立，同年"香港作曲家及词作家协会""香港音乐事务统筹处"等也都先后成立，这对于演出作品需求日益广泛，直接对香港的音乐创作起了重大的影响和推动作用。与此同时，各种现代艺术社团纷纷成立之后，作曲家们开始探讨有香港特色和国际认同的艺术语言，并以此作为其创作所追求的目标。此时的香港文化开始融合了中原文化、岭南文化和西方文化，形成一种独特的区域复合型的香港文化。

香港社会内部构成在这一时期也发生了一定变化，即迅速增加的香港人口在年龄结构上发生了较大变化，从而也导致了大众文化认同方面的变化。在20世纪60年代后半期，新一代香港人成长起来，他们成为本地人口的一个重要组成部分。1976年全港年龄介乎15至29岁的青年有130多万人，占全港人口的三成。这些香港本土出生者与父辈们有着明显的不同。他们出生于经济生活较富裕的环境中，主要接受西方文化的熏陶，亦没有中国内地的乡土经历，民族意识也很淡漠，相反香港人的本位意识逐渐增强。可以说，他们在思想观念、价值观念、行为方式和观赏品味上和老一代的香港人有很大不同。因此，在复合文化体中，中原文化的主导地位渐渐淡化，西方文化和岭南文化的影响逐渐增强。当时摆在移居香港的内地作曲家们面前的一项重大问题就是——作为新移民的内地作曲家们在新环境下，如何通过自身的努力，从而得到香港社会普遍认同。

---

① ［英］弗兰克·韦尔什（Frank Welsh）著，《香港史》，中央编译出版社2007年5月版，第536页。
② 亚洲作曲家同盟香港分会于1983年解散，由"香港作曲家联会"取代，并于1984年9月底获"国际现代音乐协会"即I.S.C.M.接纳为正式会员。

一、移居香港的内地作曲家概况

1966—1976年间，中国内地处于"文化大革命"之中，这是一个特殊的时代，作曲家面临特殊的文化环境。音乐创作与生活和政治宣传紧密相连。许多作曲家们为配合"文革"政治宣传而调整自己的创作思路，当时此种文艺环境使得作曲家们长期处于并非自由的状态之下。相比之下，香港受到内地"文化大革命"的冲击并不大，应对的方式也比较和平[①]。"黄金期"里，香港经济蓬勃发展，政府着力于推广文化活动。香港依然是许多内地人向往个人发展的地方，她为作曲家们提供了相对稳定、轻松的创作、演艺环境。因此，又一次集中引发了内地人移居香港的第三次移民潮。这一时期里，有部分内地培养的专业音乐院校毕业生奔赴香港寻求事业发展的出路，进而造成墙内开花墙外红的局面。

在赴港前，这批移居香港的内地作曲家，多数具有在内地从事重点音乐院校作曲理论教学或担任重要音乐团体创作与指挥工作的经历。这批内地作曲家绝大多数在专业音乐院校完成了作曲技术理论的学习后，还投入了作曲专业教学或被分配到高水平音乐团体，得到过创作的实践和演练，而且有的工作年限在十几至二十几年以上，例如卢亮辉、郭迪扬、符任之、关迺忠四位作曲家，他们在赴港前就已具备当时内地相对较高水平的创作能力。例如，关迺忠17岁入中央音乐学院，22岁于该院作曲系毕业。之后曾担任东方歌舞团指挥及驻团作曲家。1964年（25岁），其率领东方歌舞团乐队前往摩洛哥、阿尔及利亚、突尼斯、埃及、叙利亚等国家演奏；1975年（36岁）以北京艺术团特约指挥身份随团前往日本巡回演出；1976年（37岁）转任中国歌舞团指挥，并随团前往埃塞俄比亚、肯尼亚、莫桑比克、马达加斯加等国家表演；1978年（39岁）重新担任东方歌舞团乐队指挥，并率领乐队前往泰国、新加坡及香港地区等地演出。以上乐团创作与排练演出经验为其1979年（40岁）移居香港，从事音乐创作及1986年3月获市政局委任，荣升香港中乐团音乐总监都奠定了雄厚基础。又如作曲家陈能济，1965年（25岁）于中央音乐学院作曲系毕业后，曾先后在中央歌剧团、中央芭蕾舞团和中央乐团担任作曲工作，到而立之年才移居香港。

从1966年"文革"爆发到70年代初期，几乎没有内地音乐家通过正常渠道到达香港。到了70年代中后期，"文革"结束前后，内地对港澳实施有限的开放政策，移居香港的音乐家、作曲家比以往更多。在六七十年代由内地移居香港的途径有两种，一种是

---

① ［英］弗兰克·韦尔什（Frank Welsh）著，《香港史》，中央编译出版社2007年5月版，第520页。

具有"华侨身份",以正规途径赴港;另一种是"偷渡"到港。采取后一种极端途径到达香港的作曲家中,例如吴大江1962年6月15日偷渡到港,关圣佑也于1968年偷渡到港。1973年,"文革"中后期,周恩来总理作了"华侨来去自由"的批示,因此又有大量华侨身份的作曲家以官方正规途径移居香港,例如卢亮辉(1973)、陈能济(1973)、郭迪扬(1974)、屈文中(1975)[①]、符任之(1976)等。1976年"文革"结束,随着内地地区开放政策的实施,内地作曲家则可以以更宽松的途径来港定居,这其中包括关廼忠(1979)、郭亨基(1980)等。

在香港自由创作的环境之下,这些作曲家们开始积极地从事教学和音乐创作活动。他们多样化的作曲技巧和个人创作风格,引发了香港大众对中国传统音乐的关注,作曲家们的创作也更加面向香港的文化新环境。他们将内地的音乐创作风格带到香港,密切了香港音乐界与内地音乐界的联系,有力地推动了香港音乐教育和音乐创作的发展。这些作曲家大都应邀写了很多作品,尤其是中乐作品,并且以器乐为主。他们大多在抵港前已形成鲜明的个人风格,有的则在抵港后才逐步建立起个人的艺术面貌。他们不像之前的前辈移民音乐家那样影响甚至主导香港音乐发展方向,但却为香港现代音乐增添了色彩,丰富了学术层次。

据笔者统计,20世纪70—80年代这批作曲家移居香港时的平均年龄为35岁——正值而立之年、风华正茂、干劲十足,有理想、有抱负、有追求。而在20世纪60—70年代的十几年中,这样众多有才华的中青年作曲家们却要奔赴香港这一由英国统治下的南海一隅,其原因值得我们深思。为什么我们没能留住这些人才?以当年邓小平所说:"这是我们的政策有问题[②]"——这样的评说是切中要害的。

20世纪80年代末,有香港记者采访关廼忠,关氏曾经说:

"香港这个地方,如果用不太好听的话就叫做'华洋混杂',说得好听就是'中西荟萃'。在香港这个地方,我们可以离中国内地很近,可以吸收中国很多的文化,所以它的根植得很深的,同时在香港信息又很灵敏,我们可以看到世界各地最新的艺术成就,所以香港有这样的自由空气,没有人说让你写什么,不让你写什么。我过去在内地时,有一位很有名的内地作曲家,是我的同学,他说:'在内地凡是我想写的都不让我写,凡是让我写的我都不想写。'所以来到香港以后,给了我一个非常自由的空间,我主要的创作都是

[①] 屈文中夫人王守洁为印度尼西亚华侨身份。
[②] 陈宏著:《1979—2000深圳重大决策和事件民间观察》,长江文艺出版社2006年版。

在香港写成的。[①]"

由此可见，在"文革"结束前这一特殊阶段，香港这一天然良港对内地作曲家们的吸引力之大。即便是他们当时在内地已经取得了一定名誉、声望和地位，他们还是投奔了被英国殖民统治的香港，来追求事业的自由发展。

"黄金期"里，除以上在内地接受过专业训练的作曲家以外，还有演奏家、声乐家和音乐学家们也纷纷到香港定居。他们都是内地解放后在中央音乐学院、上海音乐学院等专业音乐学府里成长起来的中、青年音乐家，具有良好的专业素质并曾得到过丰富的生活锻炼。

【表3-1】黄金期移居香港的内地音乐家名录（部分）

专业	音乐家名录	毕业院校/工作单位
作曲	陈能济　郭迪扬　屈文中　符任之　关迺忠	中央音乐学院[②]
钢琴	陈兆勋　毛贞平　邱天龙　邱天虎　刘诗昆 谢达群　李菊红　邵元信　陈静斋　苏绍卿 徐　旭　王宣业	中央音乐学院[②]
小提琴	郑湘河　彭鼎新　丘建华　阎泰山	中央音乐学院[②]
管乐	马思芸　黄日照	中央音乐学院[②]
声乐	张汝钧　邹允贞　谢芷琳　夏秋燕　赵春琳 陈志明（成明）	中央音乐学院[②]
音乐学	毛宇宽	中央音乐学院[②]
	王东路	天津音乐学院
作曲	卢亮辉	天津音乐学院
二胡	汤良德	家学/北京中央新闻电影制片厂乐团（后称中国电影乐团）
	黄安源	中央音乐学院附中/中国音乐学院
	王秀传	大连歌舞团
	吴赣伯	上海音乐学院
作曲	卓明理	重庆国立音乐院
	王　强	上海音乐学院

---

① ［录像带］《传真生活的音乐雅士：关迺忠》，一流传播公司制作，公共电视小组监制，李道明导演，台北市公共电视节目制播组，[19—？]。香港浸会大学图书馆馆藏，索取号：AVH 910.9886 5068 v.29。

② 详见本论文附录一：中央音乐学院香港校友会成员名单（2007年4月），中央音乐学院校友会周建都老师提供。

续表

专业	音乐家名录	毕业院校/工作单位
古筝	项斯华	上海音乐学院
钢琴	李名强	
琵琶	顾惠曼	
	王　静（王梓静）	北京中央广播乐团民族乐团
	徐　红	上海歌剧院民族乐队
	李　萍	哈尔滨师范大学音乐系
扬琴	陈森林	
古琴	乔　珊	中央音乐学院附中/中国音乐学院
唢呐	魏照群	广州星海音乐学院
笛子	郑济民	福建师范大学音乐系
打击乐	阎学敏	北京中央乐团

如上，在黄金期移居香港的西乐演奏家有：钢琴家、小提琴家、西洋管乐演奏家；民乐演奏方面，包括二胡、三弦、笛子、古筝、扬琴、琵琶、古琴等演奏家。他们当中的许多位是毕业于北京、上海、广州等内地专业音乐学院的人才。由于他们的到来，使得香港的中乐从创作到演出市场一片繁荣，他们在内地已经是各乐器的杰出演奏人才，对提高香港的演奏水平起到了重要的推动作用。加上香港中乐团"委约制度"的确立，更滋养了香港的中乐土壤。

早在20世纪60年代，声乐家们就已相继活跃于香港乐坛。直至70年代，中国内地实行开放政策，进而有大批声乐家来港定居，并且经常在香港乐坛担任音乐会中的独唱演员。如上图表中，早年毕业于中央音乐学院的张汝钧、邹允贞、谢芷琳、夏秋燕、赵春琳、陈志明（成明）等。由于这批声乐人才的到来，使得在香港原有的西洋传统唱法（Bel Canto）之外，更融入了中国民族声乐学派的影响，为香港声乐带来一股新的热潮和更多的艺术歌曲作品。例如丁善德的《爱人送我向日葵》、江定仙的《岁月悠悠》、瞿希贤的《把我的奶名儿叫》、郑秋枫的《帕米尔，我的家乡多么美》和《我爱你，中国》、张寒晖的《松花江上》、冼星海的《黄河怨》、施光南的《打起手鼓唱起歌》和《火车司机之歌》、王世光的《长江之歌》、以及东北赫哲族民歌《乌苏里船歌》等，这些旋律来自久别的祖国，这些声音令香港市民倍感亲切、自豪，因此也深受欢迎。

二、专业音乐教育

1971年香港实现了普遍初等教育。20年后,香港各类学校学生超过130万人,政府在教育领域的开支超过300亿港元,占年度经常性开支的84%。1981年,5%的适龄人群在大学或工业学校学习,1991年这一数字达到18%[①]。

伴随着经济发展的迅速崛起,港英政府开始大力扶持音乐教育事业。继1965年香港中文大学成立音乐系,香港首次有了大学程度的专业音乐教育机构以后,在黄金期,即70—80年代,香港相继又成立了浸会学院(后改称浸会大学)音乐艺术系、香港大学音乐系、香港演艺学院音乐学院等音乐教育机构,培养出了许多音乐专业人才。

(一)政府主办与资助的音乐教育机构

1. 香港中文大学音乐系

1965年香港大学在其下崇基学院成立音乐系,它是香港设立最早的大学音乐教育机构,在教学及研究资源方面是香港乃至亚洲都名列前茅的。该校为英语、中文双语教学,设有理论作曲、音乐史、演奏、室内乐及中国音乐等专修。自20世纪80年代以来,逐步开设研究生课程,80年代末开始授予硕士学位,90年代中期具备博士学位授予资格。

2. 浸会大学音乐系

前身为1973年成立的浸会学院音乐系,由叶惠康筹建成立。1994年改称浸会大学音乐系。其特点是音乐艺术系与持续进修学院,合办了两年全日制的大学音乐预科课程,为有志在大学修读音乐课程的中五毕业生,提供一个适当的学习环境。本科课程为3年制,于1989年经英国国家学术评审委员会审核后开办。目前也有研究生课程开设。

3. 香港中文大学音乐夜大

1980年中文大学开办了香港当时唯一的音乐学士兼读课程,学生在晚间上课,修读期限一般4—5年,但也有个别具有高资历的学生可以将课程缩短为3年。该课程已于2006年停止招生。

4. 香港大学音乐系

香港大学于1981年成立音乐系,该系以英语作为教学与工作语言,效仿英国大学课程,较着重作曲、理论及音乐史方面的发展。虽然本科学生可以修读演奏,但是在一般情况下,校方不会资助学生学习乐器或声乐等术科。

---

① 资料来源:香港年报、政府统计署及教育署年报,具体参见杨奇主编:《香港概论》(下卷),三联书局(香港)有限公司,1993年版,第216页。

5. 香港演艺学院

1984年成立，其前身为香港音乐学院，是香港唯一专门培养表演艺术人才的专上学院，1992年获香港学术评审局批核为可颁授学位。演艺学院提供学士课程与实践为本的硕士课程。学习范畴包括戏曲、舞蹈、戏剧、电影电视、音乐与舞台及制作艺术。音乐学院分为中乐系，作曲及电子音乐系，键盘乐系、弦乐系、声乐系、木管乐、铜管乐及敲击乐系及学术科。

6. 香港教育学院

香港教育学院于1994年成立，奠基于5所前师范教育院校的70年承传，是大学教育资助委员会资助的八大高等院校中，唯一专注师资培训及专业发展的院校。香港教育学院的历史可追溯至1853年于圣保罗书院开办的第一个正规在职教师培训课程，以及1881年由香港总督轩尼诗爵士成立首间位于湾仔的师范学校。随着政府及社会大众对师资教育的关注及需求不断增加，罗富国师范学院（1939）、葛量洪师范学院（1851）、柏立基师范学院（1960）、香港工商师范学院（1974）和语文教育学院（1982年）等相继成立，成为一所统一的师资培训院校，提供正规的师资教育。前师范学院的音乐系后被设在文理学院体艺学系的音乐部。

（二）教育司署立案的私立音乐教育机构

香港国际音乐学校于1988年7月成立，为教统局注册之非牟利基督教教育团体。该校任教教师均接受过本港及海外专业及正统音乐训练，并且以基督的爱和真理去培育学生成长。1999年，该校又兴建香港第一所"国际基督教优质音乐中学暨小学"。

此外，在教育司署立案的商业性质的音乐教育机构有巴罗克音乐学院、南方艺术学院、雅典音乐学院、黄自演艺学院等，它们均为在香港政府登记后，进行商业音乐与教育活动的私人音乐教育机构。

【表3-2】香港私立音乐教育部分机构一览表2：

音乐院校	办学时间	备注
南方艺术学院音乐系	1975—1986	后改名为"黄自艺术学院"，其后以个别教授的音乐"私塾"形式教学
香港音乐学院	1978—1984	1984年纳入香港演艺学院音乐学院
香港圣乐学院	1979—	陈之霞主持，专为香港基督教友培训音乐人才
香港岭南学院音乐系	1980—1984	该院校友创办，只维持4年
黄自演艺学院	1986—	邹允真、符任之、屈文中创办

另外，在各大琴行附设的音乐教育机构，如通利琴行、柏斯琴行、雅马哈音乐训练中心、通利琴行儿童音乐训练中心、粤华乐器行音乐训练中心、九龙琴行有限公司音乐培训中心、乐声琴行音乐训练中心等处，均设有乐器演奏的培训课程。还有家庭私人教授钢琴、电子琴、吉他的个体培训的商业性质的音乐活动。

三、音乐机构、团体

（一）演出团体

1. 西洋管弦乐团

在20世纪70年代以前，香港还没有成立职业化的管弦乐团。之前香港的业余管弦乐团，如中英交响乐团是50年代由华人与外籍人士组成的管弦乐团，后来发展成为"香港管弦乐团"；1956年林声翕创办了华南管弦乐团，属于全部中国人组成的业余交响乐团。至于其他的业余西洋乐团，只是在提高青少年对西乐的认识和兴趣的基础上，在许多学生家长的支持下，成立了一些业余的或半职业的乐团。1973年，应邀赴港参加第一届香港艺术节的，音乐方面大都是西方著名交响乐团和演唱家，而香港竟然一个职业的乐团都没有，更说不上提供优秀音乐节目了。在第一届香港艺术节的直接刺激下，香港市政局为了改变香港形象，次年，即1974年便把半职业的中英交响乐团扩大为职业的香港管弦乐团，由市政局管辖，成为香港第一个职业艺术团体，致力于促进香港管弦乐的发展。该团主要排练和演出西方古典及现代作品，近年来也开始排练及演出一些本地及中国内地作曲家的作品。乐团定期举行音乐会，每个乐季达130场之多，担当演奏者往往包括一些国际知名的独奏家、演唱家，上座率很高。近年该团技术及演奏水品已达到较高水平，在亚洲具有一定地位。

此外，香港还有几个半职业的交响乐团和许多业余乐团。半职业交响乐团如泛亚交响乐团、林克汉管弦乐团、香港交响乐团、A.M.A.管弦乐团、香港小交响乐团和音统处组办的青年交响乐团，都颇有名气。此外，由学校、社区组织的课余、业余乐队则不计其数。拜师学习中、西乐器的青少年，遍布港九新界各处，越来越多。

2. 中国民族乐团

从20世纪30年代开始，由于战事原因，香港的民乐演奏随着不少国内音乐家的南来，开始逐渐变得蓬勃起来，50年代以来，内地和海外许多音乐人士再次汇聚香港，并且带来了中国各地的传统音乐，于是大大小小的业余中乐团相继成立。但直到50、60年代，香港的国乐演奏一直处于业余的阶段。广东音乐在华南电影工作者联合会中乐组盛行一时，华人文员协会的中乐队等民族乐团相继成立，中乐的人才不断增长。早在20

世纪60年代香港大会堂建成初期，其每年在该严肃音乐上演的标志性殿堂的演出就已相当频繁。在香港，民族音乐一直以来都具有广泛的听众群体。70年代，不少内地民族器乐曲录音及乐谱因"文革"结束而流进香港，为香港的中乐爱好者提供了不少可贵的资源。此时，香港已有10多个活跃的业余中乐团体。例如，英皇书院中乐团（1969）、裘锦秋中学中乐组（1969）、培声中乐团（1970）、香港中国管弦国乐团（1972，1973年注册定名为"香港中乐团"）、香港民族乐团（1972）、香港青年中乐团（1973）、香港中文大学崇基学院国乐团（1974）、香港理工学院学生会中乐团（1974）、香港大学国乐社（约1975）等许多业余与半职业化中乐团体。

1972年香港成立了业余中乐团协会，推动了中乐活动的发展。关于筹建职业化的香港中乐团，香港市政局有如下的陈述："由于香港中乐团的音乐会，每次均极受大众欢迎，各方面的鼓励与支持又令人兴奋，且中乐团的演出上座率较其他类型的音乐会更高，反映出各界对中乐演出的需要。因而，市政局很久以来，便考虑到组织一个职业化中乐团的可能性……在有关方面人士的共同研究磋商下，终于决定了香港中乐团于1977年职业化的计划，全部经费由市政局资助，乐团直属市政局管理。"[①]1977年，职业化的"香港中乐团"正式成立，此后，香港的中乐事业获得长足的发展。

职业化的香港中乐团于1977年由前市政局正式成立，其后由康乐及文化事务署资助及管理，2001年4月正式由香港中乐团有限公司负责运作，是香港目前唯一的职业中乐团。团员名额85人，曾经是世界上最大的中乐团，其中70%的团员都是在内地接受的音乐教育。中乐团首任音乐总监吴大江，此后在历任总监的带领下，乐团肩负着推广中乐的任务，同时为来港从业的内地民乐工作者们搭建了职业平台。香港中乐团植根于历史悠久的中国文化，演出的形式及内容包括传统民族音乐及近代大型作品。该团在改编、创作、整理和演出中国传统音乐和民间音乐中，以崭新的技巧和风格，丰富了中乐的许多曲目。乐团更广泛地委约各种风格及类型的新作品，委约、委编作品千余首，务求以崭新的技巧与风格，丰富中乐曲目。数十年来，香港如要派团外出参加一些国际性的音乐交流、演出活动，香港中乐团往往是首选的外派乐团。2002年10月，乐团更荣获香港国际现代音乐节颁发的"最杰出弘扬现代中乐荣誉大奖"。

此外，香港的业余中乐团还有宏光国乐团、香港爱乐民乐团、女青年会中乐团、乐乐国乐团、国声国乐团、华民中乐团、飞龙中乐团、腾龙中乐团等20多个。而遍布各社区、社团、学校的小乐队、组，则难以计算。他们在推广、研究和提高民族音乐方面做出了诸多努力。

---

① 1978年香港市政局编印《香港中乐团第二职业乐季首次音乐会场刊》。

由于天时地利，加上香港中乐团公职人员的努力经营，80年代初，香港的民族管弦乐发展可说是大放异彩。其后，随着电脑科技的开发，人们的生活产生了质的变化，加上时局的变化，民族管弦乐也无可避免地面对不同程度的冲击。观众与演出团体之间以至于运营方针等问题的冲突亦相继白热化。2003年3月，香港中乐团更就"如何在现代环境生存及发展"举办国际性研讨会，以求集思广益，可见当时的境况。

3. 合唱团

业余合唱团的音乐活动在香港历来红火。早在抗战时期，为配合宣传，香港的民众自发和组织的合唱活动已经具有相当的规模。1956年香港圣乐团成立，首任指挥黄明东；1959年，黎草田先生创办"音乐爱好者合唱团"（1975年改名为"草田合唱团"）；1964年，费明仪女士创办了"明仪合唱团"，此后，还有其他以私人名义组织的业余合唱团，如邹允真、周示姗、王光正、成明合唱团（后改名为"天马合唱团"）等相继成立。另外值得一提的是1969年，叶惠康先生创办了非牟利的香港儿童合唱团。此外，由叶惠康主持的"叶氏儿童合唱团"演唱水平颇高，还经常到外地演出，饮誉海内外。

（二）其他音乐机构和团体

1. 香港音乐事务统筹处

1977年成立，香港布政司署文康广播科下署部门，在提供器乐训练和促进香港青少年对音乐的兴趣方面，都承担了积极的作用。音统处的"器乐训练计划"是专为6—23岁的青少年而设立。该处下属的5个音乐中心，共开办600多个中西器乐训练班，学员大约3000名。为协助青年学习音乐，该处以低廉的收费出租乐器给学员。此外，还举办听音、乐理班，以及乐团训练，并安排本地和海外音乐家兴办大师班与研讨会。该处又特别为具有天份的青年音乐家开办精修课程。70年代香港音统处成立后，在青少年中做了大量的推动和培训工作，除了经常帮助各学校、社区举办多种训练班、合唱团、青年音乐营之外，还主办了青年、儿童等十余个合唱团。音统处目前管理一队交响乐团、4队弦乐团、5队中乐团、5队管乐团及两队合唱团。为提高市民对音乐的兴趣，该处又兴办每年一度的音乐汇演及多个音乐节。其中一项主要活动是"乐韵播万千"音乐会。

2. 香港作曲家及词作家协会

该协会于1977成立，宗旨与任务在于：一是维护作曲家及词作家的合法经济利益，并促进他们作品的推广与传播；二是维护作曲家及作词家的版权所有，当他们的作品在海外演奏、演唱时代取版权税；三是设立"香港音乐基金"——委约新作，资助新作品演奏、演唱及发布会，赞助作曲家及作词家创作比赛，举办作曲作词讲座及香港作曲家作品音乐会。2008年该协会版税收入已达一亿六千万港币。目前香港很多现代音乐作品音乐会，甚至香港管弦乐团及香港中乐团的新作，很多都是由该协会赞助委约费。

3. 香港作曲家联会

该联会前身为1973年林声翕创立的"亚洲作曲家同盟香港分会"，1983年解散，之后被非牟利的"香港作曲家联会"取代，并于1984年9月底获"国际现代音乐协会"即I.S.C.M.接纳为正式会员。其宗旨一是联合香港严肃/正统音乐作曲家，互勉互励，共同合作，推动香港音乐创作；二是与教育界人士合作，透过各种教育活动，使青年及儿童对音乐创作有所认识，扶掖下一代作曲者及加强香港作曲家之进修机会；三是代表香港与国际乐团联系，以提高香港作曲家在国际乐坛的地位。

4. 香港民族音乐学会

香港民族音乐学会成立于1984年，由当时在中文大学任职的吕炳川博士发起，该学会是由香港大专院校及社会对音乐学术研究有兴趣学者组成的音乐学术团体，迄今20余年。其宗旨为：以推动及繁荣中国乃至世界各民族音乐的学术研究为主要目的，研究重点是香港邻近地区的中国音乐。学会最初附属于香港中文大学音乐系、中国音乐资料馆。该会成员大部分是民族音乐学、人类学及语言学的专业教学与研究人员；会员分别来自中国大陆、香港和台湾地区，以及日本、美国、加拿大等国家和地区的大学、音乐学院和音乐研究所。学会不仅推动香港有关中国音乐的学术研究与活动的开展，而且在海峡两岸有关中国音乐的学术交流活动中，都起了积极作用。

5. 香港合唱团协会

1986年费明仪、黎草田组建了"香港合唱团协会"。该协会为香港注册、非牟利团体，是继"香港作曲家及作词家协会""香港作曲家联会"以及"香港民族音乐学会"之后，公开成立的全港性合唱艺术协会组织，其宗旨为："团结及联络合唱爱好者、推动香港合唱艺术和提高香港合唱水准。"该"协会"成立之后，集中众多合唱团体，组织大规模演出，传唱许多中外优秀合唱作品，同时改进了香港业余合唱团体长久以来松散、各自为政的局面，推动了香港的合唱整体水平提高的进程。"协会"成立至今已30余年，目前有数十个合唱团加入，在香港一隅的艺术舞台上已属蓬勃兴旺。

第一节　中乐作曲家群：关迺忠、陈能济、卢亮辉等

内地的"民乐"，在香港习惯称为"中乐"，名异而实同。一直以来，作为英国殖民统治下的香港，中国的"民族音乐"是被忽视甚至是看不起的。香港中乐团的成立是香

港音乐历史变迁的一个标志，它与70年代中期香港市民音乐生活中的粤语流行歌曲的崛起在同一时期，代表着香港音乐里中国元素的明显增长，指引了香港民众音乐审美观念的变化以及中国文化的回归。黄金期移居香港的内地作曲家几乎均与中乐团建立了合作关系。一方面，香港中乐团为这批作曲家们提供施展艺术才华的舞台；另一方面，经过作曲家们的共同努力也打造出香港中乐事业发展的黄金年代。

由于学养关系，七八十年代黄金期移居香港的内地作曲家们的音乐创作多数与"民族化"结缘，他们中的大多数都与香港中乐团建立了长期合作关系。许多作品，尤其是大型作品，多数为香港中乐团或其他中乐团的委约而作。由于"委约制度"的确立，使得内地作曲家们的专业才华在此崭露头角。移居香港的作曲家的这些作品的出现，为香港中乐团的交响化路线、交响性的探索与发展，都进行了积极的实践。

通过对移居香港的内地作曲家群体1977—2003年间受邀香港中乐团委约、委编中乐作品的数据统计（详见附录3），总体来说，内地作曲家受邀香港中乐团"委约改编"多于"委约创作"。多年来，为中乐团创作最多中乐作品的作曲家要数关迺忠与陈能济二位，他们都属于创作型作曲家；为中乐团委约改编数量最多的要数卢亮辉、陈能济二位，他们除创作外，还出色地完成了众多中乐作品的编配，特别是卢亮辉的委编作品高达79部，受到各方的广泛认可。从创作与改编整体数据显示看，陈能济无论是在中乐的创作还是改编方面的作品数量以及专业水平均处于领先地位，其数十年在香港中乐作品的创作和改编方面所投入的精力也是众作曲家中较为全面的一位。

一、关迺忠[①]

音乐创作是很个人的东西，写音乐一定是写自己的感触，一定是乐由心声、有情有性、至情至性。[②]

——关迺忠

[①] 关迺忠（1939.3.2—）指挥家、作曲家，满族，1939年生于北京。1956年入中央音乐学院作曲系，1961年毕业后被分配到北京东方歌舞团任指挥、作曲工作。1979年移居香港；1986—1990年出任香港中乐团第二任音乐总监；1990年移居台湾，担任高雄市国乐团指挥；1994年移民加拿大，继续从事音乐创作。截至2009年，他的作品包括有交响曲4首，协奏曲16首（其中有5首钢琴协奏曲），如《花木兰》（唢呐协奏曲）、《山地印象》（双千斤板胡协奏曲）、《路》（大提琴协奏曲）、《第一小提琴协奏曲—北国情怀》，舞剧2部，如《不死传奇》，交响大合唱3部等。其中比较著名的有为香港乐团创作的中乐队作品《拉萨行》《第一二胡协奏曲》《云南风情》《丰年祭》《白石道人词意组曲》等。

[②] 2008年4月10日，笔者访问关迺忠口述录音。

1979—1991年关廼忠定居香港，他是目前移居香港的专业作曲家中最为活跃和多产的作曲家之一。他的作品题材广泛，形式多样（具体详见附录1-3：关廼忠作品年表）。在香港生活、创作的10多年间是关廼忠创作生涯中最为鼎盛的高产期，其创作始终与香港中乐团联系在一起，主要创作中乐体裁的作品。这些作品始终在探索着中国民族乐队的特殊表现力，在努力挖掘中国乐器的独特色彩。

（一）《丰年祭》[①]

该作品是关廼忠于1980年应香港音乐事务统筹处和市政局委约创作，后入选"世纪中乐名曲选"20世纪最受乐迷欢迎中乐作品候选金曲。

台湾原住民有不少祭祀习俗：祭神、祭祖灵、祭人头、祭小米丰收、丰年祭等。但凡祭典项目，歌舞总是不可缺少的一部分。同样，台湾的原住民族喜歌擅舞，其中丰年祭就是重要的庆典歌舞之一。

"丰年祭"是台湾民间的传统节日，也称为"粟祭""丰收祭""收获节"。每逢佳节临近，当地居民便欢聚村社、精心准备祭祀活动。节日时大家围绕营火，手牵着手边唱边跳，热舞狂欢，欣喜若狂。丰年祭当中，以五年祭最为隆重，每隔五年秋后举行一次，节庆可持续一个月之久。

乐曲以较新颖的手法，描写台湾原住民族丰年祭中歌舞欢庆的场面，丰富的经过音及活泼的节奏，加上筝运用了以弓来拉奏等演奏手法，使乐曲充满活力和独特的色彩。

乐曲起手以弓拉弦的手法演奏筝，营造出一种紧张而神秘的气氛（见谱例3-1），其后弦乐出现的半音阶旋律，展示出线条整体上扬的特性。低音弦乐则奏出类似宣叙调的旋律（见谱例3-2），就像是祭师在宣布丰年祭即将开始。继而一个简单的舞蹈性旋律由笛子和柳琴奏出（见谱例3-3）。紧接其后是木琴和二胡演奏主题旋律，主题旋律在各声部中紧接交替，气氛愈来愈热烈，高潮过后进入了慢板。

[①] 本标题的写作参见陈明志编著：《中乐因您更动听》，香港三联出版社2004版，第87页。乐队总谱由作曲家本人于2008年4月10日提供。

【谱例3-1】中乐作品《丰年祭》片段一

关迺忠

【谱例3-2】中乐作品《丰年祭》片段二

关迺忠

【谱例3-3】中乐作品《丰年祭》片段三

关迺忠

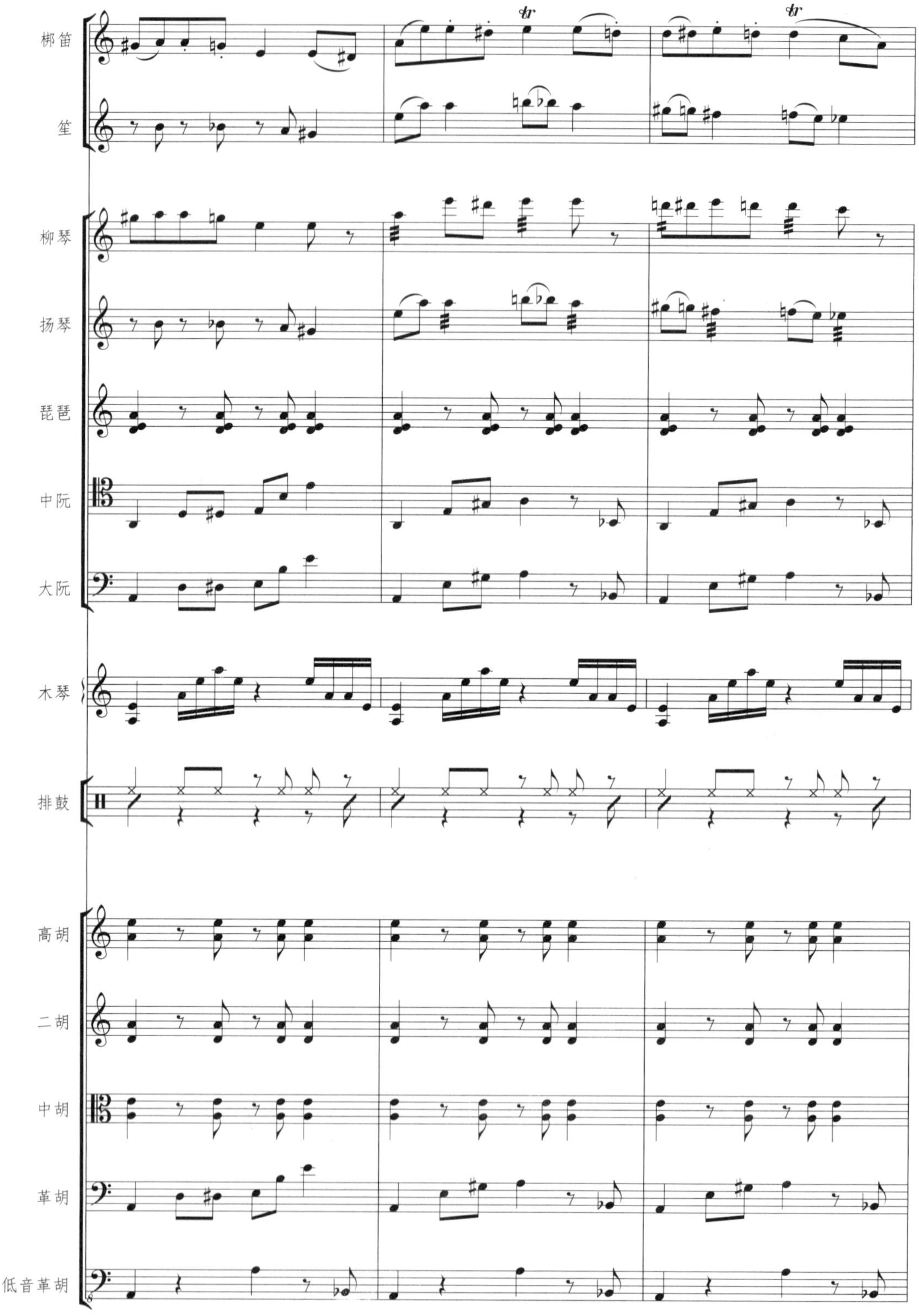
梆笛
笙
柳琴
扬琴
琵琶
中阮
大阮
木琴
排鼓
高胡
二胡
中胡
革胡
低音革胡

慢板乐段仍以简单的音型为基础，由于乐段的调性转为大调，旋律更显甜美动人。乐段先由二胡领奏，然后加入柳琴、筝、扬琴等弹拨乐器，声音悠扬。

之后舞蹈的场面再次出现并发展至高潮，乐曲在欢乐的节日气氛中结束。

综观全曲，作曲家尝试突出某些乐器的特殊演奏技巧，营造新颖的声响效果。如用革胡的弓（等于西乐低音提琴的弓）在筝的弦上拉奏等。在乐器的选用方面也别具特色，木琴和铃鼓等打击乐器，令人联想到部落居民盛装时，挂在身上或脚上的铃儿，随着身体摆动发出有致的节奏。乐曲第一段的旋律，有高亢明亮的梆笛配合唢呐的音调，展现辽阔原野上放声高歌的畅快，极为传神。

关迺忠在20世纪80年代初创作了不少写实和富于民族风格的作品，这首描写台湾山地人民的乐曲，虽然没有用原始的山地民歌，而是作者凭着对山地同胞祭典的印象创作出来的全新乐曲，旋律极富动感、音响变化丰富，为听众带来与以往一般描写少数民族风情的乐曲截然不同的听觉感受。

（二）《拉萨行》[①]

1984年关迺忠受香港中乐团委约创作此曲，曾荣获香港作曲家及作词家协会1987年度最受欢迎本地正统音乐乐曲奖；入选"世纪中乐名曲选"20世纪最受乐迷欢迎中乐作品候选金曲。

位于中国的西南边陲，有"世界屋脊"之称的西藏向来给人神秘的感觉。青藏高原的西南部，是世界上面积最大、海拔最高的高原，而其首府拉萨，更是当地的宗教圣地。

在音乐艺术以形写神方面，关迺忠创作的《拉萨行》是一次成功的尝试。在这首组曲里，他用音乐向听众展示了他所看到的西藏地区人民生活中不同侧面的印象，以及由此浓缩、提炼而得出的对于藏族人民共同心理素质的理解。作曲家没有采用大量的藏族民歌素材，没有以对西藏地区民间音乐的模仿，做一些肤浅的、音乐风格形似的追求。他通过《布达拉宫》《雅鲁藏布江》《天葬》和《打鬼》四个精心选取的场景组成四个乐章，对藏族的宗教、自然、风俗及民族文化，进行了生动、形象而又触及到本质的描绘。表现出一种超然的神韵。

[①] 本标题的写作参考了刘霖：《献给故土的花束——关迺忠两首民族乐曲观后》，载于《人民音乐》1986年第2期；陈明志编著：《中乐因您更动听》，香港三联出版社2004版，第126—129页；乐队总谱由作曲家本人于2008年4月10日提供。

布达拉宫是西藏密宗的圣地。宫殿依山而建，雄伟而神秘。作曲家特别抓住其雄伟、神秘的意境作为整个乐章的重点，并以庄严缓慢的音调来描绘雄伟的气势。整个乐章以重复音灌注而形成动机。隆隆的闷雷似的鼓声，伴着寺院大喇叭的轰鸣，拉开了第一乐章《布达拉宫》的序幕。随着那神秘、奇妙而带有些阴森气氛的乐声，我们仿佛步入了布达拉宫洞开的大门，在一座座殿堂和幽深曲折的回廊中肃穆地穿行。开始以低音吹管及拉弦乐器奏出多组缓慢及低沉的重复音，加上大锣、串铃、小排钟的衬托，营造出神秘的气氛，仿佛进入了布达拉宫，听到喇嘛在敲经诵佛。庄严的神像在酥油灯的光影里，宁静地望着人间的芸芸众生，缭绕的烟雾飘浮在近乎凝滞的空气中。管乐器冷涩的和声、低音声部缓慢的进行，勾勒出一片阴暗浓重的色调。接着，拉弦和弹拨乐器的加入，它们所奏的乐句仍以重复音为基本材料，再加以发展。忽而，串钟透明、清脆的划奏与弦乐高音区细密的颤音，犹如一线阳光透过某一扇窗缝，在这幽暗的迷宫中闪烁……作曲家借用了印象派的表现手法，对布达拉宫阴阳浓重的色调、神秘的气氛和光线的变化进行了细致入微的渲染。宗教活动，是藏族人民精神生活的一个重要侧面，对神的崇敬、神秘和畏惧，是人神关系的概括。作曲家捕捉住这生动的印象，通过对布达拉宫景象的描绘，准确地写出了人与神之间的距离感。

　　第二乐章《雅鲁藏布江》采用了欧洲19世纪浪漫派的手法，画出了一幅色调温暖的图画，与第一乐章冷峻的基调形成强烈的对比。雅鲁藏布江位于拉萨之南，是西藏的第一大江，它不仅哺育了西藏的人民，也是西藏文化的源泉。整个乐章以密集而快速的音响效果来营造江上波浪翻滚的感觉，这些波浪载着广阔而抒情的旋律。古筝五声音阶的琶音，随着笙和低笙的领奏，像消融的滴滴雪水，引进乐队如风一样的旋律，带着雪山母亲的爱恋和柔情，汇成一江缓缓流淌的春水，使人感到高原日的气息。舒展的音乐主题，由高胡和二胡演奏（见谱例3-4），然后在各声部多层次地发展、交织，犹如条条小河欢跳着汇入雅鲁藏布江的怀抱。温柔、动情的旋律，真挚地表现了人与大自然的关系。

【谱例3-4】中乐作品《拉萨行》第二乐章《雅鲁藏布江》主题片段

关迺忠

第三乐章《天葬》以西方先锋派手法写成，宛如一幅具有西藏特色的风俗画，揭示了民族的风俗对于人们心理的影响和藏族人民对死与生的概念。该乐章尝试以现代音乐技法去描写天葬的伟大和神秘，一开始作曲家特别用了木琴去描写骨头的声音，采用巴乌模仿鹰的叫声，营造非常神秘的气氛（见谱例3-5）。随后吹管乐器（梆笛、曲笛、笙、唢呐、管子）纵横交错的乐句，就仿佛模拟死者叫魂的声音与天葬师念诵经文的呢喃声，这些蕴含独特的人情味。急促的鼓声，使人想到天葬台上那惊心动魄的场面，袅袅的烟云，箭一般飞落的秃鹰，均在音色对比和乐队浓烈的音乐气氛中一一展现。

【谱例3-5】中乐作品《拉萨行》第三乐章《天葬》片段

关迺忠

曲笛
笙
中笙
扬琴
琵琶
筝
定音鼓
敲击 V
木琴
木鱼
高胡
二胡
中胡
革胡
低音革胡
曲笛
gliss.
mf cresc.
mf
cresc.
p

第四乐章《打鬼》是作曲家选取的另一色彩鲜明的场面。打鬼是每逢正月十五日藏民的习俗，是一种与生产劳动密切相关的，带有宗教、迷信色彩的文艺活动。它寄托着人们驱除病魔、灾害、祈求丰收的美好愿望。西藏寺院的喇嘛要扮成恶鬼，一边跳舞，一边被人追打，有驱邪祈福之意。在这里更能表现人的意志，带有浓重的人情色彩（见谱例3-6）。作曲家采用通俗的手法，将一个精炼简洁的主题，在几个声部（梆笛、曲笛、笙、唢呐、管子）中以不同的调性和色彩同时出现，描绘四方赶来参加打鬼的熙熙攘攘的人流和热闹的群众性舞蹈场面。诸多种类的打击乐器（拍板、大堂鼓、中钹、木鱼、弹簧盒），以其诸多性格鲜明的音色，展现出民族乐队丰富的色彩变化。

【谱例3-6】中乐作品《拉萨行》第四乐章《打鬼》片段

关迺忠

此曲的最大特点是作曲家没有采用任何拉萨民谣或地方音乐，纯粹用自己的音乐创作来描写他对拉萨的感觉。全曲流露出原始粗犷而略带野性的美，具有自然和超自然的形状。它迫使人们屏住呼吸去领略那带有阳光之气的乐之神韵，让听众有无限大的空间去捕捉作曲家的灵感，甚或编织自己的拉萨印象。

（三）《龙年新世纪》[①]

这是关迺忠于1999年创作的，以表现中华民族伟大精神和气魄的中乐作品。21世纪的到来，迎来了人类发展历史的新篇章，无论在政治、经济、科学、国际关系甚至生活习惯等方面，都预示着将迎来重大的改变和发展。世界各地的人们对于新世纪的发展充满冀盼。适逢21世纪的第一年是中国的龙年。龙是中华民族的图腾，21世纪的来临对于中国人来说，意义更为重大。

此曲于1999年12月的《龙年新世纪》音乐会上首演，由关迺忠指挥香港中乐团演出，并由中、西两位打击乐的演奏家严学敏和龙向荣担任主奏。其后在2001年2月11日的胡琴节开幕礼上，千名二胡手齐集在尖沙嘴文化中心广场演奏。其中第一个节目就是由香港中乐团打击乐首席严学敏先生领奏的《龙年新世纪》。这项"千弦齐鸣"的壮举更被申请列入吉尼斯世界纪录大全。而《龙年新世纪》也成为2003年9月"鼓乐节"开幕音乐会演奏曲目之一。

全曲分为4个乐章：《太阳》《月亮》《星辰》和《大地》。

第一乐章是《太阳》。太阳是光和热的源泉，它也代表着信念和力量。乐队气势磅礴的齐奏揭开了乐曲的序幕，"中音笙"与"高音笙"声部吹奏"re""sol"两音的八度间转位进行，响亮有力。这两个音构成简单的纯四、纯五度音程的进行，旋律营造出太阳正在升起的情景（见谱例3-7）。在气势磅礴的乐队衬托下，打击乐独奏加入，这一段，中、西两位打击乐乐师各显身手，互相辉映。而笛子和箜篌奏出递升递降的快速音序，不时穿梭于乐曲之间。乐队与打击乐独奏产生的威武气势，仿如太阳炽热的光辉温暖大地。然后音乐转慢，笛子柔和、清丽的旋律，正在赞美太阳，感激它给予我们光和热。一段赞美的旋律过后，开始时气势磅礴的旋律再次响起，除了表现出太阳的光和热之外，也代表我们的信念和力量，在21世纪中要继续努力向前，为人类历史迈出新进步。

[①] 本标题的写作参考了陈明志编著：《中乐因您更动听》，香港三联出版社2004版，第165—167页。乐队总谱由作曲家本人于2008年4月10日提供。

【谱例3-7】中乐作品《龙年新世纪》第一乐章《太阳》片段

关迺忠

第二乐章是《月亮》。月光如水,她让人们寄托了无限的深情。二胡悠扬的拉奏,带出充满广东音乐韵味和富有中国传统音乐五声调式的高胡独奏(见谱例3-8)。木琴和十面锣那轻柔、高亢和清脆的伴奏,令人有月光如水的梦幻之感,音乐变得活泼轻快,旋律在拉弦和笛子之间交织。人们被美丽的月色吸引,在迷人的月色下,多种情感涌上心头。然后音乐渐慢,高胡的主题旋律再次出现,人们向月亮寄托无限的深情。

【谱例3-8】 中乐作品《龙年新世纪》第二乐章《月亮》片段

关迺忠

第三乐章是《星辰》。闪闪的星光引人遐想，它给了无数贤哲以启迪，它代表了机敏和希望。开始时箜篌、小排钟、大木琴和钟琴的演奏就如颗颗星星陆续闪亮登场（见谱例3-9）。然后以活泼跳跃的旋律正式开始，紧密的节奏贯穿整个乐章，各种声音如不同的星星交相辉映，闪闪发光。

【谱例3-9】中乐作品《龙年新世纪》第三乐章《星辰》片段

关迺忠

第四乐章是《大地》。大地是我们的母亲，之后分别重现"月亮"和"星辰"的主题，齐声表达我们的深情和希望。最后，"太阳"再次升起，希望在明天，只要坚持我们的信念,奋勇向前,必能达到我们的期许。

关迺忠在1999年首演的场刊中写道:"相信在新的世纪中,地球会愈来愈小,而人们的心会愈来愈近。而这也就是我在新世纪即将来临时的唯一期望吧!"在迈向新的世纪之前,作曲家把自己的希望和期许化为音符。听众不但能从乐曲中欣赏到太阳、月亮、星星和大地的面貌,还可体会到它们所展现出来的生机和希望,而中西不同打击乐的美妙演奏也令人赞叹。

(四)《逍遥游》[①]

香港中乐团2000年委约关迺忠创作此曲,特为管子演奏家葛继力而作。全曲大部分采用传统的音乐语言和技法,优美流畅的旋律,加上非常谨慎地采用非常规演奏、不协和音等现代音乐手法,作品备受大众欢迎。

"改天换地、气吞山河"是青春岁月的主题,而"观山阅水、天人合一"是中年以后的人生追求。前者无限向外扩张,不知疲倦;后者渐次向内探索,愉悦祥和。《逍遥游》表达了作曲家对人生的终极价值的理解和追求。关迺忠在乐曲简介中谈及,《逍遥游》这首乐曲的名字来自庄子的《逍遥游》,反映了庄子多方面的思想,尤其突出显示了庄子的人生哲学。"逍遥"有行动自如、无所拘束、自由自在等含义在内。《逍遥游》借此词义,无疑是在讨论在自然界和人类社会生活中,有没有一种独立的、无需任何凭借的,不受条件限制的"逍遥",并用生动形象的比喻论证了一切大众的"逍遥"都是有所凭借的。

在庄子的《逍遥游》里所讲述的"鲲鹏之喻"是:"北冥"的海中有一种鱼叫做"鲲"。鲲的身躯有几千里那么广大,而且能够变成一只"鸟"而到空中飞行,化为鸟时称为"鹏",这只大鹏鸟的背有几千里那么长。这只北海的大鹏鸟在海上飞行的目的,是朝向天地的最南端,叫做"南冥",其位于天涯海角深不可测的"天池"之处。在空中乘风而起直上九万里的青云之天,且一旦升空飞行就会一直飞个不停,要六个月后才会停下来休息。

关迺忠在乐曲简介中提到,惊异庄子在2000年前就可以站在宇宙的角色来观察我们的世界。尤其是庄子所言的"若夫承天地之正,而御六气之辩以游无穷者,彼且恶乎待哉!故曰,至人无己,神人无功,圣人无名。"更是让其受益终生。

《逍遥游》共分为三个乐章:《山》《云》及《山中小集》。

第一乐章《山》:要登上高耸入云的顶峰,当然要克服无数的艰辛,跨越种种的难

[①] 本标题的写作参考了陈明志编著:《中乐因您更动听》,香港三联出版社2004版,第50页。

关才能一尝登上绝顶的滋味。关迺忠整段采用上、下行的乐句去营造翻山越岭的感觉。乐段以慢板开始，低音乐器承接着高胡和二胡所奏悠长而渐强的高音，作曲家以不同音区的乐器，从俯瞰的角度描写一望无际的群山。管子的旋律反复地环绕着乐句的起始音，在一个狭窄的音域里前进，旋律的起伏（见谱例3-10），犹如巍峨的山势一般。由乐队演奏的乐段气氛转为庄严，眼下的群山就如千军万马并列眼前。雄伟的山势震慑过后，回过神来细看远处的风光，管子在弹拨乐器奏着简单而轻柔的伴奏下衬托着，如关迺忠所言，"身在山中你会感到造物者的伟大，人是如此的渺小，而人世间的是是非非也变得如此的无谓。"乐段的气氛转为平静，管子回应乐段开始时的旋律片段，群山的壮丽再一次尽入眼帘，表达了日落之时"万山红遍"的景致。弹拨乐器那具有弹性和颗粒性的伴奏，好像满天的繁星在你触手可及之处闪烁。

【谱例3-10】中乐作品《逍遥游》第一乐章《山》的主题旋律

关迺忠

第二乐章《云》。居高临下地看着山下的景致，抬头望，自远处飘来几片棉絮般的白云。关迺忠的乐曲简介："世间最变幻莫定的就是云了。"云的颜色和形状就如天气般变幻无常，时而点点白云散落在万里晴空上，时而乌云笼罩着大地。让人想起了法国印象派作曲家德彪西钢琴曲《版画集》。乐曲中独奏声部的管子吹奏出内蒙长调《牧歌》的旋律，令人立即联想起歌中唱道："蓝蓝的天空上飘着那白云，白云的下边盖着雪白的羊群……"随后弦乐组作旋律重复为管子相和，而与此同时，管子的旋律在《牧歌》基础上进行了变奏，产生出西洋萨克斯的听觉效果，令熟悉民族乐器管子音色的听者颇感奇妙，更为作曲家在中西乐器上的融会贯通和奇思妙想所折服。第二乐章采用三段体曲式。乐曲开头部分的配器比较简单，乐句的速度自由，而乐队的旋律都是上行乐句，速度变得整齐而略为轻快，清风带着雨点阵阵吹来。管子的旋律是单拍子，而背景音乐却采用复拍子，这混合显现的创作方法，拍子的交换使乐曲的气氛转移。乐曲的背景以平稳的节奏前进（见谱例3-11）。之后乐曲变得轻快，柳琴、扬琴和高胡弹奏下行的半音阶（见谱例3-12），犹如急骤的雨声，雨水或落在叶子上或落在石头上，各自产生不同的声音，善于表现跳跃节奏的弹拨乐器正适合演绎这种气氛。接下来关迺忠采用筚篥来模仿风声（见谱例3-13），同时气氛也变得紧张起来，风雨交加，低音乐器不断重复半音阶乐句（见谱例3-14）。其后乐曲的速度转为行板，回应乐章的主题，乐队的背景也变得整齐和清楚，仿佛云层开始变得稀薄，雨后阳光照耀着大地的感觉。

【谱例3-11】 中乐作品《逍遥游》第一乐章《云》片段一

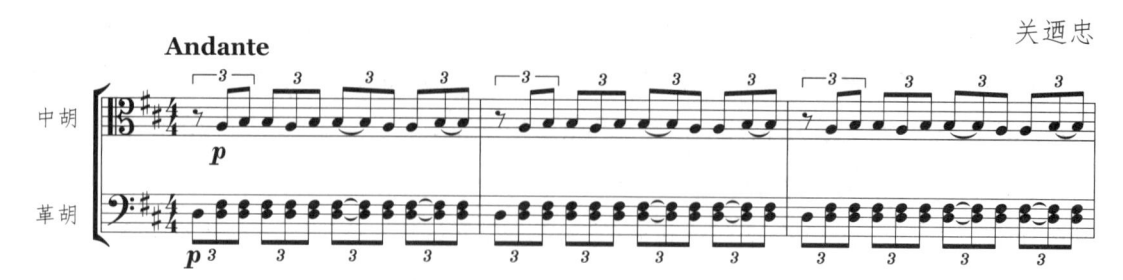

【谱例3-12】 中乐作品《逍遥游》第一乐章《云》片段二

【谱例3-13】 中乐作品《逍遥游》第一乐章《云》片段三

【谱例3-14】 中乐作品《逍遥游》第一乐章《云》片段四

第三乐章《山中小集》。山村远离繁嚣都市，简朴的生活洗涤人的心灵，人与自然融洽相处，整个环境都是纯真质朴的。关迺忠说："山泉是清凉的，山峰是清爽的，山里的人们是清纯的。"此乐章采用了三段体曲式，速度采用"中—快—中"。开始的复拍子，乐句和旋律给人一种回荡之感。第二段在转调的同时，乐段的节拍也变成单拍子，速度开始放慢，再转入第三段，在重复着第一段的同时，调性较为自由。一段热烈的间奏带出了管子的"华彩"独奏部分，节奏和速度都比较自由，充分发挥演奏者的高超技巧和管子独奏的音色。乐曲最后在热闹的气氛下结束。就如关迺忠在乐曲介绍所述："山里的小集市熙熙攘攘，但是它却比那超级市场多一份情。在山中小集中卖艺的艺人水准怎可能和百老汇相比，但是他们的表演却多一份真。"

综观全曲，对管子吹奏者有着相当高的要求。由于管子演奏时往往大量消耗气息，因此，不宜作长时间持续不停演奏，但此曲作为独奏角色的管子，吹奏者不仅没有太多休息的时间，在"华彩"的部分更采用了两支不同调的双管来演奏，可说难度相当高。

作曲家关迺忠除涉猎中乐作品的创作外，西洋管弦乐的创作数量和体裁也很广泛，其中以协奏曲创作数量最多，约占其作品创作总量的1/4，具体作品如下：

【表3-2】关迺忠协奏曲作品一览：

作品名	西乐协奏曲	作品名	中乐协奏曲
第一钢琴协奏曲	钢琴与交响乐队	第一二胡协奏曲	二胡与中乐队
第三钢琴协奏曲	钢琴与乐队	提琴协奏曲"北国情怀"	提琴与中乐队
第四钢琴协奏曲"十面埋伏"	钢琴与中乐队	琵琶协奏曲"飞天"	琵琶与中乐队
"太极"协奏曲	古琴与钢琴	第一笛子协奏曲	曲笛与中乐队
大提琴协奏曲"路"	大提琴与中乐队	唢呐协奏曲"花木兰"	唢呐与中乐队
大提琴小协奏曲	大提琴与管弦乐队	中阮协奏曲"青年"	中阮与中乐队
第二二胡协奏曲	二胡与管弦乐队	打击乐协奏曲	打击乐与中乐队
第五钢琴协奏曲	钢琴与管弦乐队	南北喜相逢	中乐大协奏曲

（五）《第一二胡协奏曲》[①]

写作这首协奏曲时，关迺忠正担任香港中乐团音乐总监。当年与其在北京四中读书的同学、著名的数学家在去美国讲学途经香港时，曾与其彻夜畅谈。那"正同学少年"时的意气风发，那"文革"时期的不幸遭遇似乎就在昨天历历在目。于是作曲家提笔，在大约不到三个星期里完成了该协奏曲。1987年深秋，关迺忠应台湾文建会的委约，此协奏曲于1987年底得到首演，并受到热烈欢迎。《第一二胡协奏曲》展现了一位中国的青年人历经岁月的感悟和心灵世界，反映了作曲家青年时代的抱负和对于美好前景的期待，也反映了所受到的磨难和挫折，更是反映了这一代人的信念和风骨。或喜

[①] 本标题的写作参考了吴赣伯编著《二十世纪香港中乐史稿》，第281—284页；1993年香港雨果出版CD音响《路漫漫》及内封文字介绍，赖锡中撰文。

悦、或悲悯、或活跃、或沉寂、或是乐观、或感叹，都跃然在"二胡"这件中国民族拉弦乐器一弓一弦地将"中国式的情感"奏出。

关迺忠的《第一二胡协奏曲》的第一乐章是以奏鸣曲式写成的。开始在只有一个小节的乐队引子后，二胡就以符点音符及四、五度的跳进为基础奏出了第一主题。这个主题的性格年轻而乐观，一如曲作者在京城的风华少年时期，似乎对人生充满了信心，勇往直前。第二主题则温馨而甜蜜，似是作曲家正沉醉在爱情的喜悦、幸福之中。而第二主题的旋律正是第一个主题的倒影，这种巧妙的设计似是作曲家在借此对青年时代的"勇往直前"加以省思。在发展部中主题得以充分的发挥而在高潮时进入了再现部，但此时第一主题却编配上了小调式的和声，同时又在各个声部配以多重的对位。似乎人生已并非那样一帆风顺了，只有在挣扎和搏斗中才可能生存下去。在再现部结束之时，二胡在高音区以泛音奏出了第一主题，如梦如幻。接着开始了结束部，定音鼓轻轻但却坚定地奏出主题，声音逐渐加强，乐器逐渐加入，终于汇成了一股洪流。

【谱例3-15】《第一二胡协奏曲》第一乐章的第一主题与第二主题旋律的"倒影"关系

第二乐章开始在弹拨乐的一个固定音型下伴奏，独奏二胡奏出一个略带伤感的旋律，随后在弦乐颤弓的伴奏下又奏出了具有即兴风格的曲调，而在乐章的中部，作曲家把乐章开始的弹拨乐的伴奏音型发展成为一个热闹欢快而又略带一些边疆风味的舞蹈性旋律。笔者认为虽然第二乐章的几个旋律十分富于中国味道，但在性格上都似乎很接近"蓝调"，淡淡的忧郁，丝丝的乡愁，这大概正是出生在北京而当时身居香港的作曲家难以解开的情结。

【谱例3-16】《第一二胡协奏曲》第二乐章的主题

第三章　香港专业音乐发展的黄金期：20世纪70—80年代移居香港的内地作曲家

[乐谱]

第三乐章是一个十分别致的乐章，粗犷的快板。在一声宛如鞭子抽下来的拍板全奏和弦奏出后，二胡奏出了一个性格刚烈而音符简单的主题，它的主题无论快板和慢板都是只由三个简单的音符组成。也就是大调式中的第五级、第一级和第六级，整个乐章包括轻柔的第二主题也是有这样的音阶组成。如果用守调的读法那就是 **5**（sol）、**1**（do）、**6**（la）三个音。在1969年，江青和"四人帮"下令全中国清查一个所谓的反革命集团——"5.16集团"，瞬时全中国处在恐怖之中。在作曲家当年所在的东方歌舞团中，全团120人中被抓的竟达90人，无情地被毒打、逼供造成了许多冤案，关迺忠也被打成了这个反革命集团中的一员，并被下放到塞北的农村劳动改造，先后近四年时间。在乐曲的结尾处定音鼓敲击 **5**（sol）、**1**（do）、**6**（la），法国号、小号、唢呐吹的，定音鼓奏出的均是 **5**（sol）、**1**（do）、**6**（la），这是一个黑色的幽默，也可以说是作曲家自开玩笑，在笑中有血也有泪，它象征着真理、正义终将被张扬，邪恶终将被战胜。

【谱例3-17】《第一二胡协奏曲》第三乐章的主题

关迺忠

[乐谱]

（六）大提琴协奏曲《路》①

该大提琴协奏曲是关迺忠于1990年初，应香港中乐团的邀约作品，并于同年6月首演。该作品原为无标题，首演音乐会需加入，因而冠名为《路》。此作品创作于关迺忠50岁生日前后。孔子云："五十而知天命"。关迺忠自"不惑"之年移居香港，10年之后更有不少的人生体验。

第一乐章的第一主题开始在e小调，大提琴一开始就以一个大六度的和弦外音站立在小调主和弦上。它返回到五度音又再度跳到六度音，在不协和与协和间挣扎着，继而在另一和弦出现时，它又以一个新的调性独奏者和乐队的抗衡才缓和下来。第二主题在大调上，这是一个浪漫的主题，充满了女性的温柔，也就是在这种意境中结束了第一乐章的呈示部。发展部的开始部分，大提琴在低音区以 $\frac{3}{8}$、$\frac{2}{4}$、$\frac{3}{4}$ 的混和节奏来演奏第一主题旋律，但它变得似乎十分焦躁不安，甚至有些神经质。阴柔的第二主题变成了 $\frac{5}{8}$ 的节奏，在不安的气氛中仍保有一份祥和。但焦躁的气氛不断上升，终于在再现部开始时，似火山一样爆发了，随之而来的却是一片死寂。在定音鼓的敲打下，大提琴开始了一段独白，仿佛在严肃地思索。笛和笙在大提琴的长音上轻轻的以大调式吹出了第一主题，而大提琴则奏出了一个优美的对位乐句与之呼应，逐渐发展到高潮时，出现了第二主题。在此时似乎这浪漫、阴柔的主题占据主导地位，随后大提琴在高音区演奏一个反复上下的琶音音型，而笙在它的伴奏下，再次奏出第二主题，充满了幻想的色彩，似乎暂时离开了尘世的烦恼。结尾处一开始，焦虑不安又重新占了上风，甚至发展成为一种愤怒的情绪而进入第二乐章。

第二乐章的主题是源于宋代词人姜白石的几首歌曲。姜白石生活在南宋乱世，目睹

---

① 本标题的写作参考了1993年香港雨果出版CD音响《路漫漫》及内封文字介绍，赖锡中撰文。

山河破碎、国破家亡，表面上虽然逃避现实，寄情于风花雪月，但在他的词作的字里行间，都流露着对世事的失望。关迺忠在乐曲首演时写在乐曲说明中，曾引用了姜白石的词："世事兮何据？乎翻覆兮云雨"，因此乐曲第二乐章也一直被一种失望的情绪所笼罩。值得一提的是在这个乐章中，也有相当长的一段华彩乐段，这段音乐的技巧相当复杂，但它并没有给人以炫耀技巧的感觉，而相反十分人性化，如情绪发展的自然流露。

第三乐章主题和第一乐章完全一样，很像是一个大的再现部，只不过主题的调式变成了大调，因而它变得刚强、果敢而自信，似乎一扫第一、第二乐章的阴柔。第一主题中渗透了第二主题的柔韧，而第二主题再现时又渗透了第一主题的刚毅。在进入第二主题结尾前，大提琴和高胡、二胡在轻轻地对答着，似乎是在进行一番省思。结束部像一阵旋风似的开始了，在大提琴飞舞的音型上，管乐吹奏的第一主题的音型犹如号角。最后大提琴奏出了短短两小节如进行曲式的节奏，就在这种坚定的步伐中结束了全曲，仿佛是踏上了生命的一个新的历程。

（七）双千斤板胡协奏曲《山地印象》①

1990年夏天，关迺忠应邀到台湾指挥，在音乐会之后游览了阿里山。这是他经过了几年辛历之后的一次放松和修整。阿里山地区的秀丽风光和风土人情给他留下深刻印象。同年秋天关迺忠在高雄重逢了他阔别多年的老友胡琴演奏家丁鲁峰。丁鲁峰拿出了一件他改革的双千斤板胡演奏了一曲《美丽的塔什库尔干》。这件乐器立即引起了作曲家的兴趣。它不但集高音板胡、中音板胡于一身，更将音乐向下扩展至e，不但保留传统板胡的风土味道，也可以向小提琴一样演奏复杂的技巧，而且它重低音区的那种似乎饱经沧桑的音色又是和小提琴大相径庭。当下丁鲁峰约作曲家为他写一首双千斤板胡协奏曲，作曲家欣然地接受了。

新作品于第二年的夏天完成。随即由丁鲁峰和高雄市立国乐团在台中首演。随后又在台北及高雄演出。也许由于独奏家和乐团合作尚未纯熟默契，也许是作品的手法新颖，听众还不能认同。首演的反应只是平平而已，作品几乎夭折。所幸同年秋天，高雄市立国乐团应美国达拉斯交响乐团邀请，在美以逊音乐厅演出两场，这首名为《山地印象》的板胡协奏曲被排在上半场的最后一个节目。因为该音乐厅的音响十分优异，音色温暖而细致，因此该曲新颖的配器和板胡的特有音色得以充分表现，演出后几乎全体听众起立鼓掌，经久不息。

---

① 本标题的写作参考了1993年香港雨果出版CD音响《管弦丝竹知多少》及内封文字介绍，王中砥撰文。

《山地印象》是一首三个乐章的板胡协奏曲。它充分发挥了双千斤板胡的特长，而且技巧十分艰深。第一乐章《雾中神木》描写了在雾中傲然而立的神木，它经历了岁月的洗劫却仍不改它的倔强苍劲，它是台湾原住民的精神象征。乐章开始时高音弦乐器和箫及木琴奏出一连串不协和的平行和弦，营造出山中云雾缭绕的气氛。独奏板胡以它最低音的空弦开始，似乎是破雾而出的神木。板胡的旋律是以原住民的民歌为基础，结构自由而口语化，接近西洋的宣叙调，低吟弹拨乐器和排鼓、定音鼓的伴奏音型虽然十分轻声，但却孕育着原始的生命力。它终于在乐章的中段爆发了，像一股洪流，充满了阳刚之气。虽然在爆发后一切又重归平静，但云雾似乎并非只是轻轻的烟，它像在地下蠕动的岩浆在伺机冲出，神木也并非只是一株枯死的老树，它像在江河中的砥柱，迎击着昨日、今日和明日的急流。

第二乐章《山林火车》则一反第一乐章的冷峻和炽热，它像一股春风，和暖而温柔，也许是表达了作曲家在登上阿里山之后对人生的另一番感受。乐章开始处，乐队巧妙的模仿了山中小火车的轻快节奏，而板胡则模仿远处传来的汽笛声。继而板胡奏出有如儿歌一般的旋律，和乐队彼此呼应，像是开始了一个愉快的旅程。在第一个插部里，作曲家用板胡、二胡、中胡的拨弦以及琵琶、柳琴的提弦反弹面板的手法，成功地模仿了原住民的乐器"口弦"的音色。而在第二个插部里则是一个慢板，板胡的旋律甜美得令人陶醉。

第三乐章《欢庆丰年》是一幅民俗画。开始作曲家将四只定音鼓分为三个声部由三位乐手演奏，用来模仿原住民的一种自然的和音唱法的合唱，而板胡则恰似领唱者。当定音鼓和排鼓带出了一个欢庆丰收的歌舞场面，继而木琴、梆子奏出强悍的节奏，这是在丰收时原住民用米杵奏出的杵舞。在高潮处，乐队全奏出一个庄严而虔诚的旋律，象征原住民对神的感谢。作曲家在山地惊异的发现深山中矗立着天主教堂，不少过去的食人族人已经皈依在天主的教堂中。是否所有的人都会在世俗的争斗后，这样有幸地找到有如这山林中的一块宁静的乐土呢？也许这就是作曲家在这首《山地印象》中深刻的印象吧！

关迺忠的交响乐队协奏曲，配器上构思宽广，内蕴强烈深厚，演奏柔中有刚，乐思深邃，多样的乐器音色层次结合西洋的、民族的现代交响乐的创作技法，令听众耳目一新。

近年来，关迺忠主要在加拿大与北京两地居住，并在中国音乐学院担任客座教授，曾指挥该院的华夏民族乐团赴欧洲、亚洲、非洲等多国演出。已逾古稀之年的关迺忠仍然活跃在中国民族音乐的舞台上。

二、陈能济[1]

> 香港环境特殊，创作人往往身不由己，并不能随自己的心意去选择创作什么……在竞争的世界里对环境的适应很重要。
>
> ——陈能济

在本论文中所涉及的移居香港的内地作曲家中，到目前为止，陈能济几乎已成为唯一用音乐成就生活，并且仍然留居香港的作曲家。同一时期来港定居的内地作曲家或移居台湾或移民海外，或在经营生意之余成就音乐，或者已经辍笔不耕。而陈能济作为"新移民"，在香港当地特殊的音乐环境下却对音乐创作一直坚持不懈。一方面，专业创作技术水平要过硬，另一方面，也要与香港文化市场需求相适应。陈能济自1973年移居香港后，一方面从事私人音乐教学，同时还参与香港业余时期和职业化阶段中乐团的活动。他的作品风格传统而不趋保守，创新而不失动听。1973—1989年陈能济留居香港，其后3年到台湾发展，1991再度回到香港定居至今。在20世纪70、80年代，陈能济的创作以中乐化交响音乐作品见长；90年代至今，陈能济积极投身到香港本地化的音乐剧、歌剧创作之中，诞生了5部该体裁的作品，并且在业内颇具影响。

（一）《故都风情》[2]

1984年，陈能济受香港中乐团委约，创作了这首民乐合奏曲。作曲家在《故都风情》的题记中写道：

"这是一首充满怀念的乐曲。仿佛孤寂的行人倒回历史的旅程中，缅怀那逝去的时

---

[1] 陈能济（1940—）作曲家、指挥家，1940年出生于印度尼西亚雅加达。中央音乐学院等校学习钢琴和理论作曲专业，1965年毕业于中央音乐学院，分配到中国中央歌舞团工作，后调中央芭蕾舞团、中央乐团管弦乐队（通称中央交响乐团）。1973年移居香港，早期为业余香港中乐团指挥之一，活跃于香港音乐界。1989年台湾高雄市实验国乐团（现高雄市国乐团）成立，应邀担任首任驻团指挥。1991年荣获高雄市文艺奖（音乐类）首奖。1993年，陈能济返港担任香港中乐团的助理总监和驻团作曲家，并兼任指挥。1994年为香港市政局三大艺团合演音乐剧《城寨风情》作曲，同年又以《赤壁怀古》获香港作曲家及作词家协会颁发最广泛演出奖。1999年6月起，出任香港中乐团驻团作曲、推广助理。陈能济写有大量各类型的中西音乐作品，如交响合唱《兵车行》、钢琴曲《赤壁怀古》、大型民族管弦乐曲《故都风情》等。在任期间，其创作了音乐剧《城寨风情》（1994）、中乐作品《火树银花沐香城》（1997）、歌剧《瑶姬传奇》（2003）等大型交响音乐作品。此外还创作了一批有台湾色彩的中乐作品，如《港都素描》（1990）、《山中印象》《音乐卷集：原乡与本土》（1992）等。

[2] 1984年6月首演于香港大会堂音乐厅，由吴大江指挥香港中乐团演出，喜马拉雅录音出版：HRP7153-2。演奏时间20′00″，1990年修订后约为13′00″。

光。走过那煌煌太阳下的沙漠、草原,晨曦稀微中的西安城,荒山古庙里的寸寸斜阳,充满神奇的西域走廊,那数不清的故事就发生在这里。多少的岁月、年代,听那城楼的大钟不停地敲着,从旷远的中古敲向未来。呜咽着人生的悲欢离合,无奈唏嘘,济沧海来,渡桑田去……几千年下来的中国,万家灯火,灿烂喧哗,在更鼓声中渐渐静了下来。"

陈能济以熟练的创作手法,发挥民族乐队不同乐器的丰富音色,通过调性、节奏、和声、配器等变化,使吹、拉、弹、打各个声部的乐器都能够发挥各自的特长,从而编织出荡气回肠的《故都风情》。

全曲由三个大段组成,每段分为两部分。陈能济将其组织在一个严谨的音乐结构之中:

在第一段里,作曲家编排了四次主题旋律的出现。中部二胡独奏出新疆哈萨克民歌《页里麦》的旋律作为贯穿全曲的主题后,进入第二部分,富有舞蹈性节奏的音乐背景流出,听觉更添伤感与忧愁。

第二段,乐曲由筝弹奏的琶音开始,犹如湖面泛起的涟漪,引出由梆笛带起的主题旋律(见谱例3-18)。旋律以半音和级进音为主,抑扬的节奏刻意避开了传统 $\frac{4}{4}$ 拍的有规律的强弱进行,作曲家将弱起、切分音、三连音、附点音符的节奏变化密集地组织在4小节中。这不太工整的主题旋律节奏组合,听起来有一种朦胧和不真实的感觉。之后,曲笛以对位的方式在应和,而木琴的声音,就像是远处滴滴答答的水声。笙在拉弦乐器的衬托下再一次奏起主题旋律,中胡同时奏出副旋律(见谱例3-19),古筝不时发出划破寂静的声响。来回交错的旋律给人回旋的气氛,就像平和地诉说着遥远的故事,眼前的景致仿如虚幻。拉弦乐器用颤弓奏出乐句,乐曲的气氛也随之变得激动澎湃起来。此时,由笛子吹奏的主题旋律的拍子渐次清晰,就像一步一步前行,故都面貌亦渐现眼前。

【谱例3-18】中乐作品《故都风情》主题旋律

陈能济

【谱例3-19】中乐作品《故都风情》中胡拉奏的副旋律

陈能济

其后，二胡奏出牵动人心的乐句（见谱例3-20），为我们打开了故都的大门。音乐背景再次响起那首古老的新疆哈萨克民歌的旋律，弹拨乐奏起舞蹈节奏，让人感到少数民族对歌舞的热情。革胡拉起扣人心弦的主题旋律，二胡以对位的手法穿插其中。随着弹拨乐器节奏的改变，乐句以层层追进的手法4次出现，速度亦由慢而快，先是弹拨乐器，其次是拉弦乐器加入，然后乐句变奏，第4次则由吹管乐器奏出。

【谱例3-20】中乐作品《故都风情》片段

陈能济

承接吹管乐器所营造的气氛，第二段的第一部分，先由弹拨乐器奏出轻快的节奏，而配以拉弦和弹拨乐的简单组合，构成了第二段的序幕。此后，不同段落间的连接和安排，多以平稳的节奏、和声和复调性的旋律过门。承上而演变的节奏型亦转以二拍子为单位，感觉由紧张变得稳定下来。旋律在不同乐器的伴奏衬托下再次出现，而且速度逐渐加快。

此时，紧张的气氛忽然收起，风沙无情地刮起，此部分采用简单的旋律、和声和音响效果，描写了风沙遍野的景况。筝的琶音犹如无情风沙，而木琴的声音警醒我们，远处的木鱼声则象穿透黄沙的魅影。继后，拉弦乐器以颤弓奏出半音组成的乐句。漫天风沙，四周了无人烟，一片肃杀的景象呈现眼前。

乐曲的旋律再一次在第三段再现。与第一段不同，旋律出现了两次，音区较低，次数亦较少，前后的调性也统一。之后气氛一转，筝重复地奏着轻柔的伴奏，这一伴奏型贯穿此段，由中胡和革胡（见谱例3-21）同时呼应第一段的副旋律，拉弦乐器引领乐队第二次奏出相同的副题，重复时加上吹管乐器，感觉由悲哀沉痛慢慢地推至慷慨激昂。

【谱例3-21】中乐作品《故都风情》片段

陈能济

热闹过后，曲终人散，难免会引起无尽的愁绪。乐曲的尾声回应引子，并以压缩的形式再现，革胡沉痛地奏着主题旋律，木琴沥沥的声音，随着淡淡哀愁，悄悄远去，四周映像亦变得模糊，筝的琶奏仿似风一般吹走那遥远的景象，随同永无穷尽的悲哀一起消失。

(二)《梦蝶》

此曲完成于1990年9月，是陈能济为第四届台湾作曲家研讨会而作的中乐合奏曲，后该作品入选"世纪中乐名曲选"，20世纪最受乐迷欢迎中乐作品候选金曲。作曲家希望通过音乐使人摆脱世俗的烦恼，以道家精神的智慧去追求精神上的超脱。

身处香港这个繁嚣的都市，能够一睹穿花蝴蝶的风采，相信这已经十分困难，更何况享受如蝴蝶飞舞的那份自由自在。生命起落，花开花谢，多少人能珍惜此刻的"拥有"，同时又能放下对"失落"与"挫败"的恐惧？面对千变万化的挑战，谁又能抛开心锁，无拘无束面对所有，泰然自若地生活？

陈能济在民族音乐当中寻求突破，受印象主义音乐的影响，此曲透过乐器的音色和音响的追求等表达抽象的意念，同时又反映了作曲家感性的一面。音乐总不如文字般具体，乐曲的体裁、发展和题材等，都跟随作曲家的创作灵感而行。陈能济认为好的大型作品需要具备几个因素：作品的曲式直接影响音乐的发展和结构以及和声的建构和调性的发展。音乐之所以能抒发感情和具备故事性，就是依靠了乐曲的结构。

《梦蝶》透过庄子《齐物论》之《庄周梦蝶》的故事，进一步探讨人生存的意义和自我价值的肯定。

乐曲开始，中胡就如庄子梦中的低诉（见谱例3-22），以乐器的音色和音响效果营造的虚幻气氛衬托下，拉开了音乐的序幕。中胡加上革胡以片段的形式奏出了旋律，为乐曲的主题做好准备，同时背景音乐充分营造出梦的感觉。眼前的景象由朦胧变得真实，作曲家突破了吹管乐器一贯被作为演奏旋律的角色，采用了西方管弦的演奏方法，梆笛（见谱例3-23）连绵而清晰的乐句，就如眼前的烟雾渐渐消散，四周的颜色也变得光亮了，景物的轮廓亦变得清楚可见了。从音型与节奏型的组合上看，也仿佛蝴蝶飞舞状。由主题演变出来的旋律片段，忽快忽慢的跌宕着那种零零碎碎的感觉，仿佛庄子心中充满疑惑，慢慢地一步一步的往前走，到底前面会有些什么呢？

【谱例3-22】中乐作品《梦蝶》片段一

陈能济

【谱例3-23】中乐作品《梦蝶》片段二

陈能济

乐曲的音量突然间转强，吹管乐器奏起华美的乐句，把大家吓了一跳，原来眼前美不胜收的景象令人看得目瞪口呆，美景让人心情起伏不定，乐曲的感觉变得强烈，置身如花似锦的美景，使人忘却世间的种种不幸。正自欣赏之间，远远看见一只蝴蝶穿梭花丛间，自得其乐地享受美好的时光，走近一看，原来有无数的蝴蝶正在翩翩起舞。作曲家选用穿透力强、音色清澈的曲笛和梆笛以即兴的手法来表达蝴蝶的飞舞，吹奏者随着乐曲的气氛，不受节奏和速度的限制吹奏乐句，优美的乐句配合自由的演奏方法，充分展现了万千蝴蝶飞舞花间的情景。

欢乐的气氛戛然而止，乐曲的速度和气氛已有所转变。乐曲的感情一沉，二胡和中胡拉奏出略带哀伤的旋律。作曲家采用了西方的和声和离调手法，配合乐曲纵横交错的场景。原来万般皆是梦，一切都只存在于虚无之中，回想人生如梦，世上的一切如过眼云烟，只有我才是真实的。乐曲的气氛一转，笛子吹起轻快的旋律，拉弦乐器也随之加入，弹拨乐器舞蹈性的节奏令乐曲的音色由单薄变得浓厚。心中的烦恼消解了，心情亦变得轻松愉快了，木琴和高音笙（见谱例3-24）奏出了轻快的气氛。

【谱例3-24】中乐作品《梦蝶》片段三

陈能济

乐曲的尾声部分与节奏互相呼应。尾声就如再一次身处梦中。尾段由中胡奏出主题，高胡和革胡以对位的手法再次演奏出主题旋律，高胡奏出婉约的旋律，在宁静的气氛下回味刚才一幕幕的情景，到底是梦醒，还是再跌入另一个梦？

三、卢亮辉[①]

卢亮辉的中乐作品被誉为目前港、台地区演出排练过程中最为顺利的作曲家之一，有评价称其作品向来不会使演奏者感到为难。卢亮辉对于民族乐队中各种乐器的演奏技艺比较了解，他在创作过程中能够考虑到乐团演出的实际效果和演奏者的实际能力。截至21世纪10年代，卢亮辉仍是历年来香港中乐团委约和委编作曲家中作品数量及完成质量的佼佼者。

（一）《彝族酒歌》（又名《酒歌》）

1978年卢亮辉受香港中乐团委约创作了此曲，该作品曾入选"世纪中乐名曲选"20世纪最受乐迷欢迎中乐作品候选金曲。

彝族是中国西南边疆的少数民族之一，而在云南省大部分的县市均有彝族人居住，是云南少数民族中人口最多的一个民族。彝族是一个能歌善舞的民族，有着丰富的民间歌舞和音乐艺术，每当节日到来，处处笙歌，彝族人用歌唱来表达历史、文化、生产、生活等各方面的内容。无论是劳动间隙，还是年节婚丧，都以歌舞抒发其情感。歌舞音乐是彝族精神文化的重要内容。由于彝族大分散、小聚居的分布特点，使得彝族的歌舞音乐种类繁多，风格各异，内容和表现手法富有民族性和地方特点。在风俗中最有特色的要算是"酒歌"，普遍流传于山村，通常是边饮边唱[②]。

卢亮辉曾任香港中乐团全职乐师，为乐团创作了不少大型中乐合奏作品，皆以旋律流畅、易于演奏见称。以云南省彝族的音乐为题材的《彝族酒歌》亦不例外，乐曲描写彝族男女老少欢聚一堂，饮酒歌舞，觥筹交错，欢笑热闹的场面。及至夜深人静，个个酒酣耳热，东倒西歪，步履不稳，互相扶持并带着狂欢的满足感，醉步回家。

全曲以二段体曲式写成。乐曲开头的引子由吹管乐器以慢板奏出第一节主题旋律。

[①] 卢亮辉（1940—），祖籍福建省永定县，1940年出生于印度尼西亚，20世纪50年代中期回到祖国内地。1959年考入天津音乐学院作曲系，1964年毕业留校任教。1973年移居香港，1978年入香港中乐团任全职乐师8年，并在首任乐团音乐总监吴大江创设的委约制度下，开始中乐创作，为该团创作、改编过70余首中乐作品。1986年移居台湾，应聘为高雄市国乐团专事创作。1989年以台湾电视剧《俑之舞》的配乐入围台湾"行政院"新闻局金钟奖，1991年以《新幼学故事琼林》音乐专辑获台湾"行政院"新闻局金鼎奖优良唱片奖。1992年任台北市立国乐团作曲、演奏组副组长，1993年任乐团副指挥。1996年至今在台北中国文化大学中国音乐学系任教。卢氏为香港作曲家联会和香港作曲家及作词家协会会员，其主要创作有大型中国音乐组曲《宫商角徵羽》《〈春〉（总谱已出版）〈夏〉〈秋〉〈冬〉》《喜怒哀乐》《酒歌》（总谱已出版）、《童年的回忆》《闹花灯》。其编配多首广为流传的乐曲，如《六月茉莉》《迎春花》《翠谷长春》《童年的回忆》《羽调》等。

[②] 1978年9月14日香港中乐团9月份音乐会场刊。

此段主题旋律不断反复再现，但作曲家在配器、音乐速度、音量和调性上加以变化和发展，把一群男女在皎月下开怀畅饮、放声高歌的场面表露无遗。紧接着是热烈欢腾的主题，弹拨乐器舞蹈性的旋律和伴奏（见谱例3-25）展开了乐曲的第二段，歌唱性较强的笛子奏出略带神秘的旋律（见谱例3-26）。乐段的拍子由单拍子转为复拍子，调性亦由大调转为小调，曲调乐段的气氛随着速度的增加，以及旋律随调性作五度的提高而更趋上扬，最后乐曲在一片热闹的气氛中结束。

【谱例3-25】中乐作品《彝族酒歌》片段一

卢亮辉

【谱例3-26】中乐作品《彝族酒歌》片段二

卢亮辉

（二）《春》

1979年卢亮辉受香港中乐团委约创作此曲，这部民乐合奏曲所反映的是作曲家的心境。该作品被入选"世纪中乐名曲选"20世纪最受乐迷欢迎中乐作品候选金曲。

《春》是卢亮辉的一部民族管弦乐作品。全曲流露出一种轻快而热情洋溢的感觉，把春天朝气蓬勃的意境表达出来。经过一段隆冬的日子，人和动物都不约而同地跑出来，即使步伐并非十分轻快，但却毫无倦意，既轻快而又细节丰富的乐章，正好表达人们正为新的一年做好准备。故此曲首演就大受欢迎,是台北、东南亚一些乐团经常演奏的曲目之一。

作品反映出中国人对自然环境产生的情感,怀有闲适的心情,和谐的音乐自然地在作品中表露出来。该作品运用了非常规的乐器编配:小笛[1](由梆笛兼奏);箫[1](由短笛兼奏);板胡[1](独立声部);另外作曲家在乐曲编制中采用了西洋乐器双簧管[1]。1979年2月该作品在香港大会堂音乐厅由香港中乐团演出,由吴大江指挥,后由雨果制作有限公司出品该录音①。

经过严寒的冬天,温暖的春天终于到来,大地一片生机勃勃,植物长出了嫩芽,处处充满生机。所谓"一年之计在于春",人们也为新的意念积极做好准备。

《春》表现作曲家卢亮辉对春天景色的赞美和歌颂,同时对未来充满信心和希望。全曲共分为三部分:《春晨》《春游》和《春颂》。

第一部分《春晨》,乐曲先由弦乐柔和的颤音描绘天刚破晓、万物苏醒的景象,笛声进入,然后由筝和扬琴以流水般的音韵引出春天的主题,表现了春天的芬芳和光辉色彩。在柔弱的弦乐颤音之上,箫和笙吹奏出清丽的主题旋律(谱例3-27),表现春天的明媚。

【谱例3-27】中乐作品《春》之《春晨》的主题旋律

卢亮辉

乐曲的速度渐快,笛子和柳琴以高八度奏出乐曲的主题旋律。然后笙回应着,弹拨乐也重复笙的旋律。主题旋律重现,旋律渐快渐强。乐曲的齐奏仿佛歌颂春天的美好。突然旋律慢了下来,如小鸟鸣叫的笛声响起,正式进入第二部分《春游》。

第二部分以回旋曲式出现,表现人们怀着兴奋的心情到郊外嬉戏游玩的情景。笛子吹奏出轻快活泼的第一主题旋律,其他乐器渐次加入,表现出人们兴奋愉快的心情。然后如歌的第二主题旋律由弦乐和笙奏起(谱例3-28),笛子如小鸟歌唱的旋律在第二主题旋律穿插(谱例3-29)。弹拨乐高低起伏的旋律线条,感觉优游舒畅。第二主题旋律由笛子以高八度的吹奏再次响起,紧接着是活泼轻快的第一主题,最后乐队以急促上扬

---

① 唱片名称:《春夏秋冬》;唱片编号:HRP7235-2;出版发行:2002年香港雨果制作有限公司出版发行;演奏:高雄市立国乐团;指挥:胡炳旭;时长:47′13″。该作品创作时间历经5年(1979—1984),"春""夏""秋""冬"四个部分既可作为独立的作品,也可以联成一部完整的大型民乐套曲演奏。

的旋律进入第三部分《春颂》。

【谱例3-28】中乐作品《春》之《春游》第二主题旋律

卢亮辉

【谱例3-29】中乐作品《春》之《春游》片段

卢亮辉

这部分以宽板再现了"春天"的主题，表现对春天美好的歌颂，对未来的憧憬，信心和希望。乐章以笛子、唢呐和拉弦乐器奏出乐章的主题旋律，而其他的吹管乐和弹拨乐以六连音反复伴奏，表现出春天壮阔伟大之势，歌颂春天的美好，最后一段由筝的划奏后，乐曲在全乐队激昂的长音中结束。

另外，卢亮辉的《秋》[①]是继《春》《夏》之后，于1982年在香港创作完成，1986年再度修改，当时作者有意图把《四季》逐步完成。为了与《春》《夏》在速度和表现上有所对比，构思上用了慢板和小调的调式来表现那种秋风瑟瑟、落叶飘零的情景和漂泊不安的忧伤心情，以及对现实生活的怅惘。全曲以带再现的三部曲式发展而成，引子开始用低音乐器的拨弦、弦乐的颤弓、打击乐组特殊的音响（如用弓在吊钹边上拉奏）、钢片琴和古筝六全音阶的运用等，来营造出秋风瑟瑟、落叶飘零的情景。然后由箫、巴乌、曲笛及笙分别奏出一段冷漠的旋律，引进第一部分具有忧伤、倾诉的主题。经过不断引申和发展而进入第二部分带有激动的展开性段落，表现对现实生活的探索，最后无奈的怅惘。接着再现的第三部分出现，更加深了那种具有忧伤、倾诉的第一部分主题，最后一个人在黑暗中孤独地徘徊。

---

① CD《秋》：高雄市立国乐团演出，关迺忠指挥，雨果制作有限公司1999年出版。

四、其他中乐作曲家

郭迪扬[①]于1974年移居香港,不久即进入创作的高峰期。几十年来,他在民族管弦乐创作和舞剧音乐创作方面做出了勤奋的努力,与香港中乐团、香港舞蹈界建立了密切的联系,并在民族乐队交响化方面做出了不懈的努力。

《骑着毛驴去赶集》[②]是作曲家郭迪扬于1975年创作的中乐代表作。时逢业余时期的香港中乐团拉弦乐器的低音声部采用的是大提琴和低音提琴,到香港中乐团职业时代,为统一的外观及音色,用革胡和低音革胡来分别替代大提琴及低音大提琴。因此乐曲原定的编制是由大提琴和低音大提琴,后被现有革胡和低音革胡取代。

《骑着毛驴去赶集》以新疆音乐的风格特色,配合乐器的独特音色,表达乐曲风趣幽默的戏剧性效果。乐曲以单一主题发展方式,参考新疆北部民歌《黑眉毛》的风格特色,以核心音型作为主导动机发展而成(见谱例3-30)。

【谱例3-30】中乐作品《骑着毛驴去赶集》的"主导动机"

乐曲的开始由音色嘹亮的梆笛奏出描写新疆的美丽风光(见谱例3-31):新疆的地势起伏,山路连绵,居民的往返和来往运输便需要依靠驴子来帮忙,嘀嗒嘀嗒的木鱼声仿佛驴子自远处蹒跚地走来。轻快活泼的旋律由木琴、琵琶、柳琴奏出,就像骑着驴子的主人公轻松愉快的心情。随着拉弦乐器奏出的跃动旋律,让人仿佛置身其中,与主人公一同欣赏路上壮丽的风景。

---

① 郭迪扬(1933—)出生于柬埔寨,华侨。16岁回到中国内地。1950年后相继在北京儿童艺术剧院和青年艺术剧院从事音乐创作。曾师从中央音乐学院江文也、许勇三等教授学习作曲和配器法。1974年移居香港,先后为香港多个合唱团创作10多首大型合唱曲,又曾指挥"港声中乐团"及业余时期的"香港中乐团"。作品有《昭君出塞》《丰收舞曲》,以及中提琴交响协奏曲《女工自述》等,并曾参与多部大型舞剧的集体创作。为香港作曲家及作词家协会(CASH)正式会员,并获选担任两届香港作曲家联会执行委员。

② 该作品于1975年香港首演,由黄震东指挥香港中乐团演出;1978年于香港大会堂音乐厅演出修订版,由郭迪扬指挥香港中乐团演出。

【谱例3-31】中乐作品《骑着毛驴去赶集》描绘"新疆风光"的旋律

郭迪扬

临近墟期时，人们都会骑着毛驴走过崎岖的山路赶往市集。由于骑毛驴的方法并不象骑马般手拿缰绳，端坐在马鞍而行，而是坐在驴的屁股上，手拿树枝轻轻地抽打催促。木琴华彩的部分（见谱例3-32）绘声绘色地描写了骑驴者因山路凹凸不平，骑驴者不小心从驴背上掉下来的情景。

【谱例3-32】中乐作品《骑着毛驴去赶集》木琴华彩片段

郭迪扬

及后由木琴、琵琶、柳琴再一次奏出乐曲轻快活泼的旋律，仿佛骑驴者早已习以为常，又重新爬上驴背继续赶路。乐曲末段主题旋律再现，同时以递减的方式，加上减弱的音量，驴子也就在木鱼声中越走越远，再也看不见了。

符任之[①]的中乐代表作《喜讯到边寨》改编于1985年，1991年曾荣获香港作曲家及作词家协会颁发正统音乐中的"最广泛演出"奖状。作品原名为《北京喜讯到边寨》，

---

① 符任之（1930—）出生于海南岛文昌县，1939年日本占领海南岛，随家人移居越南西贡。1949年回到海南，入海南师范学院音乐美术系学习，一学期之后，转天津入中央音乐学院就读作曲系。1957年毕业留校任教。1958年随中央音乐学院迁往北京。1963年调中国歌剧舞剧院从事创作工作。参与大型歌剧《嘎达梅林》《杜鹃山》《自有后来人》等集体创作，以及舞剧《八女颂》的音乐创作。1976年移居香港后主要作品：歌剧《甜姐》，歌舞剧《霓裳羽衣曲》，民族管弦乐曲《阿里山》《倾国魂》《新疆情调组曲》《南岛组曲》《香港组曲》，清唱剧《唐明皇与杨贵妃》，双笛协奏曲《庆相逢》，筝曲《九州风采》等。

是一首由郑路、马洪业在20世纪70年代末创作的西洋管弦乐曲，后由符任之在1985年受香港中乐团委编成该中乐合奏曲。符任之觉得原标题与香港情况有出入，此曲正是1985年中英双方就香港回归进行会谈的时候，许多人担心回归以后香港社会的情况，甚至有不少人希望离开，为此符任之便将曲名中"北京"二字取消。

让人欣喜若狂的喜讯，随风传进中国南方边寨，引来一个华丽的众人舞蹈场面。男男女女身穿颜色鲜艳的民族服饰，得悉好消息后情不自禁地手舞足蹈，有些人更吹奏起芦笙——云南、广西、贵州一带少数民族使用的民间乐器。在轻快热烈的节奏及旋律推动下，大家随乐起舞，当你听到由符任之为香港中乐团编曲的《喜讯到边寨》时，会令人不经意地闻歌起舞。

由于民族乐器音色、结构及其代表的民族和民间的气息皆不尽相同，如云南、广西、贵州一带少数民族使用的芦笙便是一例。由于该乐器结构较原始、简单，所以乐曲开始采用高音笙、中音笙、低音笙，这些可吹奏和声及变音组合的乐器替代了芦笙。

乐曲以富于云南地区色彩的苗族、彝族民歌的音调作为素材，形象鲜明、节奏明快，并由欢快的旋律从头到尾贯穿着，形象地表达了西南地区的少数民族，在听到喜讯后热烈快乐的舞蹈场面。此外，中国锣鼓的导入也丰富了该作品的民间色彩。

总体而言，全曲节奏明快、贯穿始终的舞蹈性音型，更使得欢乐的情绪表现得十分强烈和集中，加上配器手法简洁精练，调性和力度的多变，使乐曲极富色彩和对比。乐曲采用的主题并置写法，风格既统一又各有真趣。

第二节　以声乐创作见长的作曲家：屈文中[①]

在黄金期香港的声乐题材创作领域里，除林声翕、黄友棣两位乐坛老将外，还涌现出许许多多年轻一辈的作曲家来加入其中。在这一时期里，施金波根据安徽民歌改编的

---

① 屈文中（1942.9.24—1992.2.25）四川荣昌人，出生于桂林。自幼学习音乐，1960年入中央音乐学院作曲系，1966年毕业。1972年任中国铁路文工团作曲。1975年移居香港。1976年创作交响诗《十面埋伏》在香港产生影响，并获"香港金唱片奖"。1978年主持屈文中作曲班，教授作曲。1984年以合唱诗篇《黄山·奇美的山》荣获"台湾作曲金鼎奖""台湾优良唱片金鼎奖"。出版音乐著述《音乐技术理论·和声曲式复调和乐器法的基本知识》《屈文中艺术歌曲选》。主要作品还有歌剧《西厢记》，管弦乐《帝女花幻想序曲》，室内乐《月儿高》《啊！泰国》，钢琴曲《中国民歌钢琴小品四十首》《钢琴即兴曲五首》，声乐曲《李白诗四首》《西江月》《春神》《故乡有条清水河》等。1992年2月，其在港、台两地谱写《大提琴与管弦乐协奏曲》，仅谱写到第二乐章，于当月25日因脑部突发病变逝世。

合唱曲《对花》(1970)[①]，还创作了女中音独唱《望夫石》(1971)。符任之也集中创作合唱作品，如合唱与乐队作品《屈原》(1978)、《唐明皇与杨贵妃》(1982)、《香港组歌》(1983)、以及根据山西地方戏曲《哑姑泉》改编的中国歌剧《甜姑》（费明仪监制、主演，泛亚交响乐团伴奏，1978)。郭迪扬的声乐作品也多数完成于70年代中期，如《宋词三首》(1978)、《蛤蟆跳水》(1976)、《牧马歌》(1976)、《采花调》(1975)、《青春圆舞曲》(1975)、《郑和下西洋》（合唱与乐队)。陈能济的作品中为人熟知的要数他的合唱曲《兵车行》（杜甫词，初稿完成于1976年，1977年编合唱，1985年加配乐队)，他的艺术歌曲作品有1993年完成的《黄鹤楼》（崔颢）和《天净沙》（马致远)。但从总体上讲，在当时的声乐创作领域中，以此类作品创作数量最多、影响力最大、演出率最高的作曲家中，屈文中首屈一指。

要写好艺术歌曲，首先亦是要音乐（从旋律到伴奏）"神似"于诗词在情愫、气质、文采和趣妙等方面所表达的东西，使音乐和诗词的形象统一起来。不过，这还不够。艺术歌曲的写作，还要摄诗词之神髓、另予音乐之新貌，在用音乐展示诗词魅力的同时，更洋溢着作曲家自己丰富的想象力。这样的歌曲，才会是上佳之作[②]。

——屈文中

屈文中于1975年移居香港，于1992年2月25日在台北遽然去世。同许多内地移居的作曲家所创作的体裁一样，绝大部分作品也以器乐为主，其次是合唱。他的作品包括著名的《十面埋伏》(1976)、《帝女花幻想序曲》(1979) 和歌剧《西厢记》(1985)等。屈文中的合唱歌曲以《春天组歌》(1977)、《家乡的歌》以及《黄山·奇美的山》(1983)等最受欢迎。屈文中创作的艺术歌曲数量多且质量较高，也是最能代表其创作风格的音乐体裁。1976年完成的《李白诗组歌四首》：包括《白云歌送刘十六归山》《送友人》《春思》《行路难》，其中又以《白云歌送刘十六归山》最受欢迎。

在音乐实践中，世界各国的民间音乐、有代表性的古典音乐和许多近代音乐创作，都十分重视旋律在音乐中所占的地位和起到的作用。屈文中充分地意识到了这一点，对于他来讲，除去责任和兴趣之外，其诱惑便是对美的追求。因此在他笔下流淌出许多既有鲜明个性、又具美丽动人、令人过耳难忘的旋律，让雅、俗两方面的听众都能从中捕

---

① 选自施金波的《中国民歌五首》Op.11，其中《对花》被选为多届香港学校音乐节合唱比赛高级组指定曲目。

② 引自屈文中《音乐创作碎语12则》（之三)。

捉到各自感兴趣的审美信息并得到愉悦的满足。屈文中所创作的艺术歌曲以抒情旋律见长，并在此基础上探索旋律的民族风格和技巧性变化。

一、以抒情性旋律创作见长

屈文中的声乐作品随着诗歌的陈述，旋律为之增添意境，描摹勾画，细致入微。根据"诗情"与"乐意"的需要，这些旋律有的带有抒情性特征，有的运用民歌音调、戏曲音调，有的旋律带有朗诵性的特征，有的是更侧重于演唱者技巧性的展现等等，手段多样。

抒情风格的旋律是屈文中作品中最见长的一类。其中有很多都是表现对祖国、家乡、亲人的爱恋之情的作品。代表作有《哀思》《春思》《故乡有条清水河》《西江月》等。它们大多感情表现幅度变化较大，屈文中将它们创作成音乐语言线条细腻的抒情歌曲。风格有的十分朴素、有的带有夹叙夹抒的特点、有的则更富于激情，其共同特点是节奏方面处理自由，音乐宽广，旋律线条曲折起伏，乐句抒情悠长，揭示主人公心灵深处的真挚情感。

屈文中的《哀思》（黄莹作词）是一首悼歌。旋律带有抒情与叙事相结合的特点，深情朴素，优美动听，气息宽广。声乐的旋律在级进与小跳中以波浪式进行，在少数几处大跳时，旋律紧接其后作反向级进进行，以取得平衡。钢琴伴奏的低声部音域宽广，向上跳进的长琶音感情色彩深厚，体现了"哀思深重"。钢琴左手声部运用较低音区的琶音形式；而钢琴的旋律声部（右手部分）模仿声乐的旋律，以卡农形式展开。其后运用了八度的柱式和弦粗线条来"加强旋律"，以简洁、清新、深情、舒缓的织体增强了作品的抒情性。曲式为三段式结构，是运用变奏手法写成的通谱歌。段内结构是中国式"起、承、转、合"的逻辑结构因素。其运用了变奏手法编配伴奏，三段的演唱声部旋律相同，只是在钢琴伴奏织体方面有所变化。对比性材料的单二部曲式的前两句，用抒情性的旋律描绘借景生歌；第三句运用了2小节的宣叙调，道出世事的无常、故人的离去，节拍也由原来 $\frac{2}{4}$ 拍转成 $\frac{4}{4}$ 拍，律动变化增添了音乐的内在激情和情绪上的前后对比；三段中每段的结尾均反复吟唱"天堂啊路远，人间啊哀思深重，深重。"表现了人们对亡灵的频频惜别和声声祝福。

【谱例3-33】艺术歌曲《哀思》（黄莹词）

屈文中

1988年1月30日，台湾为其已故领导人蒋经国追思礼拜上演出《哀思》。蒋夫人决定采用此曲，追思礼拜当日，由台湾著名女高音歌唱家范宇文演唱，王守洁伴奏。事后蒋孝勇曾书信给王守洁女士（屈文中夫人）表示感谢。由于蒋家信仰基督教，此曲内容恰好用尽其意。

《春思》是屈文中选用《李白诗组歌四首》中唯一一首表现女性情怀的爱情诗。李白有相当数量的诗作描摹思妇的心理，《春思》是其中著名的一首。在我国古典诗歌中，"春"字往往语带双关。诗题"春思"的"春"就包含两层意义——它既指自然界的春天，又可以比喻青年男女之间的爱情。

诗作共6句，前2句写情景之"春"，后4句写情感之"思"；将内容、形式均分为两部分；在两部分的歌词反复，音乐内部扩充之后，其结构保持相对平衡。伴奏较激动。这是一首咏叹闺怨的女声独唱曲，曲调方面运用中国传统的五声宫调式，可以理解为感叹自身遭君王所弃，虽然也有可能又东山再起重获重用之日，但有感于年华逐渐老去，即使君王悔悟，又恐怕已经时不我待，所以有无尽幽恨渐渐浮出。李白当时写作了不少有关闺怨的诗，表面上好似描写闺中少妇思念良人，其实是李白借诗遣愁，寄情于诗。同样屈文中借此诗，一方面表现自己离开内地后，希望有朝一日回归故里，与亲人团聚的思念之情，另一方面也渗透了其在异乡"寄客"的伤感，同时又希冀重返故土、有所作为的愿望。

前奏10小节取材于"当君怀归日，是妾断肠时。春风不相识，何事入罗帷？"后4句诗的旋律。首句抑扬格进入"燕草如碧丝"一句，歌词与旋律的配搭方式为"一字多音"，旋律婉转起伏，好似在描写北地如丝的燕草随风俯仰妩媚非常。女高音以中强音量唱出，将百转千回的意境表达无余，并暗示"燕草"无心，可轻易随风舞动，毫无牵挂。"秦桑低绿枝"时值略有缩短，在"低"字之后旋律向下三、四度进行，描绘秦地的桑叶茂盛，将枝条压弯，形象生动。"低绿枝"三个字反复吟唱，从 $\frac{3}{4}$ 拍子变换为 $\frac{4}{4}$ 拍子，突出咏叹，更显忧郁。前两句在短短7小节内以不同情绪唱出（起时平和抒情，继而起伏激动），将燕、秦两地景物交错呈现在眼前，燕草的轻盈与秦桑的垂重呈现出强烈对比。但在弱声重复"低绿枝"乐句之后，情绪突然沸腾，在渐强的"啊"声中将旋律架高，将前两句歌词完整地在较高音位重复一次，表现出思绪沉重不堪负荷。但这次是全部使用强声表现，以表现层次及情绪的激昂，最后再用渐弱的三声"啊"将旋律及情绪压抑至中低音盘旋，表示激动过后情绪逐渐平静，尤其第三声"啊"长度尤甚，更加体现出无奈的心情。

【谱例3-34】艺术歌曲《春思》（李白诗）片段一

屈文中

间奏后，以幽怨音调充满感情地唱出"当君怀归日，是妾断肠时"，"断肠"让歌者及听众思绪融入万般无奈及幽思，也让人突然觉醒：原来燕草是指北部边地，征夫所在之处，而秦桑却是指思妇所在之地。难怪刚刚为燕草和秦桑而心情激动。突然"春风不相识"一句旋律上行，再娓娓地以低声渐弱问道："何事入罗帏？"来自我解嘲。本句停留在属和弦上，和声半终止之后，仍然使人流连于突强转弱的感情转折中，反复不断地再现绵延无尽的闺怨。"当君怀归日，是妾断肠时"再次出现时，音乐情绪更加激动。节拍的变化处理及节奏上切分音、长音连接及节奏弱处理都用得十分精巧、娴熟。"春风不相识，何事入罗帏"歌词，将整段乐曲的高潮再次表现，其中"识"字，以八度大跳后，用模进形式，7拍半的时值将它由强转弱，并作渐慢处理，音乐中淋漓尽致的表现主人公的肝肠寸断，悲伤与无奈。进入结尾处，此时歌者在情感上刚刚才经历过一次次的起伏，已经十分疲惫，再也无力宣泄，于是娓娓唱出"何事入罗帏"，在"罗"字上方的延长记号处理后，演绎出层层迭迭的"罗帏"音乐形象，也表达出主人公思绪繁复的复杂心情。

【谱例3-35】艺术歌曲《春思》（李白诗）片段二

屈文中

二、探索旋律的民族风格

屈文中的艺术歌曲音调来源很丰富，他经常从民歌、戏曲中借鉴旋律，从而丰富了诗的内涵。

《故乡有条清水河》的曲调接近于四川民歌的音调。这是一首赞美家乡的抒情诗，表达了游子对家乡的思念，向往有朝一日回到家乡与亲人重逢。这首歌曲深情舒缓，颇有乡土气息，音乐自始至终保持了富有民族韵味的特色。

【谱例3-36】艺术歌曲《故乡有条清水河》（佚名词）

屈文中

其中有两点突出之处在于：

1. 歌曲的旋律线条，连绵起伏，上下波浪进行。如谱例中"故乡有条""波连波""多少哟""相思"几处的"锯齿型"旋律线。调式上运用五声性为基础的六声音阶（加变宫），采用了羽、角调式结合。这两个调式都具有小调性质，羽调式善于表现优美、抒情、伤感风格；角调式则适于表现开朗、乐观的情绪。始于羽调式，结束在角调式，此旋律进行传达了情感上的一定变化。另外，在唱词结尾处加入带有四川民歌风味的衬词"哟"字，给旋律增加了自由、悠长的特点，使音乐风格统一，民歌风味浓郁。在加入了衬词"波""河"两个字之后，就显得不那么平直，而体现出山歌的特点，如果将此衬词去掉，音乐就显得苍白而逊色了。

2. 歌曲的节奏安排有疏有密，疏密结合有序。$\frac{4}{4}$拍"字少腔多"的抒情女高音独唱，从平稳的扬抑格开始，中间加入$\frac{2}{4}$拍的一小节律动变化，增加了音乐起伏的弹性，节奏处理得较自由，形成有失均衡的5小节的乐句。句尾与句头"藕断丝连"，高低相继构成同头变尾的复乐段，结构较方整的4乐句。如谱例中所示，其中包含了不同节奏的组合——有切分音、附点节奏、跨小节的长音，而每个字的行腔、用音时值又长短不一：半拍一音、一拍一音、一拍半一音、三拍一音的情况都有。

在《白云歌送刘十六归山》中，屈文中运用了带有中国戏曲风格的音调，将古诗的内容与音乐的形式统一结合。这首诗是李白于唐玄宗天宝初年，在长安送刘十六归隐湖南所作。该诗8句42字，引人之处在于真情扑人。李白送刘十六归隐，是饱含着自己的感情的，甚至不妨说，是借刘十六的酒杯浇自己的块垒。因为其中不少词语的重沓咏歌，便觉得声韵流转，情怀摇漾，含意深厚，意境超远，应当说是歌行中的上品。

【谱例3-37】合唱作品《白云歌送刘十六归山》（李白诗）

屈文中

屈文中的音乐将该诗作分成两个部分（第一部分：第1句；第二部分：2—8句）来处理。可见屈文中在第一部作了重彩渲染，即着重描绘"楚山秦山皆白云"这一句。唱段起始句的旋律近似于戏曲的散板拖腔。"楚山""秦山"两处，各占两小节，旋律较舒展，节奏比较宽，每个词都是一字占$\frac{4}{4}$拍子整小节，一板三眼，细腻水磨，一字数转地吟唱4拍；两个"山"字各占用小节的第一拍，之后唱腔休止，这时伴奏旋律以八度粗线条的加强旋律铿锵地奏出类似戏曲唱段间的过门。浓郁的戏曲音调，类似于散板拖腔，体现一种复古风格，表达了古诗的意境。旋律虽疏缓，但字字抑扬顿挫，铿锵有力，音乐十分具有感染力。在"楚""秦""皆白云"几个字充分自由吟唱之下，将听者带进白云环绕的山中。

这首歌的旋律选用戏曲音调的表现途径，极为别致。诗中紧紧抓住白云这一形象，展开情怀的抒发。"白云"向来是和"隐者"联系在一起的。白云自由不羁，高雅脱俗，洁白无瑕，是隐者品格很贴切的象征。

三、花腔式演唱技巧探索

"花腔"作为声乐艺术的一个重要品种，一直受到人们的喜爱。运用花腔技巧性旋律写作的独唱歌曲，在中国现代音乐发展过程中数量并不多。

在20世纪50年代初，作曲家李群曾尝试创作了一首《喜鹊飞来叫喳渣》，之后"文革"前后几乎经历了整整20年，再没有作曲家在这方面继续做出类似的努力。直至20世纪70年代末，花腔艺术在我国的音乐"百花园"中又重新绽放花蕾。当时我国侧重创作花腔歌曲的作曲家以尚德义最为突出，代表作有《千年的铁树开了花》《科学的春天来到了》《有个同志最爱笑》等，人民音乐出版社曾出版过他的花腔歌曲选集，在我国音乐出版史上具有积极意义。除此之外，此类题材的创作则比较少见。就在此时，屈文中在香港专门为女高音创作了花腔作品《春神》。作品一经问世，就获得了良好的社会反响，被声乐家们经常演唱，同时也被选入香港音乐院校（包括内地）的教材。该作品是一首格调轻快，旋律和节奏清脆悦耳，活泼、热情奔放的花腔女高音独唱曲，和他其他歌曲中那股苍劲的风格截然不同。它是一首正义战胜邪恶的颂歌，是对未来充满向往的心曲，具有强烈的艺术感染力。

歌曲《春神》描绘出寒冷的冬天已去，"春神"悄然而至，"雪山""冰河"为之动容，春回大地、万象更新的景象。复三部曲式的第一部分里，悠长的乐句之间用短小轻快的花腔连接，将音乐画面渐渐展开，刻画出"春神将临"的喜悦。

【谱例3-38】艺术歌曲《春神》（许建吾词）片段一

屈文中

在第二部分中，人们在"细瞧""细听"之间，植物（枯枝、香花）与动物（紫燕、黄莺）都在"春神"的抚慰下显现盎然生机。乐句之间仍然使用较短的花腔语句连接，该段以曲调清新、欢快见长。

【谱例3-39】艺术歌曲《春神》（许建吾词）片段二

屈文中

第三部分的开始处，音乐性格变得抒情悠长，与前面乐句的欢快、短促形成对比。中间段落用"啊"声构成了大段独立的花腔华彩乐段，充分发挥了花腔的艺术技巧，展现出了一种春光明媚的境界。"春神叫大地苏醒，春神叫万象更新，"象江河奔腾，急速流过。在接连三次"万象更新"的重复乐句之后，音乐情感一浪高过一浪。最后在花腔衬托下的结尾，激动人心，扣人心弦，唱出了我国改革春风送暖，万象更新的美好前景。同时也寓意于经历了"文革"的严冬后，对"新时期的春天"到来，所产生的欢乐和激动情绪。

【谱例3-40】艺术歌曲《春神》（许建吾词）片段三

屈文中

屈文中创作的《春神》是他花腔作品中的杰出代表。它篇幅较长、音域较宽，钢琴伴奏织体丰富，对演唱者演唱的技巧方面也同时提出一定的要求。

首先对于演唱者来说，花腔女高音是人声中能唱得最高的一类，具有音质清亮、纤细的特点。在该作品中，需演唱出轻盈、灵便、快速的乐句，对于断音、连音、颤音、八度的大跳等的处理，需干净清晰，应用自如，从而生动地刻画"春神"将临，万物复苏、欢腾、喜悦的场景。

花腔女高音在高声区的连续顿音跳进的旋律，是花腔女高音的专长，在该作品中有多处运用。

【谱例3-41】艺术歌曲《春神》（许建吾词）"跳进顿音"片段

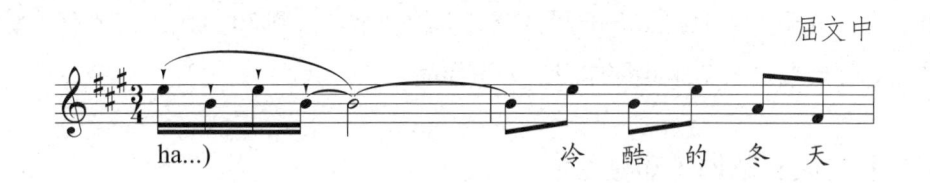

【谱例3-42】艺术歌曲《春神》（许建吾词）"同音重复顿音"片段

【谱例3-43】艺术歌曲《春神》（许建吾词）"琶音式曲调进行"片段

同时，屈文中考虑到花腔女高音最好的音域是在$e^2—d^3$，因此在该作品当中，旋律线经常在这个范围出现，充分发挥了花腔女高音的清亮、纤柔的音色。

从实际出发，花腔作品之所以数量不多的原因——其一是因为这一类的声乐演唱者数量并不多；其二写出来的作品虽运用了花腔的形式，但如果与所要表现的音乐内容不符，则不一定能收到预期的演唱效果。然而，《春神》却将花腔的技巧形式与音乐内容达成了较完美的统一，使音乐形象更加生动逼真，具有非常好的演出效果。

另外，屈文中还创作了另一首花腔作品——《雪花的快乐》，这是近代著名诗人徐志摩在1924年创作的新诗。篇幅较长，旋律华丽、音域宽广、音程大跳、音阶上行下行或波浪式进行、各式各样的顿音和变化音的运用在这首作品当中都有体现。无论对于演唱者还是钢琴伴奏，都能充分施展各自的表现力。

第三节　歌、舞、音乐剧代表作曲家：符任之、郭迪扬、陈能济

一直以来，较为大型、综合性的音乐舞台艺术——歌、舞、音乐剧体裁的创作在香港始终无人问津。1972年，最初由作曲家林声翕为其师黄自的清唱剧《长恨歌》补写了第四、七、九乐章，但此举并非严格意义上的创举。直到70年代末，才有"新移民"内地作曲家开始在香港创作此种体裁的大型作品。

一、符任之：歌剧《甜姑》

【图片3-1】声乐家费明仪女士扮演歌剧《甜姑》女主角定妆照

四幕中国神话歌剧《甜姑》是香港创作、演出的第一部国语歌剧作品。该剧由符任之作曲，在其移居香港的第二年得到声乐家费明仪女士等人的委约，于次年1978年3月28日在香港大会堂音乐厅首演。作曲家采用了山西民间音调，如山西民歌、山西梆子以及其他民间音乐作为歌剧音乐的基础。由香港城市交响乐团、林祥园学生合唱团及国乐小组等联合演出。剧情是根据内地20世纪50年代末诞生的四幕歌舞剧《哑姑泉》①的情节改编而成的。故事发生在中国山西遥远的古代，山明水秀的环池边，人们辛勤地劳动着。男的锄田、晒盐；女的种桑、养蚕、织布，过着安乐的生活。但是平静的生活起了风波，环池来了刺牛怪。它刮起了漫天的妖风，它断绝了环池的水源，幸福的生活被破坏了。为了生活，人们要

---

① 四幕歌舞剧《哑姑泉》由张万一、张沛编剧，张沛、张文秀、张秉衡作曲。1959年于山西首演，山西人民出版社1960年出版。

翻山越岭到百里外,把水背回环池。剧情歌颂了美丽善良的甜姑和纯朴勇敢的青年艾林,为了村民们的利益,机智勇敢地和魔王牛怪们斗争,最后取得胜利。

除歌剧《甜姑》以外,符任之于1982年又创作了大型歌舞剧《霓裳羽衣曲》,讲述了唐明皇与杨贵妃的缠绵悱恻的爱情悲剧。这是符任之移居香港后,首先在歌剧、舞剧舞台音乐方面所作出的成绩。

二、郭迪扬:民族舞剧《石头姑娘》

香港第一部大型民族舞剧《石头姑娘》于1978年由郭迪扬创作完成。该舞剧是为香港国际艺术节而作,由香港试验歌舞团演出,泛亚交响乐团演奏,香港儿童合唱团演唱,由叶惠康、郭迪扬指挥。全剧分为6场,故事根据山西民间神化改编而成,讲述了一位叫兰花的的姑娘生活在青山绿水的村庄,过着勤劳安乐的生活。不幸顷刻而至,可恶的怪兽秃鹰霸占了泉水——泉水干涸、树木枯萎,民不聊生。兰花姑娘不畏牺牲,挺身而出,历尽千辛万苦,最终用金针挑开泉眼。然而当泉水源源涌出时,英勇的兰花姑娘却被怪兽施魔法变成了石头。村民们从此又过上安宁、幸福的生活,生生不息地传唱着赞美石头姑娘的歌。该舞剧的音乐充满中国民族、民间风格,为香港舞剧音乐发展填补了空白。在舞剧音乐版本的的基础上,作曲家郭迪扬后来将其改编成《民族舞剧〈石头姑娘〉组曲》八段独立的乐曲。

此后,郭迪扬又创作了中国民族舞剧《黎族风情画》(1981)的音乐,舞剧音乐《金达莱》(1990),舞蹈诗《龙情5000》(2000)、《丝路流金》(2003)等作品。综观郭迪扬移居香港后的音乐创作,他在民族管弦乐创作和舞剧音乐创作方面作出了勤奋的努力。

三、陈能济:音乐剧《城寨风情》①《六朝爱传奇》等

陈能济1993年从台湾再度回到香港工作,至2003年10年间,共创作了五部歌剧与音乐剧作品。

《城寨风情》是1994年由香港话剧团、香港中乐团、香港舞蹈团联合制作的大型音乐剧。该剧由杜国威编剧,陈能济应香港中乐团委约为该剧作曲。故事讲述香港九龙城寨中曾姓、金姓两户人家六代人的悲欢离合,反映了香港社会在150年间的兴衰变迁。

香港的20世纪50、60年代电台广播、影视作品中的配乐,多是从现成的西方或中国音乐唱片的录音中选取适合的片段充当。至70年代初才有顾嘉辉创作的音乐剧《白

---

① 香港中乐团1994年首演,石信之指挥香港中乐团演出,至1997年上演30余场。原音乐剧长约2小时,音乐版长度为27'31''。

【图片3-2】1994年10月21日—11月12日香港第十五届亚洲艺术节期间,音乐剧《城寨风情》首演节目单

娘娘》、80年代初的《白蛇传》,随后渐成气候,到了90年代后期,《剑雪浮生》就有连演100场全满的纪录。

陈能济笔下的《城寨风情》是香港少有的以民族音乐风格写成的香港音乐剧。在香港中乐团的伴奏下,音乐风格和乐器的音响效果,配合粤语演唱,以百老汇歌舞剧形式演出,令人耳目一新。陈能济直言在创作上受到很多因素影响:音乐与故事内容的配合、演唱者的歌唱技巧和音域、演出时间的长短等。虽然如此,乐曲仍富有陈能济的音乐风格,显示作曲家对于音色、调性、和声、节奏和结构的追求,在配合了故事内容以外,同时能够发挥民族管弦乐团的特色。此音乐剧是1994年10月第十五届亚洲艺术节的揭幕节目,并在1996、1997年重演两次,深受观众欢迎。

《城寨风情》选取的题材和主题充满本地色彩。首先,"九龙城寨"①是全中国独一无二的地方,本身就是一个典型。剧中写了清官一家,写了邪恶的海盗,写了两家数代的男欢女爱,故事浓缩了香港近5个世纪以来的沧桑史,这个地方有被侵略、有抗争、有勤奋的民众。由于社会的现代化转型,后来出现腐朽、堕落、纸醉金迷的风气。故事以九龙城寨为背景,由清道光年间筑城墙展开,发展到1993年居民面临迁徙为终,透过数代居民的悲欢离合,是非恩怨,反映出城寨这小地方实乃香港社会的缩影。九龙城寨于1993年拆除,代表新香港的开始,而城寨的过往也都将化成历史的回忆,岁月的痕迹。

《城寨风情》的音乐部分约80分钟,中乐团选取最具代表性的部分,其中包括:《城寨之歌》《三寸金莲》《月荷之歌》《海盗之歌》和《何处觅真心》,录制成纯音乐版

---

① 九龙城寨是香港殖民统治时代位于今九龙城区的一座围城,属于香港历史城区。1898年,英国强迫清政府签订《展拓香港界址专条》割让条约时,声明"九龙城寨"这一块位于香港境内的土地仍属于中国,但中国政府也不想深入此"界中之界"进行干预、或是被当成挑衅的行为,渐渐地就成为无政府的贼窝。许多在香港犯了法的人就逃到这里,然后落地生根,又因这里无法可管,进而贩毒、走私、杀人、抢劫的乱事不断。为了根治这个乱源,英国政府在香港回归前,特别颁布拆迁的赔偿法案,彻底消除这个没有法理之地,并在现址盖起九龙城寨公园。

本的激光唱片。

《城寨之歌》是贯穿全剧的主题音乐。人们唱着劳动的号子，建筑城墙："山穷将山扩，狮山有金光，水尽碧海之滨建天堂"（见谱例3-47）。气势恢宏，有序曲的感觉，像是叙述感人故事的开端。

【谱例3-44】音乐剧《城寨风情》主题曲《城寨之歌》片段

陈能济

《三寸金莲》是关于曾妻及其侍女月好的二重唱，道出旧时妇女的命运及遭遇，调子轻快有趣，又充满了无奈的感觉。

《月荷之歌》：描述剧中朗日与荷花、金胜与月好两对主要人物的爱情主题曲。音乐缠绵、深情，婉转动听，尽诉两对情人对现实与未来的热切期望。

《海盗之歌》：描述海盗十五仔的音乐，粗犷狂野，强烈变化的节奏写出了海盗的凶残气焰（见谱例3-45）。

【谱例3-45】音乐剧《城寨风情》插曲《海盗之歌》片段

陈能济

《何处觅真心》一段描写了曾家后代明仔与舞女Cindy爱情故事的音乐。纯情的明仔在舞场与舞女Cindy相遇,并将她救出火坑,重燃生命的希望。此段音乐有舞场音乐的靡靡之音,Cindy内心充满的怨恨及期待,亦有明仔对未来的无限憧憬,幻境中只见明仔与Cindy跳起了《星星之舞》。这段音乐应用了中音加键管模仿萨克斯,并在音乐中加入了架子鼓,表现舞场的音乐氛围。靡靡之音中透出一种无奈、悲愤和虽抗争又难以摆脱的感觉。反映了男女主人公痛苦的爱情经历和现实的残酷。

《窈窕淑女》是陈能济于1997年为香港春天制作公司创作的音乐歌舞喜剧。原著为萧伯纳的Pygmalion[①],监制高志森等人将故事情节改为20世纪30年代的香港,故事讲述了语言学家把满口乡音的街头卖花女改造成为高贵的淑女,其过程波折重重、妙趣横生。全剧用粤语对白和演唱,陈能济在创作该音乐歌舞喜剧时,除创作部分唱段,还融入了许多香港人耳熟能详的中外歌曲、民间小调穿插于人物描写及故事情节中,亲切又有趣。

2000年香港中乐团制作了粤剧舞乐《九天玄女》,陈能济又接受委约为该剧作曲。《九天玄女》在原创的名曲名腔方面也有新的处理和发挥,由陈能济作曲及编曲,何应丰任导演、剧本改编及舞台美术指导。剧评家石琪对该剧有如下评语:"这是一次打破常规的试验,把中乐、粤剧、舞剧和新派剧场结合起来,有些古怪,有些朦胧,是尝试性质的,并非完整统一的作品。但无疑有创意,音乐出色……"这对陈能济来说是一次难度极高的挑战,也是一次难得的宝贵经验。将70多人的中乐团乐队放在台上,而不是在乐池中的舞台设计,从演出的呈现效果上看,也是一种大胆尝试。

粤剧舞乐《九天玄女》,邀请粤剧红伶盖鸣晖、吴美英合作,在中乐团80多人全乐队的演奏下,与舞蹈员载歌载舞,把音乐化成歌与舞,演绎一段精致粤剧的感人故事。这一出独幕的歌舞剧浓缩精炼,着

【图片3-3】2000年3月31—4月1日,"粤剧舞乐《九天玄女》与粤乐"首演节目单

---

① 中文译名《卖花女》或《皮格马利翁》。

重重新诠释与解读执着的精神，让玄女（冷霜婵）和艾敬郎这一段难以分解，难以"分辨"的"人情""世情"与"爱情"重新体验，并让这段真挚的情感得到更超凡的解决——"霜婵"的外壳褪去了，玄女重归"太上"，艾敬郎再度上路。结局虽然有别于粤剧的"仙侣团圆"，但一场轰轰烈烈的挚情挚爱却可以永存人间，显现更深邃的精神和意趣。

2001年香港中乐团为配合当年举办的中国传奇节，制作了音乐剧《六朝爱传奇》。故事描述了古代深山中的一只修炼千年，立志为人而苦心求学的斑狐，甘冒人心险恶，弃爱侣桦树仙，前去拜会博学多才的人间高官张司空比试学问，斑狐才华卓绝，屡占上风，张司空深感失去脸面，复用官职、黄金、美色引诱，斑狐都不为所动。情急之下法师唆使张司空将斑狐关起来，再派人前往深山寻找千年古树，用此千年古木火烧，逼斑狐现形。烈焰中，斑狐猛然觉醒，焚烧自己的千年古木竟是朝夕相处的爱侣桦树仙……剧中人物性格变化、极富戏剧性冲突与张力，是一部较好的音乐剧体裁，为陈能济的音乐创作提供了较大的创作空间。同《九天玄女》一样，乐队与表演区都在舞台上，另外指挥也担当了剧中的角色。

2003年，陈能济创作了大型三幕原创歌剧《瑶姬传奇》在香港文化中心作世界首演，由台湾导演王斯本监制。本次演出同时也为"香港中国传奇艺术节"揭开了序幕。该剧倾力向普罗大众宣扬中华文化，以神话故事和传奇人物为经纬。该歌剧上演后，深受海内外喜爱音乐与戏剧的观众瞩目，带给了香港观众耳目一新的视觉体验，被媒体赞誉为"大放异彩"的国

【图片3-4】2001年11月9—10日音乐剧《六朝爱传奇》首演节目单

【图片3-5】2003年10月16日—19日，歌剧《瑶姬传奇》在香港康乐及文化事务署主办的"中国传奇"艺术节上首演的节目单

际巨制。

《瑶姬传奇》属于原创故事,取题自"大禹治水"这古代神话、民间传奇,还有巫山神女峰来历的传说。故事讲述了西王母之女"瑶姬仙女"仗义相助凡间男子"大禹"取得息壤治水,并因而爱上大禹。受天帝之命惩罚人类而掀起洪水的海龙王,心怀野心,在势力扩张之后,求娶瑶姬,希望藉此取得天神血胤,以便取天帝而代之。瑶姬为成就大禹治水大业而甘愿自我牺牲,这天上人间动人的浪漫爱情,交织着人类跟大自然对抗的勇气和决心。故事背景为公元前21世纪的中国,故事中的自我牺牲精神触动人心,正当大禹歌颂瑶姬为人类福祉作出巨大贡献时,瑶姬舍身慢慢化成神女石,亦从一个天真烂漫的小仙子,逐渐蜕变为具有"大地之母"情怀的人间守护神。大禹跟洪水搏斗了13年后最终取得胜利,他的事迹被千古传颂。

陈能济再次获得为该歌剧作曲的委约机会,汇集内地、香港、台湾三地华人艺术精英及香港小交响乐团、中国歌剧舞剧院携手于2004年台湾演出。《瑶姬传奇》比较接近传统的西方歌剧,戏剧性较强,具备所需要的多重元素,包括咏叹调、宣叙调、二重唱、三重唱、四重唱、群众场面的大合唱、乐队的前奏曲、幕间曲等。但音乐的素材及风格完全是东方的、中国的模式。

《瑶姬传奇》的一大特点是把中西文化在音乐作品上进行融合,该剧于香港文化中心大剧院隆重登场,确是在香港地区内为宣扬中华文化的一大盛事。

在内地作曲家们的多年努力之下,香港本地的歌、舞、音乐剧的创作有了长足进展。除上述作品以外,象林声翕创作的歌剧《易水送别》(1982)、屈文中创作的歌剧《西厢记》(1985)都是较为知名的创作。近年来,香港每年的艺术节均上演国际一流的歌剧、音乐剧目。目前香港已诞生出许多优秀音乐剧作品,例如钟志荣作曲的《边城》(2001)、高世章作曲的《白蛇新传》(2006)、何俊杰作曲的《时间列车》(2003)等,还有不少用流行音乐的形式制作的大型音乐歌舞剧,例如顾嘉辉作曲的大型原创音乐剧《酸酸甜甜香港地》(2003)、杜国威编剧的《丽花皇宫》(2003)、张学友的《雪狼湖》(2005)等。

小　结

在20世纪70—80年代移居香港的内地作曲家当中,大都受到过内地音乐学府的专业作曲技法训练。基于20世纪50年代以来,内地院校作曲界对苏联和中国民族、民间两方面的音乐创作技法的研习,中央音乐学院、上海音乐学院等内地专业音乐院校的毕业生们自然也继承了这些创作传统，移居香港后，其创作技法依然保持着具有群体代表性的"内地作曲家"风格。这批作曲家特别继承了内地50、60年代"重视民族音乐研究"的创作特征。他们通常以丰富多彩的民歌、戏曲及民族器乐曲调作为作品的音乐主题，同时做具有创造性的处理，写出各类声乐、器乐体裁的作品。在这一阶段里，内地新移民作曲家们在香港创作大量的器乐作品，特别是中乐作品，使得香港的音乐创作从声乐到器乐体裁领域全面走向繁荣。

与内地"文革"时期相比，一度被冷冻、被视为"封资修"的民族民间音乐，在香港则因其民族性而得到宣扬。香港为内地作曲家们提供了施展才华的平台和空间，他们的作品在香港能够得到许多演出机会，他们用音乐作品来传达被阻隔了多年之后而来自祖国的声音。70年代以来，"移居香港的内地作曲家"们作为香港的新移民，以他们各自具有特性和共性的中国"民族化"创作风格，开拓了香港人的"寻根"情怀。用相对高水平的专业音乐作品开启那些很早就居住在香港的人们对于"中国内地"欲拒还迎，既疏远又亲近的微妙感觉。

黄金期移居香港的内地作曲家们早期中乐作品多以传统民歌风格写成，容易引起共鸣，例如卢亮辉的《禅院行》、郭迪扬的《郑和下西洋》、郭亨基的《大理风光》、符任之的《新疆情调》、关圣佑的《祭神》等。这些乐曲旋律简明，和声清晰，配器纯熟，非常容易获得听众的接受。吴大江的中乐作品《缘》可谓香港现代中乐的始祖，其大胆在中乐创作技法上的创新令人耳目一新；关迺忠的中乐创作在配器方面可谓天衣无缝，他能做到将民族乐器的棱角完全隐藏，充分展示中乐交响化的音响效果，在同辈作曲家中无人能出其之右；陈能济的风格亦具有中西兼修的特点，路线务实。他们对中国乐器认识透彻，作品手法深入浅出，既现代又不大夸张，是香港中乐发展主流的带动者。

在艺术歌曲创作方面，屈文中是黄金期里从事该体裁创作的杰出代表，其作品风格细腻、情感真挚，具有旋律美的特点。另外，这一时期的合唱代表作有屈文中的《黄山·奇美的山》、符任之的《香港组歌》、陈能济的《兵车行》等，都是较为成熟的创作。

在钢琴、室内乐创作方面，符任之的钢琴曲《新疆情调》、陈能济的钢琴代表作《赤壁怀古》均得到广泛的演出和良好的听觉效果，特别是后一曲《赤壁怀古》更在1994年荣获香港作曲家及作词家协会颁发的最广泛演出奖。前一曲风格和创作手法较为传统，和声具有民族化特点；后一首则风格比较现代，在用音响对古诗词意境的表现上，则带有印象主义的特征。另外，还有屈文中也在不断尝试创作一批标题和无标题的钢琴与室内乐作品，风格与技法以浪漫派和印象派的特征居多。

在香港的歌剧、舞剧音乐创作方面，符任之与郭迪扬迈出了此类体裁创作的第一步。其后林声翕、屈文中、陈能济也加入其中进行创作。他们的创作多以中国民间传说、经典文学历史为题材，和声方面较为传统，旋律亦多以民歌、戏曲为素材。

在一定时期里，"内地作曲家"们的作品往往比香港本土作曲家技高一筹，因为他们更加具有民族化的特点，作品严肃、专业，更关心社会现实。他们除了保持原有的创作风格以外，还在香港这一创作新环境之下，开始创作一些反映香港社会生活，反映香港人心愿的作品。他们对声乐作品体裁尤其熟悉，在艺术歌曲、合唱、歌剧、舞剧以及中西管弦乐创作方面，为香港音乐创作的发展起了重要的推动作用。20世纪70—80年代以来，在这群移居香港的内地作曲家共同探索和努力下，在香港本土还没有出现众多自行培养的作曲家的时候，他们打造出了香港音乐发展的黄金阶段。

结　语

　　香港被誉为"东方明珠",一直以来都受到国人的瞩目。自1841年英国对香港实施殖民统治后,呈现出众多殖民色彩的痕迹:官方语言为英语和汉语(粤语),政治权力高度集中,立法议会长期封闭,西方(尤其英国)财团利益受保护,基层政治组织受压制。但与其他殖民地不同的是,香港很早就被港英政府塑造成一个中国南部的"经济窗口",她的营商环境、通讯航运设施、法律制度,甚至教育配套,在过去的百余年里逐步确立,在二战后发展较为迅速。这段殖民统治的经验令香港社会有着特殊性:政治淡漠,经济发达;文化上,一方面因循传统,另一方面又面向全球,大多数人希望留学海外向西方学习。

　　香港社会以华人为主体,港英政府在政治上采取不直接干预华人社会的"间接"统治政策,使香港游离于中国的政治变动中心之外,曾经一度成为内地政治与文化运动回避者们追求自由的理想栖息地,这是香港多次吸引内地音乐家们大规模南下的主要原因。香港民众对"政治中国"抗拒,但对"文化中国"却有细水长流的认同。这种认同,即使在内地政治运动最频繁的阶段,伴随南下定居香港的文化人的艺术活动也从未间断过。

　　1949年中华人民共和国成立之后,香港的社会、经济和文化结构开始蜕变,从那时起,随着经济的发展,音乐教育、创作和演出活动也经历了深刻的变化——从内地来港的音乐家是20世纪50年代香港音乐界的主角,他们积极从事教学、创作、演出,不仅使平静的音乐圈子热闹起来,还培养造就了一批音乐人才。60年代,从外国留学返港的各类音乐专业人士加入这个行列,使香港的音乐队伍日益壮大。70年代,香港经济开始迅速发展,文化生活也较前期丰富,各种演奏厅、乐队、合唱团和教育机构纷纷建立,形成一个较为全面的音乐教育、演艺架构。80年代是香港音乐界与中国内地、台湾和世界各地进行广泛交流的年代,这些交流对香港的音乐创作和演艺有着深远的影响,以上各个时期都有内地作曲家参与其中,并占有重要地位,发挥了积极作用。

一、"移居香港的内地作曲家"对香港音乐文化发展的贡献

在英国的殖民统治下,香港政府长久以来并不重视音乐文化的普及和推广活动,专业音乐教育起步也较晚。但伴随着内地作曲家迁移而在香港所产生的新移民文化,对于20世纪30年代至80年代香港地区的音乐文化建设,则具有不可忽视的意义。

新移民文化对于香港当地来说,一直以来都是一种创新的文化。由于长久以来两地间的阻隔,使得内地新移民作曲家们承载了不同于香港本地的音乐风格,在香港音乐生活中成为非常活跃的组成部分。因此内地众多新移民作曲家所带来的音乐,就使得香港专业音乐创作从无到有,并逐渐走向多元化。与此同时,伴随着几代内地作曲家不同体裁类型的创作发展,也加速了香港音乐发展的历史进程。

香港这一广东南隅,由于内地战乱与变局,曾汇聚了五湖四海的文化人,而且交织着各种关系。然而曾几何时,转眼不过是五六十年,这个地区的文化已经与内地母体变得十分疏离,可见文化的转型与断裂,要比血缘断绝要容易得多,快得多。在"改革开放"以前,内地专业作曲家所创作的中国风味浓郁的作品,由于环境的阻隔,在香港几乎是听不到的,因此曾经一度出现知音难觅的局面。反之,香港人是不能自由地在内地出入的,大多数在香港长大的年轻人都从未踏足中国内地,又怎能将源自祖国母体的声音觅为知音呢?几代内地作曲家们到港后,带来了对于当时港人来说是既陌生又亲切的乡土之音,他们恰恰用音乐维系了这种血脉的畅通。

(一)为香港带来以中国人为对象、以中国文化为主的民族风格作品,从而维系了港人对祖国的记忆与情感。

20世纪40年代以前,香港的音乐文化分为明显的两极——本地人以欣赏粤剧、粤乐为主,西洋人有自己的音乐生活,他们以宗教音乐和西乐为主。总体来讲,在学校里,中国近代的历史和发展,往往被简略处理。在20世纪50年代之前,香港学校音乐教育是"全盘英化"的,具有明显的殖民性质。学校采用英国教材,演唱英文歌曲,学习西方乐器,中国民族音乐则被忽略。西方音乐以强势文化的姿态,居高临下,傲视、漠视中国传统音乐。然而,伴随着内地作曲家们的移居,他们将被赋予"五四精神""抗日民族精神"等"新音乐"作品带到了香港,特别是带来了具有乡土气息浓郁的中国民族风格的作品——

"他们创作了许多乡土气很浓的作品。这些味道是当时香港本土的作曲家所做不到的。比如说新疆的题材,如果没有他们写一些《新疆情调》,你知道要到多少年以后我们这些香港人才知道有新疆这个地方,才知道新疆是怎么样的?符任之先生当年写那个《新

疆情调》，我们很奇怪这些'维吾尔'的东西，因为我们从来没有听到过这些音阶。为什么没有？因为在80年代以前你根本不知道这些地方存在，从来没去过。现在可以在内地自由行，而那个时候不行。他们当时写新疆的、内蒙的，而我们根本不知道这些地方是什么样的。所以他们把乡土的东西带到香港，这一点很有意义……"①

的确，对于那些阔别祖国已久和在香港本土出生、成长起来的香港人来说，当他们对祖国内地的记忆已经开始模糊，甚至根本没有印象的情况之下，内地作曲家们的中国音乐风格的作品可以唤起他们对祖国内地的记忆和思考。与祖国长长维系的"血脉"就由这些内地作曲家们笔下的一首首生动、鲜活的中国音乐作品来延续下来，因此这些为香港带来以中国人为对象、以中国文化为主的乡土气息浓郁的"中国情结"的音乐作品就显得意义非比寻常。

1. 怀乡情结

移居香港的内地作曲家们都经历了"离乡""怀乡"的心路历程。因为该题材的作品是长久以来，作为"中国人"情感维系的纽带。伴随着政情的变化：由特定情况下的政治运动频繁的中国内地，移居到被英国殖民的香港，"九七"之后香港又回归祖国，作曲家们经历了或即将经历的许许多多的中国历史变迁，他们在文化的夹缝中坚持着，他们执着于深刻思想内涵的创作，这种深刻源于他们离乡背井的经历，这种强烈的思乡、眷恋故土的情怀，也恰恰激发了他们很多创作灵感。例如从老一辈作曲家林声翕的声乐作品《白云故乡》《中华颂歌》，到后来的施金波的《我美丽的故乡》，直至年轻一辈的屈文中的《故乡有条清水河》《我爱这土地》《送友人》；黄友棣的钢琴作品《家乡组曲》；陈能济管弦乐作品《故都风情》等，均反映了作曲家们的怀乡情节。

2. 民族情结

"少数民族"风土人情的作品同样也是许多内地作曲家们在香港创作的题材之一。中国自古以来就是一个统一的多民族国家。中华人民共和国成立后，通过识别并经中央政府确认的民族共有56个。由于汉族以外的55个民族相对汉族人口较少，习惯上被称为"少数民族"。中国少数民族地区地域辽阔，资源丰富。截至1997年，民族自治地方总面积达616.29万平方公里，占全国总面积的64.2%。少数民族人群大都能歌善舞，丰富的、富于民族特色，异域风情的音乐旋律、节奏一直以来都启发了许许多多中国作曲家的想象力。如符任之的钢琴曲《新疆情调》、郭迪扬的民族舞剧音乐《黎族风情画》、关迺忠的管弦乐作品《云南风情》《拉萨行》《台湾风情》；卢亮辉的中乐作品《彝族酒歌》等，都是歌颂我们中华民族这个大家庭的优秀作品。这些少数民族风格的音乐会吸

---

① 2009年3月20日，笔者于香港大学进修学院访问陈永华教授时的口述录音整理。

引许多身居香港的中国人去加深对祖国大家庭各民族地区风土人情的了解。

3. 传统信仰

道教、佛教与神秘哲学从古至今都是中国社会人文生活极为重要的一环，在民族众多、幅员辽阔的中国大地，从上古时代起就充斥着形形色色、丰富多彩的祭祀、崇拜的人类精神层面的活动。中国的56个民族，各有不同的宗教信仰及传统习俗，宗教与哲学观念既能寄托人们的冀望追求，使人从"心"感到一种关爱与滋养，又可以强化民族的凝聚力和信念。如陈能济的中乐作品《梦蝶》、关洒忠的《逍遥游》是反映道家思想的作品，前者"庄周梦蝶"是庄子提出的一个哲学论点，认为人不可能确切地区分真实和虚幻；后者"逍遥游"也是庄子哲学思想的一个重要方面，即追求精神世界的绝对自由。在庄子的眼里，客观现实中的一事一物，包括人类本身都是对立而又相互依存的，这就没有绝对的自由，要想无所依凭就得无己，因而他希望一切顺乎自然。关圣佑的新年焰火音乐《祭神》则是反映中国民间古老神秘习俗的。还有吴大江的探索新技法，反映佛教思想的中乐作品《缘》。"缘"是佛教思想的重要范畴，佛教思想的重点是缘起论，佛教经论和各个宗派，都以"缘起"说作为世界观和宗教实践的理论基础。这些作品都是反映了中国人文宗教哲学思想，启发了人们许多从精神层面的深入思考。

4. 经典情结

中国古诗词、文学艺术经典的魅力历久弥新，对中华文明的兴盛延续，对国民潜在人格的塑造和价值取向的认同，对于增强民族的亲和力与凝聚力，意义重大而不可或缺。文明的积累是社会发展进步的推动力，文学、历史也是在积累中发展的。二千多年来，在孔子文学观的影响下，从《诗经》到《西游记》《水浒传》《三国志演义》和《红楼梦》直到中华人民共和国建立后的文学，形成了一个重道德、重信念、重人格为主调的文学传统，文学艺术源于生活又高于生活，这是中国文化薪火相传的血脉。移居香港的内地作曲家们秉承着对祖国文化经典瑰宝的热爱与传承，用笔下的音乐作品再现、强化了中华民族这一个国家文化的标识，这是民族精神的象征。他们在音乐创作过程中追求"诗"与"乐"的完美结合。林声翕的《满江红》（岳飞词）、黄友棣的《正气歌》（文天祥作）所体现的是英雄豪迈的民族气节；林声翕的艺术歌曲《渭城曲》（王维诗）、《鹊桥仙》（秦观词）、黎草田的艺术歌曲《静夜思》（李白诗）所表达的是对故乡、亲情、友情的人文关怀；屈文中的歌剧《西厢记》、林声翕的歌剧《易水送别》这些经典文学、历史题材的作品成为中国传统在香港延续的良好媒介。这些音乐作品一方面体现作曲家本人对经典文化价值的认同，同时也成为弘扬民族文化，使心灵灿烂，使社会和谐，使人类进步的有效途径。

总之，以上这些带有民族风格、中国情结的音乐作品在香港的华人中是具有很强的适应性和旺盛的生命力的,这些作品在香港音乐发展的各个阶段都获得了广泛的听众群体。反之,香港作为英国殖民统治地区,由于当地中西方文化上的差异,使得这些中国风格的作品并不能广泛适应外国听众的审美和文化取向,因此听众的数量则相对要少得多。针对香港音乐环境的这种状况,内地作曲家们也采取了一些适应性的改变,例如从20世纪80年代以来,香港中乐团在运用西方交响乐团的技艺来处理中国民族素材或作品方面,进行了中乐"交响化"的大胆尝试,如吴大江的中乐合奏《缘》,关迺忠的中乐组曲《拉萨行》,郭迪扬的民族交响乐《郑和下西洋》等等,这些作品在传统中乐创作的基础上又融入了西方现代音乐的技巧,在风格上较传统中乐作品要现代很多。香港中乐团在建制方面受到内地民族管弦乐队的明显影响,但是在运作方面又有许多香港特点,有力地推动了整个华人世界的器乐创作,成为中西交融的音乐文化的重要代表。这样的尝试和处理同时也拉近了洋人听众对中乐作品的欣赏距离。

(二)以表现手法上的融合性、多样化,丰富了香港的音乐创作,成为香港多元音乐文化中富有特色的一元。

自开埠以来,香港长期处于一种"离散型"的社会音乐生活状态,人们的信仰、寄托和精神需求具有多元化和开放性的特点。香港以汇聚东西方文化为特色,是国际文化艺术交流的中心。与之相比,内地则长期处于一种"内聚型"的音乐社会生活状态。几次政治变革下,音乐家的一切音乐活动都要服从于一个较为统一的社会心理倾向(受到不同时期政策的指向),例如在一定时期里,内地会受到"文艺要为人民大众,首先为工农兵服务"的方针政策所指导。这些方针在一定时期体现了当时的时代需求,符合当时的客观情况,但当发展到"文革"时期的"样板戏"阶段的文艺政策时,则在很大程度上限制了音乐家们艺术创造力的发挥。因此,内地音乐家们选择了香港,通过自身的努力在当地来展示他们在音乐才华。在香港新的音乐环境里,特别是20世纪70年代到来的作曲家们,他们一方面从内地"文革"十年中的"高、硬、快、响"和气势汹汹中解脱出来,另一方面他们的音乐创作与生活也开始面向香港的新生活、面向实际、面向实用性。在音乐的表现手法上,内地作曲家们有的开始追求中西方的融合性和多样化,从而使香港的音乐作品在数量上增加很多,特别是中乐作品。因此,内地作曲家们的作品也成为香港多元音乐文化中的一元,显示了它特有的风貌。

1. 探索中西音乐语言上的融合性

移居香港的内地作曲家们,作为中国作曲家,虽然他们离开了故土,来到英国殖民统治下的香港,但在主观上他们积极地保持并发扬其文化背景,在客观上没有完全脱离自己故土的生活方式与意识形态,继续受到来自家庭亲友的或资料信息读物的不同程度影响，他们创作的音乐作品，在自觉的或非自觉的情况下，大多都会受到中国传统美学的熏陶，以中国的元素为基础。移居香港的内地作曲家们，定居香港后有的又赴欧美学习音乐（如林声翕、黄友棣、周书绅、叶惠康），或在内地时期就已接受了西方作曲技术，他们的音乐思想、音乐观念和兴趣习惯相应受到西方音乐的不同程度的影响。但他们有一点共同的可贵之处：他们都希望写出中国式的现代音乐。他们当中，不愿做寄生草或浮萍而将自身音乐源流的根本深入其骨髓的还属大多数。

另外，如何在中国五声音阶的和声上，适度利用西洋大小调和声，又不落入其陈规巢臼，实在是现代中国作曲家必须严肃面对的课题。在此方面作曲家黄友棣、施金波都通过创作与研究取得了一定理论成果。以黄友棣为例，早年间就萌发了使"中国音乐现代化"的理想。在抗战时期各地辗转的工作中，他接触到许多中国古调、民歌。这段经历，使他了解中国音乐的主要特征在于"调式"，而不是西方音乐的"大、小调音阶"。他曾尝试将一些民谣改编为合唱，但发现和声总是缺乏"中国味"，后来他终于找到了症结所在，即中国歌曲是调式音乐，而西方和声学却是建立在大、小调音阶上的一套学问，以大小调和声，硬性运用在调式音乐之上，就如同穿了一套不合身的衣服，是不会舒服的。其后黄友棣在留学向西方学习传统和声体系之余，他要"扩展五声音阶的和声范围，求取变化，而不陷于大小音阶和声的圈套。"[①] 黄友棣出版的《中国民歌的和声》，就是他在中西音乐文化知识体系相碰撞后的理论上的融合成果，而他在20世纪70年代前后，为香港明仪合唱团委约创作了许多民歌联唱，将和声上的"西学为体、中学为用"手法的融合加以成功地实践。

2. 探索表现手法的多样化

以作曲家关迺忠为例，自移居香港以来，其为中、西不同乐器创作了多部协奏曲，其中包括民乐器二胡、古琴、笛子、中阮、板胡、唢呐、打击乐等，西洋乐器钢琴、管风琴、大提琴等。另外，作曲家还常常为其所作的声乐、器乐曲配以中、西两个乐队版本，例如《拉萨行》《第三钢琴协奏曲》《第一二胡协奏曲》《白石道人词意组曲》《交响诗"离骚"》《第一笛子协奏曲》《第二交响乐》等。在这些作品中，特别是在创作协奏曲体裁的作品的时候，关迺忠会作中西乐队不同版本上的尝试，既显示了作曲家对中西乐队创作的驾驭能力，同时又体现了作曲家在乐队配器表现手法上的多样化，这样也满足了不同观众群体的欣赏需求。

陈能济的《五彩缤纷话管弦》，虽然是对西洋管弦乐队进行配乐解说，但其中融入

---

① 1968年，黄友棣在老师卡尔都祺指导下出版了《中国风格和声与作曲》一书，卡尔都祺教授为其作序，序中说明该书写作的目的。

丰富的中国民歌音调，来诠释西洋管弦乐队中木管、铜管、弦乐、打击乐组不同乐器的音色。全曲以哈萨克民歌《可爱的一朵玫瑰花》乐队齐奏开始，其后采取了民歌联奏的手法——云南民歌《猜调》、哈萨克族民歌《燕子》、四川民歌《太阳出来喜洋洋》、湖北民歌《龙船调》、藏族风格曲《逛新城》、台湾民歌《阿里山的姑娘》、陕北民歌《兰花花》、内蒙民歌《小黄鹂鸟》等，可见其在音乐组织上"中西合璧"式的灵活运用。

3. 创作适应音乐新环境

香港是一个商业经济高度发达的国际大都会，它的音乐品种也是五花八门、应有尽有。香港的正统音乐和流行音乐却是泾渭分明、各得其所。西洋管弦乐及歌剧、中国的民族音乐是在音乐厅、大会堂、剧场拥有自己的观众；而流行音乐则是在夜总会、跳舞厅、酒吧间传播。商品利润的获取主宰一切，这为音乐家提供了赖以生存的物质条件，也使他们当中的一部分人在初到香港时，不得不"放低身段"，以此来迎合消费者的要求，参照文化市场多种供求关系来投入创作，从而造成通俗、流行文化的泛滥，这是香港艺术通俗化的潜在根源。一方面为满足香港社会生活普遍对通俗音乐的客观需求，另一方面是作曲家们迫于生计的主观需要。"内地作曲家"为适应香港新的音乐环境，有的选择不再"孤芳自赏"，以较为通俗与实用型的作品来迎合市场的需求，这种"身不由己"对于作曲家们来说也是一种无奈。

20世纪60年代吴大江初到香港时曾在酒楼夜总会从事演奏娱宾的工作，虽然其认为在这种娱乐场所为那些付钞的"恩客"演奏，对音乐及音乐家来说是一种侮辱，但吴大江还是选择坚持做下去。在吴大江日记中记录了他1964年5月的状况："我不应该跑到这样的地方来呀，这地方会使我走进泥坑的。……这地方究竟是天堂还是地狱呢？……对于我来说，可说这地方是地狱了。那我为什么要走到这地狱来呢？"可惜最后生活迫人，为了要吃饭，他也只好默默地接受现实，无可奈何地干下去。更有甚者，吴大江为师从林声翕学习作曲，卖血支付学费的经历则令人对他的毅力感到佩服。

1979年关迺忠初到香港时，举目无亲，由于遭窃，身无分文，也有过以一长条面包，一大瓶可乐为一周口粮的经历。接下来的4年里即80年代初，自从伦敦录制了第一张《古典串烧》之后，关迺忠就紧跟其风在香港开始制作发行中国最早的"串烧音乐"达几十盘，收录了大量由中国民歌加民乐和电声改编合成的轻音乐。作曲家曾自嘲地说当年是在"不务正业"。关迺忠也因此结识了当地许多著名的流行艺人，如甄妮、徐小凤、叶丽仪等，并与之有过成功的合作。

香港社会生活的世俗化由来已久，20世纪70年代以后，随着经济的高速发展和社会的逐步稳定，香港社会的世俗化倾向越来越明显，人们普遍关注的不再是政治和文化的归属,以及香港社会的何去何从等问题,而是自身的现实需求与满足,或与经济利益密切相关的荣誉和地位。在这一时期,武侠、言情小说受到欢迎,八卦新闻、天王歌后充斥着人们的视听空间。就连成功时期著名的专业作曲家们也要不得已而为之——

当有记者访问作曲家关圣佑为什么既创作正统音乐,又会去写流行音乐作品时。关圣佑回答道:"由写彼种音乐转写另一种音乐,脑袋能转得过去……我觉得当中没有难易之分,要求高,自然觉得难;反之,若要求低便会觉得容易。假如要求高,有时可能写了十几个稿本也没有一个是自己满意的。事实上,若是认真创作的话,一位作曲家一年写两首作品是最能保持质量的,不过,商业社会可没有这样的环境。"[①]由这段回答的内容来看,身处在商业社会香港的作曲家们要适应市场环境的需求是十分必要的。

作曲家陈能济也曾谈到:"香港环境特殊,创作人往往身不由己,并不能随自己的心意去选择创作什么……香港是商业社会,做生意抢时间,创作也要抢时间……在现今的社会大环境下,不能由自己去画出一个圈圈,去追求艺术的正统。写这些'似与不似'之间的音乐剧[②],它的多元性自有吸引人的地方……"[③]

为适应香港的音乐新环境,在音乐的题材方面,内地作曲家们开始投入到展示香港本地生活风貌的音乐创作,这些作品贴近香港人的生活环境,令港人深感亲切。例如陈能济的音乐剧《城寨风情》,作品讲述了香港九龙城寨中曾姓、金姓两户人家6代人的悲欢离合,反映了香港社会在150年间的兴衰变迁。符任之的合唱作品《香港组歌》(古振辉词)是对香港的一部赞歌,它歌颂了香港迷人的景色,赞美了香港的繁荣兴盛,颂扬了奋发向上的"香港精神"。还有周书绅的合唱曲《我爱香港》,都是反应香港题材的音乐作品。

还有多年以来,香港影视音乐的创作与编配一直承袭美国好莱坞的做法,往往带着强烈的商业元素,配乐要具有澎湃情感,令观众随配乐"喜剧中人之喜,悲剧中人之悲";配乐,有时要比影像更早挑起观众的情感。来自内地的作曲家,由于有着不同的创作理念和技术风格,多少对香港本土电影音乐创作人颇有启发,有的还成为日后许多电影配乐场景所争相效仿的经典摹本。例如吴大江、关圣佑、胡伟立就是其中的代表。他们具有艺术精神的音乐取向,是从事香港电影音乐工作的重要一环。他们

---

① 黄志华:《关圣佑其人——一篇旧专访》,http://blog.chinaunix.net/uid-20375883-id-1958477.html
② 所指陈能济创作的《城寨风情》《窈窕淑女》《九天玄女》《六朝爱传奇》4部音乐剧/歌剧。
③ 2008年5月18日陈能济于香港中央图书馆参加"20世纪下半叶声乐发展研讨会"上的发言。

为当时香港本土音乐家注入新视野，是他们使得香港电影配乐家们相信，电影配乐人绝对可以是独当一面的音乐家，有着个人独特音乐风格及艺术理念，绝非流于影视配乐工匠。

4. 创作追求雅俗共赏

如何将"阳春白雪"的管弦乐引领进入大众的艺术视野，以创作题材、风格上的雅俗共赏来完善香港的音乐新环境？这需要作曲家在实践中不断摸索和认真思考。纯粹的阳春白雪式的创作，往往会带来"曲高和寡"的局面。在香港这样一个商业社会里，演出的上座率、电台收视率以及音像发行的投资回报率必然要面临市场效益的现实考验。那么如何借助一些简便易行的方法，来引导听众了解"管弦乐队"，特别是中国乐器的组成，以及各种乐器的音色、音域、音高、演奏手法等，使作品达到"雅俗共赏"？这是"内地作曲家"在香港推广民族音乐所面临的一项重要课题。

作曲家陈能济曾说过："我喜欢标题音乐，我的作品大都有很具体的标题，这能给听众以提示、导引、帮助他们理解我的音乐。"对标题音乐的热衷，既有来自中国传统音乐的影响，也有来自欧洲浪漫主义音乐的影响。这也体现了陈能济的创作观念是要在音乐的雅俗共赏方面下功夫，要照顾到一般听众的欣赏习惯。

"寓教于乐"实际上是音乐作品能够得以雅俗共赏的一种方式或途径，它揭示了艺术的本质特征：艺术中所包含的普遍性的真、善、美必须通过明晰的个性化，转化为个体感性可以直接接受的形式，艺术作品必须是形式与内容的美的融合、统一。在寓教于乐的同时，"内地作曲家们"还兼顾运用音乐服务于教化作用的职能。传统的教化主题是香港长期推崇的正统意识音乐教化的重要主题。这一主题在音乐情节中表现为积极正面、导人向善，而这些类型的作品多以"恶有恶报、善有善报"的结局警示。在作品中，好人在经历磨难后终有好报，坏人在兴风作浪后不得善终，以此来教育青少年听众在现实生活中要做好人，不要做坏人。

为了推广、普及香港的民族音乐，内地作曲家们来港后也进行了许多细致、具体的工作，体现在创作方面的佳作亦可圈可点。由20世纪70年代中期开始，青少年在学校中的行为问题，开始成为公众关注的焦点。香港开展未成年人的道德教育中，与其让那些充满阴暗恐怖的打斗片占据青少年的头脑，不如用中国的优秀作品来对青少年进行生动具体的品德教育，告诉他们应该提倡什么，反对什么？这一类型的作品有关迺忠的《管弦丝竹知多少》（民乐队与解说，1985）；陈能济的《五彩缤纷话管弦》（西洋管弦乐队与解说，1983）、《老师请病假》（叙述与乐队，1998.3）。最有趣的要数陈能济创作的以音乐讲故事——《大话西游孙悟空》（叙述与乐队作品），充满了童趣。包括《序曲》《孙悟空大闹天宫》《孙悟空三打白骨精》（演员/叙述与乐队，1999.7）、《孙悟空三戏铁扇公主》（听音乐全家乐系列II，2003.12）①四首乐曲组成。陈能济在这部作品中，为不同的角色度身打造了不同的音乐主题，形象鲜明独特，一听便能分辨。孙悟空的音乐形象采用唢呐演奏，而猪八戒的音乐则以三弦等弹拨乐器奏出；白骨精采用了木管配上阴沉的音乐来塑造出来，还有铁扇公主、唐三藏，都各有自己的音乐。这些角色的不同音乐，采用各种各样的变化，构成了音响色彩绚烂的场景，和富有戏剧性效果的情节，能大大扩展欣赏者的想象力。

《西游记》把一个勇敢机智、顽强拼搏、爱憎分明的英雄形象栩栩如生地展现在人们面前，特别是孙悟空顽皮伶俐的个性深受儿童喜爱。从而分清是非，培养抑恶扬善，爱憎分明，遵守公德，勤奋学习，勇于奉献的精神。这种体现儒家"移风易俗莫善于乐"的思想，利用中国经典文化来教化儿童、青少年的做法，是"内地作曲家"们有别于许多香港本土及外籍作曲家们多利用宗教赞美诗来传达教义或呼唤世界和平的做法。

此外，如周书绅在20世纪60年代以来所创作的抒情歌曲、吴大江、关圣佑在影视音乐方面的作品、叶惠康所编配的众多儿童合唱作品以及屈文中的艺术歌曲创作，都在作品的"雅俗共赏"方面下了许多功夫，同样也得到了香港音乐各界人士和广大受众的良好反响。

（三）以私人教学形式为香港民众的音乐普及作出贡献

香港早期缺乏专业音乐教育机构，因此内地音乐家到香港定居后，很多人都开始招收、教授私人学生。总体来讲，在香港学习音乐专业的私人学生当中，以声乐和器乐的人数最多，学习作曲理论课程的人数则相对较少。香港著名作曲家陈永华教授曾谈到：

"移居香港的内地作曲家在香港做出了很多贡献，其中之一就是他们到香港以后教了很多学生……这些老师在香港教了许多声乐、钢琴、作曲学生，许多学生学过音乐之后又进入其他各行各业，这个效果更好！因为他们将音乐的普及工作推广到各个岗位，各个领域都有喜爱音乐的人。为什么这些人能够接触到音乐？就是因为他们能够找到从中国内地来的人，跟这些老师学唱歌，跟他们学钢琴、小提琴音乐。如果没有他们来，只单单靠香港本土毕业的人来教，是教不了那么多学生的。香港就少很多人懂得音乐了，我觉得这一点很重要②。"

由此可见，内地音乐家们的私人教学对繁荣香港市民的文化生活起到了积极的推动

---

① 此系列活动，以经典名著改编的童话故事为范本。《孙悟空三戏铁扇公主》采用生动活泼的旁白、表演与民乐相结合的形式。旁白者既要讲故事，又要扮演故事里的角色。音乐则用不同的乐器或组合象征不同的人物，而以整个乐队的音响展示情节的发展。

② 2009年3月20日，笔者访问陈永华教授的录音整理。

作用，这其中包含了内地作曲家、钢琴家、声乐家、民乐演奏家们的共同努力。

1. 作曲理论教学

从20世纪50年代开始，林声翕先生就在香港圣乐院讲授和声和对位等作曲理论课程。"由于圣乐院的课程是安排在晚上上课，而且不是每天都有课，因此林氏在白天可以从事其他的音乐活动，如私人授课……①"作曲家张永寿、吴大江就曾是他的私人学生。"张永寿把吴大江介绍到林声翕的门下，继续他的音乐课程。当时，林声翕已是大师级的音乐教授，也是张永寿的老师，论辈份自然该算是吴大江的祖师爷了，有缘跟随大师学习，吴大江当然喜不自胜……②"。林声翕先生在音乐创作方面的学生目前已遍布中国大陆及台湾地区，以及新加坡、马来西亚等地③。

作曲家黄友棣先生在香港时期也对当地的音乐普及做了许多认真细致的工作。当有记者采访他时，他曾谈到"内地逃到香港的人想要到政府办的音乐学校教课，是没有资格的。怎么才有资格呢？必须考到英国的音乐学位才有资格。他们教学生考试起码3年才让学生去考，但是我辅导学生1年就可以去考④。"其友人翟丽璋曾对黄友棣教学有过这样的评价："他态度好，同时教授得又很认真，他的教材很丰富，每每让学生准备功课，一定要求得好严格。当然每一个人都好尊重他，好敬慕他。"

作曲家屈文中于1975年移居香港，他在港最先从事的是钢琴教学，后来才渐渐有作曲学生慕名而来。1978年春，屈文中终于达成心愿，主持教导"屈文中作曲班"为香港乐坛培育音乐幼苗。为鼓励扶植新生力量，身为导师的屈文中，自己尚未举行作品发表会，却全心全力为他弟子举办"新作品演唱（奏）音乐会"，1979年8月9日，在香港大会堂音乐厅隆重演出，并邀请香港7位著名音乐家（成明、邹允贞、赵春琳、谢芷琳、徐英、刘锦龙、王守洁等）共襄盛举，联合演出。港澳乐坛及各界人士，对他推动和发扬中国音乐的创作，培育音乐新苗深表赞扬与敬佩。弟子们同样不负众望，其中有多位后来考入法国巴黎音乐学院和英国皇家音乐学院等继续深造。目前活跃在香港乐坛上的香港重唱艺术团音乐总监、美声合唱团指挥张朝晖，还有美声合唱团团长蔡泽善就是屈文中当年教授的私人学生。

2. 钢琴教学

在香港无论是官办还是私立的教会学校、音乐学校里，学生接触最多的课程莫过于

---

① 刘靖之著：《林声翕传》，香港大学亚洲研究中心、香港大学图书馆2000年版，第32页。
② 郑学仁著：《吴大江传》，香港三联书店2006年版，第99页。
③ 百度百科：林声翕词条 http://baike.baidu.com/view/158536.htm
④ 录影资料：《文化大师薪火相传》Disc2，香港九龙公共图书馆馆藏：78 0242 DVD10073。

钢琴课。英式教学有这方面的传统，因此学习弹钢琴自然是一门不可或缺的技能，同时也是人们心目中淑女和绅士身份的象征。许多内地音乐院校毕业的钢琴教师、甚至声乐教师来港后都会在家中或琴行招收一些私人学生，每位教师所培养的钢琴学生有几个、几十个、甚至上百个不等，随着年头的增加，数量不断递增。

初到香港的许多作曲家们也都有过教授私人钢琴学生的经历，例如陈能济、屈文中、关迺忠等。当笔者采访关迺忠先生时，他曾回忆起当时的经历："当年有一个非常远的朋友，他自己本身是唱歌的，所以他的钢琴弹得很一般，教完初级学生再教不了了，后来他让我帮着教两个学生。从此开始算是活过来了……①"

3. 声乐教学

赵梅伯先生以其高水平的专业技术和丰富的实践经验，对提高香港早期声乐演唱水平有着非常重要的意义。在香港居住的20年里，他培养出了一大批歌唱人才。其中比较突出的有韦秀娴、费明仪、李冰、庞翘辉等。韦秀娴是赵梅伯先生招收的第一位私人学生，后来她获得了香港学校音乐节声乐头奖，并获得英国皇家音乐院高级声乐学位。费明仪在赵梅伯先生的引导下学习了6年，打下了坚实的声乐基础，后来又到法国巴黎深造，20世纪60年代已成为香港最著名的女高音歌唱家和音乐活动家。女中音李冰随赵梅伯学习后，又赴英国伦敦留学，并荣获英国皇家音乐院校内歌唱最重要的"阿宾尼奖"。抒情女高音庞翘辉曾在学校音乐节比赛上连得两次冠军，后来在澳大利亚担任歌剧《魔笛》《蝴蝶夫人》等剧目的主角②。此外，在同一时期来港定居的声乐家叶冷竹琴、胡然教授也以私人教学形式培养了大批音乐人才，例如叶冷竹琴教授的得意门生石慧，胡然门下的王若诗、江桦、周文珊等。

20世纪70年代中期以后，有更多内地声乐家来港定居，例如成明、赵春琳、顾企兰、谢芷琳、张汝钧、邹允贞等，他们在香港原有的西洋传统唱法之外，受到中国民族声乐学派的影响，为香港声乐带来一股新热潮。在这样的热潮之下，又有许多私人学生投奔至这些老师门下学习声乐。以张汝钧老师为例，其1972年移居香港，截止到2007年10月为止，即张汝钧先生70华诞"悠悠岁月声乐情"纪念音乐会上，笔者获悉其在香港的弟子已逾千人，成才者有音乐界的教授、院长、指挥等。例如香港重唱艺术团音乐总监、美声合唱团指挥张朝晖、美声合唱团团长蔡泽善，以及其他各行各业的音乐爱好者都曾是张汝钧老师的私人学生。他们这批声乐家所学的是西方"美声"唱法，但最

---

① 2008年4月10，关迺忠于中央音乐学院接受"20世纪港澳台音乐创作研究"课题小组时的谈话。
② 梁茂春：《为音乐奋斗终生——老一辈音乐家赵梅伯的音乐人生》，刊自《音乐生活》1998年5月，第19页。

擅长的还是演绎中国作品。他们把爱国情怀注入和融化到声乐事业上，为香港的听众和学生传达对国家和民族的浓烈的乡土情怀。

4. 中乐教学

移居香港的内地中乐演奏人才众多。从20世纪30年代起，吕文成等人在港期间就以私人授课为业。1951年，琵琶演奏家吕培原开始在港开设中乐教室，专门从事中乐器的演奏教学。1965年潮州筝人苏振波曾登报招生，传授筝艺。1974年，苏振波成立了香港第一个筝艺团，并在香港首次举办以古筝为主的"中日古筝一弦琴演奏会"，令众多听众认识筝与筝艺，使之影响扩大，生源也相应增多。

从20世纪70年代末起，由内地移居香港的中乐人才在数量上超越了此前任何一个阶段。80年代，中乐在香港发展迅速，学习中乐的人士日趋增多，对中乐导师的需求量亦相应增加。但由于中乐团和音统处编制的限制和其他原因，多数中乐专业人士都不能进入这两个官办机构，而是在家中开设私人教室，教授中乐器的演奏。例如原上海民族乐团二胡首席萧白镛，因找不到适合自己的演奏工作，他本人就在家中设私人教室。还有陈传音也开设了多间艺术中心，为中乐在香港的推广和普及做出了许多贡献。

（四）为海峡两岸暨香港的音乐文化交流连接纽带

香港宽松的文化环境为当地作曲界的对外文化交流带来便利。移居香港的内地作曲家正是借助这种便利条件，为海峡两岸暨香港甚至国际间的音乐文化交流做出了许多贡献。1973年，作曲家林声翕参予创办了"亚洲作曲家同盟"，使亚洲各国及地区音乐文化得以相互交流，目前该组织已成为亚太地区最具规模的当代音乐组织。它的成员国家和地区包括澳大利亚、阿塞拜疆、中国的香港及台湾地区、印度尼西亚、以色列、日本、韩国、新西兰、菲律宾、泰国、越南。亚洲作曲家同盟每年主办会议，并于每两年举行一次音乐节盛会，让亚太作曲家交流及展示他们的作品。

体现移居香港的内地作曲家们对沟通海峡两岸暨香港的文化交流方面所做出的具体贡献，还包括以下几个方面：

1. 创作交流

在香港中乐团的"委约制度"下，许多中国传统的和内地作曲家创作的民乐作品得到改编、移植，并且在数量上一直超过委约作品。这些来自中国内地的民乐作品，事实上也是香港中乐团为香港的民众上演的最多的来自祖国内地的音乐体裁。例如吴大江的《绣荷包》、关迺忠的《穆桂英挂帅》、符任之的《喜讯到边寨》（原作名为《北京喜讯到边寨》）、卢亮辉的《猜调》《阳关三叠》、郭迪扬的《嘎达梅林》、屈文中的《十面埋伏》等等，也有个别中乐作品被编成西洋管弦乐队的版本。这些作品对于香港本土作曲家来说是不熟悉甚至是很陌生的，这些作品本身也成为作曲家间创作交流的有效途径。

2. 演出交流

"移居香港的内地作曲家"成为内地、台湾、香港沟通音乐文化交流的纽带——关迺忠率领中乐团赴台演出，20世纪80年代的台湾对内地音乐作品还采取禁演政策。而关迺忠在未经许可的情况下，在演出时临时冒险一搏，用一曲《梁祝》打开了台湾对内地音乐文化的互通之门。"抛去政治不谈，《梁祝》实在是太美了！"当年观看演出的蒋纬国做出这样的评论后，海峡两岸音乐作品的交流就此得到了台湾当局变向的通融。此举成功，关迺忠功不可没。80年代，屈文中的歌剧作品《西厢记》分别在台湾、香港、上海上演，也成为沟通三地音乐文化交流的具体代表作品。另外，中乐团为内地作曲家们搭建演出平台，例如彭修文、王惠然、刘文金等作曲家的民乐代表作就经常被选为演出曲目。

3. 学术交流

1987年叶惠康在浸会大学担任音乐系主任时，北京中央音乐学院音乐学系有关中国音乐方面的专家曾多次得到邀请来港讲学，例如袁静芳、蓝玉崧、汪毓和等教授就曾先后到浸会大学讲学。无论在人才培养、音乐作品的演出交流、理论成果的互通有无等方面，叶惠康教授都做出了许多切实的工作。从80代初开始，刘靖之博士在香港大学亚洲研究中心主持各类中国音乐研讨会，历次与会代表均有来自内地和港台的知名学者参加；香港合唱协会在费明仪女士的组织召集下曾举办过多次"20世纪中国声乐发展研讨会"；1993年吴赣伯策划的"20世纪国乐思想研讨会"，由香港大学亚洲研究中心及香港民族音乐学会联合主办；还有在香港召开多次"中国现代作曲家音乐节"等。在历次学术交流研讨会期间，移居香港的内地作曲家、音乐学家、声乐家、演奏家们在其中都起到了良好的沟通联络作用。在他们的努力下，沟通了三地学者、音乐家们在学术上的交流，同时也搭建起了同是中国人血浓于水的情感纽带。

"移民音乐家"的音乐活动带动了两岸三地的文化交流。一方面，他们将内地培养、成长起来的学院派专业音乐创作传播到香港、台湾。另一方面，这些移民音乐家们不忘故土，在一定条件下，他们会将其在港台的成功之作（包括演出、音响资料、乐谱、文论等），通过各种渠道带回内地（母校、工作单位、同行、朋友等）。这种伴随着"新移民"的带动起来的整个音乐文化上的"双向交流"，新移民的文化与香港本土文化互相吸收融合，使得香港专业音乐发展不断得到充实和完善。

二、对"移居香港的内地作曲家"现象的前瞻

经过几代人的拼搏,香港不仅发展成为耀眼的东方明珠,更成为亚洲国际大都会。同样,经过几代"移居香港的内地作曲家"们的携手努力,也将香港专业音乐创作从无到有;音乐体裁从单一的声乐作品发展成为多样的器乐以至于综合性的舞台艺术歌、舞、音乐剧形式;音乐语言从较为纯正的"中国式"向多元化、国际化迈进的进程推向了前所未有的高度。

回归前的香港,曾被认为是借来的时间和空间,香港居民也自视为过客,没有明确的身份和归属感。"移居香港的内地作曲家"从不同的时间、不同的地点聚集在一起,有着不同的民族、宗教、文化和教育背景。他们作为这些"过客"中敏感的一群,内心的感受以及艺术表现自然也千姿百态。因此,要给"香港作曲家"下一个明确的定义是十分困难的。不过与其他任何地区或城市的音乐创作相比较,"移居香港的内地作曲家"又具有鲜明的特征,这些特征不但见诸具体的作品,还反映在它特殊的发展形态上。

伴随着内地音乐家们的到来,香港音乐与内地音乐会有更多的相通之处,但事实上也还存在许多不同。香港作为英国殖民统治的地区,有一个半世纪之久,曾直接受到西方观念价值的影响。在当代西方的大众文化与前卫艺术浪潮不断冲击之下,其本地作曲家所创作的音乐与内地作曲家的风格有很大不同。香港作曲家陈永华教授曾评价道:"如果没有他们这批人(内地作曲家)来港,写这么多乡土气息很浓的作品,我想香港音乐界比现在更洋,因为我们常写无标题的作品。"可见两地的作曲家在创作风格上既存在区别又具有一定的联系。他们在各自的创作岗位上自得其乐,时而相互借鉴,时而回归自我。相信在未来的香港音乐创作的领域里,还会继续呈现出多元音乐文化并存的态势。

对内地的移民来说,香港就像一个滤水池,许多人从内地流入香港,在此沉淀一段时间,又流到世界各地。目前老一辈作曲家黄友棣于1987年定居台湾高雄,直到百岁高龄逝世于台湾;吴大江于1986年赴台湾出任台北市立国乐团指挥(一年后卸任),从此定居台湾,2001年于台北辞世;卢亮辉于1986年移居台湾,应聘为高雄市国乐团专事创作;陈能济于1989年赴台湾发展,当年台湾高雄市实验国乐团(现高雄市国乐团)成立,其应邀担任首任驻团指挥,1993年重回香港,担任中乐团助理总监和驻团作曲家,并兼任指挥;关迺忠于1990年移居台湾,担任高雄市国乐团指挥,1994年移民加拿大,继续从事音乐创作,其后不定期到北京中国音乐学院指挥"华夏民族乐团"到世界各地演出。通过香港这个"滤水池",越来越多的华人音乐在海外产生影响,从而也更加深了海外对中国音乐的认同。

自20世纪80年代以来，在香港本土出生的作曲家们逐渐成长、成熟起来。中青年一代作曲家曾叶发、陈永华、罗永晖、陈伟光等，他们均具有海外学习经历，都在老一辈作曲家林乐培、黄育义、陈建华等人创作的积淀之下，从不同角度吸收了西方现代艺术的创作经验，同时挖掘并保留了东方传统美学观念，形成了形式丰富多样、创作理念基本相同的区域性现代艺术——香港风格现代艺术。中青年一代作曲家们与上一代艺术家相比，比较认同香港的特殊环境，习惯于香港的生活，不再执着于身份与文化归属等问题，较少有传统文化的负担。这些音乐界的骨干成员在80年代以后的创作中成就突出，共同推动了香港现代艺术走向成熟，并成为香港艺坛的生力军。

与此同时，"改革开放"给中国社会带来盎然生机，中国文化面对西方的挑战，不断融入外来元素，同时也在不断地作自我调整，中国音乐事业全面、健康的发展得到世界的承认与瞩目。在音乐创作领域涌现出谭盾、陈其钢、瞿小松、叶小纲、郭文景、陈怡、莫五平、张小夫、秦文琛等具有国际知名度的新一代作曲家，他们的创作已迈向与国际接轨的路线上。

今天的香港是中国的一个特别行政区，回归前香港音乐已具有的基础，必定是其未来发展的基石。香港的国际化环境，频繁的资讯交流，未因回归而改变。香港音乐有多元的发展脉络，有衍承中国传统的一面，有借鉴西方传统与现代艺术的一面，更有汇向当代各种潮流的一面。香港音乐是中国音乐的一部分，但目前仍然不乏独特发展的空间，因此香港还会保持着其独特的吸引力，吸引许多人的前往，这其中自然也包括内地音乐家们。

伴随着香港回归，中国对香港行使主权，一个强大的中国正伴随着中国式成长，将为香港带来更多来自祖国母体文化的滋养。"移居香港的内地作曲家"不再是以往那个处在文化夹缝中的集合体，它会随着母体的不断强大而逐渐淡化出历史舞台。一个年轻、新鲜、有活力的香港会在一国两制的基础上继续得到世人的瞩目。长久以来被割断的文化血脉也将会再续前缘。内地音乐家必将与香港本土音乐家携手，为华人音乐在国际音乐舞台上的行走，踏下坚实的脚步。

中国内地人员移居香港的人数曾一度呈现逐年增加的态势，截止2020年底，香港居民人口总数已突破740万。自2006年起，香港特区政府推出了"优秀人才引进"政策，其后青年钢琴家郎朗已成为香港引进的音乐界的"第一人"。根据中国社会科学院发布的《2007年全球政治与安全报告》显示，当时中国移民人数达到3500万人，被认为是全球最大移民群体[①]。报告指出，移民最大负作用是人才流失。改革开放后出国的中

---

① 《环球华报》2007年2月12日刊登。

国移民，以留学人员、知识型人才占多数，估计在海外的中国内地专业人才超过30万人。这些由中国付出巨大教育成本培养的人才，在科学、文教、研究及创造高附加价值的知识经济领域为移居国工作，对急需发展人才的中国是一大损失。根据《联合国移民署世界移民报告2020》新发布的数据，居住于中国以外的移民人数为1070万，移民总数相比数年前大幅下降，在全球移民总数排行中也回落至第三位。中国的发展正以其磅礴之势，备受瞩目。越来越多的海外人才选择学成后归国发展，励志报效国家。因此对于移居香港的状况而言，笔者却认为并不必要悲观，繁荣香港亦是对中华民族祖国大家庭成员的补益，毕竟香港已是回归祖国的香港。

如今，香港已回归祖国20余年。香港的音乐文化和音乐事业都得到了深入、多元、全面的发展和提高。但要有意识地消除殖民文化的消极影响，在香港普通民众尤其是广大青少年中通过音乐进行爱国主义教育、培养民族文化的认同感，无疑还是一项当务之急。

参 考 文 献

（一）专著类

1. 蔡正怡编辑：《叶惠康的儿童音乐教育道路——三十三载纪事》，叶氏儿童音乐实践中心2003年版。

2. 陈明志编著：《中乐因您更动听——民族管弦乐导赏》（上、下），三联书店（香港）有限公司2004版。

3. 《大江东去涛涌南天——吴大江先生纪念文集》

4. ［英］弗兰克·韦尔什著，王皖强 黄亚红译：《香港史》，中央编译出版社2007年版。

5. 傅月美著：《大时代中的黎草田》，香港三联书店1998年版。

6. 广东炎黄文化研究会编著：《粤韵香飘——吕文成与广东音乐论集》，澳门出版社2004年版。

7. 黄友棣著：《中国民歌的和声》，台湾正中书局印行。

8. 黄见德著：《世纪西方哲学东近史——西方哲学在当代台湾和香港》，首都师范大学出版社2002年版。

9. 周光蓁编著：《香港音乐的前世今生——香港早期音乐发展历程（1930s—1950s）》，三联书店（香港）有限公司2017年10月出版。

10. 江潭瑜主编：《深圳香港社会比较研究》，人民出版社2007年版。

11. 梁茂春著：《香港作曲家——三十至九十年代》，三联书店（香港）有限公司1999年版。

12. 刘靖之著：《中国新音乐史论（下）》，台湾耀文事业有限公司发行1998年版。

13. 刘靖之著：《林声翕传》，香港大学亚洲研究中心、香港大学图书馆2000年版。

14. 吕大乐著：《四代香港人》，进一步多媒体有限公司2007年版。

15. 屈文中著：《音乐技术理论》，香港上海书局有限公司1980年版。

16. 沈冬撰文：《黄友棣——"不能遗忘的杜鹃花"》，台湾时报文化出版企业股份有限公司2002年版。

17. 施金波著：《我的和声语言——中国风格的现代和声》，香港上海书局有限公司1997年版。

18. 汪毓和、陈聆群主编：《回首百年——20世纪华人音乐经典论文集》，重庆出版社1994年版。

19. 吴俊雄、张志伟编：《阅读香港普及文化1970—2000》（修订版），牛津大学出版社2002年版。

20. 吴赣伯著：《中国人与中国音乐》，台湾观念文化事业有限公司2001年版。

21. 吴赣伯编著：《二十世纪香港中乐史稿》，国际演艺评论家协会（香港分会）2006年版。

22. 吴赣伯编：《二十世纪中华国乐人物志》，上海音乐出版社2007年版。

23. 吴俊雄、马杰伟、吕大乐编著：《香港·文化·研究》，香港大学出版社2007年版。

24. 《香港声乐作品目录》，基督教文艺出版社1999年版。

25. 香港中央图书馆特藏文献系列编辑委员会编辑：《香港音乐特藏乐谱目录》，香港公共图书馆2007年版。

26. 徐锦尧：《香港圣乐三十年》，《圣乐文集》，才诗亚主编，香港公教真理学会1994年版。

27. 颜廷阶编撰：《中国现代音乐家传略》，台湾行政院文化建设委员会赞助1992年版。

28. 杨奇主编：《香港概论》（上、下卷），三联书局（香港）有限公司1990、1993年版。

29. 杨育强等编辑：《林声翕纪念集》，香港华南管弦乐团出版部1993年版。

30. 叶惠康著：《音乐宝藏》，香港种子出版社1981年版。

31. 张静蔚编著：《马思聪年谱（1912—1987）》，中国文联出版社2004年版。

32. 赵卫防著：《香港电影史1897—2006》，中国广播电视出版社2007年版。

33. 郑学仁著：《吴大江传》，香港三联书店2006年版。

34. 钟文典、刘义章主编：《香港客家》，广西师范大学出版社2007年版。

35. 周凡夫著：《爱与音乐同行——香港管弦乐团30年》，三联书店（香港）有限公司2004年版。

36. 中央电视台《香港十年》摄制组著：《香港十年》，上海科学技术文献出版社2007年版。

37. 朱琦著：《香港美术史》，四川出版集团四川美术出版社2007年版。

38. 朱瑞冰主编：《香港音乐发展概论》，三联书店（香港）有限公司1999年版。

39. 朱天纬编：《经典歌曲——中国电影百年》，人民音乐出版社2005年版。

（二）乐谱类

1. 陈能济：《故都风情》中国器乐合奏总谱。

2. 陈能济：《音乐卷集》原乡与本土：一个旅人的印象，中国器乐合奏总谱。

3. 陈能济：《孙悟空三打白骨精》（听音乐、讲故事）。

4. 符任之：《倾国魂》，交响诗，中国器乐合奏总谱。

5. 符任之：《新疆情调组曲》，管弦乐合奏总谱。

6. 符任之：《甜姑》（中国民间神话歌剧），声乐及管弦乐伴奏总谱。

7. 广东炎黄文化研究会等合编：《何柳堂何与年何少霞广东音乐曲集》，广州出版社2005年版。

8. 关迺忠：《2001序曲》电子版。

9. 关迺忠：《不死传奇》（芭蕾舞剧）电子版。

10. 关迺忠：《白石道人词义组曲》（合唱）电子版。

11. 关迺忠：《春思》电子版。

12. 关迺忠：《路漫漫》（大提琴协奏曲）电子版。

13. 关迺忠：《追梦京华》（第二二胡协奏曲）电子版。

14. 关迺忠：《第二交响乐》电子版。

15. 关迺忠：《第五钢琴协奏曲》电子版。

16. 关迺忠：《第一打击乐协奏曲》电子版。

17. 关迺忠：《第一笛子协奏曲"蝴蝶梦"》电子版。

18. 关迺忠：《第一二胡协奏曲》电子版。

19. 关迺忠：《丰年祭》电子版。

20. 关迺忠：《管弦丝竹知多少》电子版。

21. 关迺忠：《离骚》（交响诗）电子版。

22. 关迺忠：《孔雀》（交响音画）电子版。

23. 关迺忠：《箜篌引》电子版。

24. 关迺忠：《拉萨行》电子版。

25. 关迺忠：《龙年新世纪》电子版。

26. 关迺忠：《穆桂英挂帅》电子版。

27. 关迺忠：《飞天》（琵琶协奏曲）电子版。

28. 关迺忠：《琴咏春秋》电子版。

29. 关迺忠：《山地印象》电子版。

30. 关迺忠：《花木兰》（唢呐协奏曲）电子版。

31. 关迺忠：《台湾风情》电子版。

32. 关迺忠：《太极和 boxing》电子版。

33. 关迺忠：《逍遥游》电子版。

34. 关迺忠：《北国情怀》（小提琴协奏曲）电子版。

35. 关迺忠：《云南风情》电子版。

36. 关迺忠：《中阮协奏曲》电子版。

37. 郭迪扬：《孟姜女哭长城》（民族交响音诗）中国器乐总谱。

38. 郭迪扬：《石头姑娘》（舞剧）声乐及管弦乐合奏总谱。

39. 郭迪扬编配：《狮子滚绣球》（中国民乐合奏曲谱），香港信成书局印行1976年版。

40. 郭迪扬：《郑和下西洋》（民族交响曲）声乐及中国器乐合奏总谱。

41. 郭迪扬编配：《山丹丹花开红艳艳》（中国民乐合奏曲谱），香港信成书局印行。

42. 黄友棣：《岁寒三友》（大合唱曲），香港幸运乐谱誊印服务社1965年4月订正版。

43. 黄友棣：《民歌新编》，香港幸运乐谱服务社印1966年2月版。

44. 黄友棣：《合唱曲集——黄埔颂·青白红·祖国恋》，台湾正中书局1969年版。

45. 黄友棣：《中国民歌组曲集》，香港幸运乐谱誊印服务社1971年8月版。

46. 黄友棣：《琵琶行》，香港幸运乐谱誊印服务社印行1971年8月重订本。

47. 黄友棣：《唐宋诗词合唱曲》（第一、二、三辑），香港幸运乐谱服务社1980年印。

48. 黄友棣：《颂亲恩》《母亲节歌》《父亲节歌》，幸运乐谱誊印服务社印制。

49. 黄友棣：《抗战歌组曲》（提琴、钢琴合奏曲），香港幸运乐谱誊印服务社印。

50. 黄友棣：《祖国颂》（混声大合唱），幸运乐谱服务社印行。

51. 黄自、林声翕：《长恨歌》（清唱剧全本），韦瀚章词，1978年12月韦瀚章出版。

52. 黎草田：《骆驼祥子》声乐及钢琴伴奏总谱。

53. 黎草田：《再出发进行曲》声乐及钢琴伴奏总谱。

54. 黎草田：《乐谱手迹》陈良提供。

55. 黎草田：《歌曲作品》陈良提供。

56. 黎草田：《合唱作品》陈良提供。

57. 黎草田：《跳鼓》钢琴独奏曲。

58. 梁荣岭编：《中国艺术歌〈百曲集〉》，台湾天音国际出版社有限公司。

59. 林声翕：《抛砖词曲集》（独唱与合唱），香港幸运乐谱誊印服务社1970年印制。

60. 林声翕：《梦痕集》（独唱曲），1972年出版。

61. 林声翕：《你的梦》（混声四部合唱），香港幸运乐谱社1973年11月再版。

62. 林声翕：《山旅之歌》（合唱），中广公司音乐风1974年5月修正版。

63. 林声翕：《鼓盆歌》，韦瀚章词，韦瀚章1975年9月出版。

64. 林声翕：《海峡渔歌》（男高音独唱及混声大合唱），香港华南管弦乐团出版部印行1978年版。

65. 林声翕：《林声翕合唱集》（1），台湾乐韵出版社1980年版。

66. 林声翕：《易水送别》（歌剧），韦瀚章词，市政局香港中乐团1983年版。

67. 林声翕：《轻舟集》（独唱曲），香港幸运乐谱誊印服务社1991年6月1日初版。

68. 林声翕：《鹊桥的想象》（合唱曲），台湾乐韵出版社。

69. 林声翕：《秦地掠影》（钢琴曲）。

70. 林声翕：《迎向春天》（合唱），香港幸运乐谱誊印服务社印制。

71. 卢亮辉：《春》《夏》《秋》《冬》中国器乐合奏总谱。

72. 屈文中：《黄山·奇美的山》（合唱诗篇），台湾乐韵出版社1991年版。

73. 屈文中：《屈文中艺术歌曲选》，台湾乐韵出版社1989年版。

74. 屈文中：《钢琴即兴曲五首》（手稿复印件）。

75. 屈文中：《西厢记》（四幕歌剧），蔡盛通改编钢琴伴奏谱，上海歌剧院艺术档案室收藏。

76. 施金波：《施金波艺术歌曲作品集》，香港艺术发展局1996年赞助出版。

77. 施金波：《施金波钢琴曲作品集》，香港艺术发展局1995年赞助出版。

78. 施金波：《施金波合唱曲作品集》，香港艺术发展局1995年赞助出版。

79. 施金波：《五首速写》（长笛、大提琴、钢琴）作品20。

80. 施金波：《客家山歌组曲》儿童合唱。

81. 施金波：《中国节日组曲》儿童合唱。

82. 《香港声乐作品集》（共8集及另册作品目录），基督教文艺出版社1999年版。

83. 周书绅：《怀念》（钢琴曲），香港新音乐学会1968年版。

84. 周书绅：《龙舞》（钢琴曲），香港新音乐学会1968年版。

85. 周书绅：《抒情歌曲集》，香港音乐研究社出版1969年版。

（三）论文类

1. 子人：香港儿童音乐教育之花——香港叶氏儿童音乐实践中心访问录，《人民音乐》，1987年第5期。

2. 赖斌：香港音乐教育与音乐活动之现状，《中国音乐学》，1987年第4期。

3. 李露玲：回忆歌剧《白毛女》在香港的一次演出，《人民音乐》，1981年第5期。

4. 梁茂春：管弦交响香港情——评香港作曲家陈永华的管弦乐创作，《人民音乐》，1997年第6期。

5. 梁茂春：香港音乐变迁专栏，《音乐生活》，1997年第1期至2000年第1期。

6. 梁茂春：香港音乐的里程碑——为香港中乐团成立25周年而作，《人民音乐》，2002年第12期。

7. 梁茂春：让音乐史研究更全面——关于台湾、香港的研究，《音乐艺术》，2007年第2期。

8. 刘靖之：记香港两次国际音乐研讨会——第三届"中国新音乐史"与"中国音乐与亚洲音乐"研讨会《人民音乐》，1988年第9期。

9. 刘靖之：台湾、香港和澳门当代音乐概览，《中国音乐学》，1991年第1期。

10. 刘靖之：试论香港专业音乐教育的定位，《黄钟》，2003年第2期。

11. 毛继增：香港乐坛近貌——访香港作曲家草田先生，《人民音乐》，1980年第1期。

12. 宁静等：《阎惠昌：香港的繁荣让中乐团活力无限》，《中国艺术报》，2007年7月3日。

13. 屈文中：《我的音乐观》，中央音乐学院学报，1992年第2期（《音乐创作碎语12则》）。

14. 汪毓和：歌剧《西厢记》的曲作者屈文中，《人们音乐》，1989年第2期。

15. 汪毓和：身在香港心系祖国，《人民音乐》，1997年第2期。

16. 魏廷格：1990年在香港举行的两个音乐学术研讨会简述，《中国音乐学》，1991年第1期。

17. 香港合唱艺术之花（通讯），《音乐艺术》，1989年第4期。

18. 亚洲作曲家大会及音乐会在香港举行，《音乐研究》，1981年第2期。

19. 叶纯之：从香港看上音70大寿，《音乐艺术》，1997年第3期。

20. 余昭科：中国民族音乐在香港，《人民音乐》，1981年第1期。

21. 赵沨：从香港三位歌唱家的音乐会想起的，《人民音乐》，1980年第12期。

22. 赵沨：香港回忆香港，《音乐研究》，1997年第2期。

23. 周凡夫：香港乐坛现状概况（上）（下），《人民音乐》，1983年第6、10期。

24. 周凡夫：香港音乐创作概述，《音乐研究》，1986年第4期。

25. 周凡夫：香港、台湾乐坛近况，《人民音乐》，1986年第5期。

26. 宗江：香港明仪合唱团印象，《人民音乐》，1987年第12期。

（四）音响类

1. 陈能济CD：《城寨风情》，收入香港中乐团灌制CD《美乐献知音》。

2. 陈能济CD：《八千里路云和月》，收入香港雨果灌制《龟兹音乐》。

3. 关迺忠CD：交响诗《蝴蝶梦》，中央乐团交响乐队协奏，香港宝丽金1989年版。

4. 关迺忠、陈能济作曲CD：《管弦丝竹知多少》，高雄市立国乐团，关迺忠指挥，香港雨果1993年版。

5. 关迺忠CD：《路漫漫》，台湾高雄市国乐团，关迺忠指挥，香港雨果1993年出版。

6. 关迺忠编曲CD：《马车夫之恋》，俄罗斯爱乐管弦乐团，麦家乐指挥。

7. 关迺忠捐赠音响MP3：如上关迺忠电子版乐谱全套音响。

8. 关圣佑MP3：《祭神》《迎春花》《八仙过海》《再向虎山行》《欢乐年年》《知我无情有情》。

9. 黎草田CD：《大时代中的黎草田》黎草田作品选。

10. 林声翕CD：《白云故乡》林声翕纪念专辑。

11. 林声翕MP3：《中国现代钢琴集锦》。

12. 林声翕CD：《长恨歌及林声翕声乐作品精选》。

13. 屈文中CD：《帝女花幻想序曲、帕米尔畅想曲》，香港唱片6.760502。

14. 屈文中CD：《王昭君》（小提琴协曲），西崎崇子演奏，香港唱片6.242105。

15. 屈文中录音带：《黄山·奇美的山》，台湾福茂唱片公司1983年10月出版。

16. 香港中乐团CD：1989年5月香港荃湾大会堂（现场录音），香港宝丽金出品。

17. 香港中乐团CD：《风采》香港作曲家中乐作品。

18. 香港中乐团CD：《中乐因您更动听》——民族管弦乐导赏（1、2）。

19. 香港作曲家中乐小组作品选CD：《沉香雅韵》。

20. 香港音乐专科学校CD：《中国艺术歌曲选萃》（第一、二辑）。

21. 香港小交响乐团CD：《香港作曲家管弦乐作品》。

22. 香港儿童合唱团CD：《'97回归北京首演实况录音》。

23. 香港儿童合唱团CD：《2000年加拿大艾蒙顿温斯比音乐厅现场音乐会》。

24. 香港歌剧社合唱团CD：《树上的果子》，正大·雨果2002年版。

25. 香港音乐新环境精选CD：第一辑CD。

26. 香港音乐新环境精选CD：第三辑CD。

27. 吴大江MP3：《椰林舞曲》，新加坡人民协会华乐团演奏，王振敬有限公司出版雨果1995年出版。

28.吴大江CD：《缘》，《香港作曲家中乐作品》，香港中乐团录制CD。

29.叶惠康CD：《Symphony in E》。

30.周书绅MP3：《中国钢琴小品集》，周书绅独奏，四海唱片出版社出品。

31.周书绅磁带：《抒情歌曲演唱》，周书绅作曲，香港新音乐学会出版，香港通利琴行发行。

32.周书绅MP3：《圆山梦——周书绅新歌演唱集》，四海唱片出版社出品。

（五）CD-ROM电子版

1.《香港历史1842—1997》，香港公开大学2000年版。

2.《香港音乐特藏乐谱目录》，香港中央图书馆特藏文献系列，香港公共图书馆2004年出版。

（六）采访录音

1.访问黎章民老师的录音——谈香港中华音乐院相关情况（2006.10）。

2.作曲家罗永晖与琵琶演奏家王梓静谈中乐作品《千章扫》及其创作、演奏思维（2007.11.11）。

3.中央图书馆馆长郑学仁谈"香港音乐特藏乐谱"征集活动（2007.11.12）。

4.作曲家陈永华谈香港作曲家词作家协会版权制度及内地作曲家在香港的身份认同（2007.11.12）。

5.作曲家陈庆恩谈近年来的创作（2007.11.12）。

6.美声合唱团总监张朝晖谈香港群众歌咏活动（2007.11.12）。

7.香港管弦乐团市场总监黄志炜谈乐团的演出相关事宜（2007.11.13）。

8.音乐学家余少华谈"香港作曲家"的概念认同及研究方法（2007.11.14）。

9.费明仪女士谈香港合唱音乐的发展（2007.11.15）。

10.香港本土作曲家黄育义谈创作（2007.11.16）。

11.关迺忠谈其生平与创作（2008.4.10）。

12.香港作曲家陈永华谈"移居香港的内地作曲家"及论文指导（2008.5.5）。

13.陈能济谈其生平与创作（2008.5.15）。

14.叶惠康谈其音乐教育思想（2008.5.16）。

（七）其他

1.杜国威编剧、陈能济作曲：《城寨风情》（音乐剧）剧本。

2.费明仪：《世纪之歌贺金禧》——费明仪女士音乐演艺教学金禧之庆纪念册，2000

年7月16日。

3. 费明仪：《长征组歌·大型合唱音乐会》，庆祝香港回归十周年暨中国人民解放军建八十周年节目单2007.8.25—26。

4. 费明仪：《天地之和咏升平》，明仪合唱团43周年音乐会节目单2007.7.15。

5. 关迺忠作品年表。

6. 基督教中国圣乐院（私立香港音乐专科学校）大事年表（1950—2000）。

7. 黎草田纪念音乐协进会：《柯士德音乐之夜》演出节目单2001.12.29。

8. 黎草田纪念音乐协进会：《动人的美洲旋律》（墨西哥风情）——6周年合唱音乐会节目单2002.12.1。

9. 黎草田担任作曲、配器之电影作品名录。

10. 黎草田原创之电影歌曲名录。

11. 黎草田担任作曲、配乐和音乐总监、以及翻译剧本之舞台剧名录。

12. 黎草田刊载于音乐杂志及报章上之创作歌曲曲目。

13. 黎草田原创或改编之广州方言歌曲目。

14. 黎草田编合唱之中外歌曲曲目。

15. 黎草田创作之钢琴独奏曲目。

16. 黎草田填词、译词之歌曲曲目。

17. 黎草田刊载在杂志及报章上的文章篇目。

18. 屈文中作品年表。

19. 屈文中写给汪毓和先生的8封亲笔信。

20. 王梓静：《香港中乐团名家篇》，第三十乐季音乐会节目单2007.7.14。

21. 王梓静：《〈千章扫〉——连接琵琶与狂草的音乐符码》。

22. 王梓静：《琴弦风暴·王梓静与无极乐团简介》，2007.10.17。

23. 韦瀚章：《"野草词人"韦瀚章纪念展》宣传单，2005.10—11。

24. 吴大江：《乐与"缘——吴大江音乐作品展》（生平、年表、节目单）2003.9.17。

25. 香港公共图书馆：《管色清商·香港音乐文献征集藏品展》宣传单2004.9.4—2004.9.23。

26. 香港公共图书馆及德愔琴社合办：《香江琴韵》讲座宣传单2005.10—11。

27. 香港公共图书馆：《雅俗之间：流行曲与香港文化》讲座宣传单2006.1—2。

28. 香港公共图书馆：《香港粤剧丑行略谈》小型展览宣传单2006.11—12。

29. 香港公共图书馆：《南音——香港文化瑰宝》专题讲座宣传单2007.5.26。

30. 香港公共图书馆及德愔琴社合办：《清角遗音》古琴文化展览纪念册。

31. 香港公共图书馆：香港"音乐特藏"征集行动宣传单（2种）。

32. 香港管弦乐团2007/08月季宣传册。

33. 香港教师爱乐合唱团：《深心的爱·百老汇音乐剧慈善音乐会》节目单2005。

34. 香港新音乐社：《音乐春秋》，1948年12月20日发行，李凌·赵沨主编。

35. 香港新音乐社：诗歌工作社合编《唱春牛——新歌丛刊第14辑》。

36. 香港中华音乐院：《星岛日报·音乐周刊（双周刊）》，1947年6月—1948年10月，共41期。

37. 香港中华音乐院：《课程标准》。

38. 香港中华音乐院：《建院四十周年纪念册》，1987年4月1日广州。

39. 香港中文大学：《桃李春风美乐传——庆贺崇基学院55周年校庆》。

40. 香港中文大学：《音乐系全日制学士学位课程》。

41. 香港中文大学：《文学院音乐学部07-08硕士、博士课程》。

42. 香港中文大学：《宣传册》。

43. 香港作曲家及作词家协会：《Your music partner》宣传册2006—2007年。

44. 香港重唱艺术团：《乐海拾贝》，重唱首演音乐会节目单2007.10.1。

45. 音乐学生社编：《晴天之歌》，香港新知书店1948年7月5日出版。

46. 音乐沙龙：《香港2005中外名曲演唱会III》节目单2005.12.7。

47. 《音乐无疆界——香港2007年国际现代音乐节》宣传册2007.11.22—2007.12.1。

48. 张朝晖独唱音乐会·中国经典声乐作品专场节目单2004.7.18。

49. 张朝晖独唱会节目单2002.7.17。

50. 张汝钧：《悠悠岁月声乐情》，庆贺张汝钧老师70华诞暨美声合唱团成立10周年节目单2007.11.11。

附　　录

附录1：移居香港的内地作曲家作品目录（部分）

【附录1-1】陈能济作品目录[①]

作品名称		创作年份	歌词		歌曲种类、演唱方式	所用乐器	首演	
中	英		作者	创作年份			日期	地点
第一弦乐四重奏		1964						
纺织女工		1965						
新疆民歌四首		1974			混声合唱	无伴奏	1974	HKCH
兵车行		1976	杜甫	712—770	混声合唱&朗诵	钢琴/管弦乐	1976	HKCH
大江东去		1983				中乐队		
赤壁怀古		1983				钢琴		
故都风情		1984				中乐队		
梦锁		1984				中乐队		
兵车行（交响合唱）	Chariots Rattle on	1985	杜甫 陈能济		独唱、朗诵、混声合唱	民族管弦	1986	HKCH
港都素描		1990				管弦乐		
山中印象		1992				管弦乐		
音乐卷：原乡与本土		1992				管弦乐		
古词二首	Two Ancient Poems	1993	马致远 崔颢	1250—1324? 704?—754	混声合唱	钢琴	1993	STTH
"人眼天目"之曹洞宗		1993			合唱	钢琴		

[①] 2009年5月统计。

续表

作品名称		创作年份	歌词		歌曲种类、演唱方式	所用乐器	首演	
中	英		作者	创作年份			日期	地点
城寨风情		1994	陈钧润 岑宗伟	1994	混声合唱	民族管弦乐	1994	HK
城寨风情		1994			歌剧	中乐队		
火树银花沐香城		1997				中乐队		
神州赋		1997				管弦乐		
东方之珠礼赞	A Tribute to the Pearl of the Orient	1998	陈钧润 岑宗伟	1998	混声合唱	民族管弦乐	1998.8.28–30	HKCC
瑶姬传奇		2003			歌剧	中乐队		

【附录1–2】符任之声乐作品目录①

作品名称		创作年份	歌词		歌曲种类、演唱方式	所用乐器	首演	
中	英		作者	创作年份			日期	地点
归梦	A Dream of Home-coming	1960	杜若湘	1960	独唱	钢琴	1980.03.09	HKCH
伊犁河水	The Flow of Yili River	1976	哈萨克族民歌	1976	独唱	钢琴	1977.06.04	HKCH
梦霭中	In the Night Mist	1980	叶小玲	1979	独唱	钢琴	1984.09.23	HKCH
黄昏	At Dusk	1981	陈颂	1981	独唱	钢琴	1984.09.23	HKCH
加可兰达之歌	The Song of Jacaranda	1982	邱垂亮	1982	独唱	钢琴	1984.09.23	HKCH
思我故乡	Home Thought	1983	古振辉	1982	独唱	钢琴	1984.09.23	HKCH
认了	Admitted	1984	心笛	1984	独唱	钢琴	1984.09.23	HKCH
我的中华	My Beloved China	1986	符任之	1986	独唱 & 混声合唱	钢琴	1987.08.23	HKCH
欢心歌唱	Songs of Merriment	1980	藏族民歌	1980	混声合唱	钢琴	1981.04.19	HKCH
再见，嘉陵江的朋友	Fare well, Friends of the Jialing River	1981	符任之	1981	混声合唱	钢琴	1986.11.10	HKCH

---

① 2009年5月统计。

续表

作品名称 中	作品名称 英	创作年份	歌词 作者	歌词 创作年份	歌曲种类、演唱方式	所用乐器	首演 日期	首演 地点
童声组曲《白雪公主》	Children's Suite: Snow White	1987	刑浪平	1987	童声合唱	钢琴/管弦乐	1988.02.14	TWTH
只盼鲜花遍开		1984	符任之	1984	男声合唱	手风琴	1990.07.04	HKCH
香港组歌	Suite of Hong Kong	1982–3	古振辉	1982	Soli & 混声合唱	钢琴	1984.09.23	HKCH
思念	Remembrance	1981	叶小玲	1981	独唱	钢琴	1984.09.23	HKCH
望音	Longing for the Home News	1982	邱垂亮	1982	独唱	钢琴	1984.09.23	HKCH
绿洲之歌	The Song of Oasis	1982	路荣基	1982	独唱	钢琴	1984.09.23	HKCH
海南岛,美丽的岛	Hainan, the Beautiful	1985	古振辉	1985	独唱	钢琴	1986.11.10	HKCH
长夜啊	O Long, Long Night	1987	古振辉	1987	独唱	钢琴	1989.12.17	HKCH
寻梦	Tracing the Dream	1988	符任之	1988	独唱	钢琴	1990.07.04	HKCH
宣告——献给遇罗克	An Announcement	1990	北岛诗		独唱	钢琴		HKCH
雪乡的梅	Plum Blossom in snow Village	1986–7	古振辉	1986	Vocal ivertimento	钢琴	1990.07.04	TWTH
霓裳羽衣曲	Songs of the Rainbow Skirt and Feather Coat	1981–2	集体词		歌舞剧	管弦乐/钢琴	1982.01.22	HKCH
香港恋歌	A Hong Kong Love Song	1991	邹允贞	1991	独唱 & 混声合唱	钢琴	1991.12.15	HKCH
唐宋诗词组曲		1995	唐宋诗词		混声、独唱、合唱	钢琴	1996.08.18	HKCH
天涯海角		1995	董华强	1995	独唱	钢琴	1996.08.18	HKCH
火		1993	董华强	1993	独唱	钢琴	1994.11.04	HKNCWCC
海南之歌		1993	符任之	1993	独唱	钢琴	1994.11.04	HKNCWCC

续表

作品名称		创作年份	歌词		歌曲种类、演唱方式	所用乐器	首演	
中	英		作者	创作年份			日期	地点
乡情		1994	符任之	1994	独唱	钢琴	1994.11.04	HKNCWCC
月光下		1992	符任之	1992	独唱	钢琴	1994.11.04	HKNCWCC
屈原诗词清唱剧		1978	郭沫若译词 符任之编词	1978	独唱,混声合唱	民族管弦乐	1984.09.23	HKCH
田姑	Sweet Maiden	1977	集体词	1977	歌剧	管弦乐	1978.03.28—1978.04.05	HKCH

【附录1-3】关迺忠作品年表[①]

作品名	年份	形式	委约者	出版者	长度	可听性
丰年祭	1980	中乐队	香港音统处	雨果、福茂	8分	A
月圆花灯夜	1981	中乐队	香港音统处		9分	A-
春思	1981	中乐队	香港音统处	雨果	8分	A
云南风情	1982	中乐队	香港中乐团	菲利普	22分	A
杏花天影	1983	中乐队	香港演艺发展局	雨果	8分	A-
拉萨行	1984	中乐队（有西版）	香港中乐团	华星、中唱	28分	A
第三钢琴协奏曲	1984	钢琴与中乐队（有西版）	香港中乐团		24分	B
管弦丝竹知多少	1985	中乐队与解说	香港中乐团	雨果	18分	A
穆桂英挂帅（改编）	1986	中乐队	香港中乐团	菲利普	22分	A-
第四钢琴协奏曲"十面埋伏"	1986	钢琴与中乐队	香港中乐团	华星	22分	B-
迎神（改编）	1986	中乐队	香港中乐团		8分	A-
荆楚雄风（改编）	1986	中乐队	香港中乐团		8分	A-
序曲	1987	中乐队	香港中乐团		10分	C
祈雨	1987	中乐队	台湾文建会		9分	B

[①] 2008年4月，作曲家关迺忠本人提供。

续表

作品名	年份	形式	委约者	出版者	长度	可听性
第一二胡协奏曲	1987	二胡与管弦乐队（有中乐伴奏版）	台湾文建会	雨果、福茂、中录、龙音、行文2004中国金唱片、2007十大发烧唱片	28分	A
白石道人词意组曲	1987	独唱合唱与中乐队（有西乐版）	香港中乐团	菲利普 获高雄文艺奖	22分	A
交响诗"离骚"	1987	古琴与中乐队（有西版）	香港中乐团	菲利普	20分	A-
第一笛子协奏曲	1988	曲笛与管弦乐队（有中乐伴奏版）	台湾齐飞唱片公司	菲利普，雨果	28分	A
打击乐协奏曲	1989	打击乐和中乐队	香港中乐团		27分	B
第二交响乐	1989	中乐队和管风琴（有西版）	香港中乐团	获高雄文艺奖	35分	A
中阮协奏曲"青年"	1990	中阮和中乐队	香港中乐团		27分	B
大提琴协奏曲"路"	1990	大提琴和中乐队	香港中乐团	雨果	27分	A
台湾风情	1991	中乐队	台湾文建会	雨果；获高雄文艺奖	27分	A-
山地印象	1991	板胡和中乐队（有西版）	高雄国乐团	雨果	28分	A
唢呐协奏曲"花木兰"	1992	唢呐与中乐队	高雄国乐团	雨果	24分	A-
印象四首	1993	中乐队	香港中乐团		26分	B
亚菲拉民歌12首"鼓舞"	1993	中乐队	高雄国乐团	雨果	52分	B+
提琴协奏曲"北国情怀"	1994	提琴与中乐队（有西版）	高雄国乐团	雨果	32分	A
新疆民歌十首	1994	管弦乐队	雨果唱片公司	雨果	56分	B
第三交响乐	1995	中乐队	台北国乐团		33分	B+
浴火凤凰	1996	中乐队	香港音统处		9分	C
秦风乐舞	1997	中乐队	香港无线电视		7分	B
大提琴小协奏曲	1998	大提琴和管弦乐队（有中版）			20分	B

续表

作品名	年份	形式	委约者	出版者	长度	可听性
山歌	1998	钢琴和中乐团	台湾实验乐团	雨果	12分	B-
交响音画《孔雀》	1998	笙与中乐团	香港中乐团	龙音；获"二十世纪华人音乐经典"	26分	A
金庸武侠小说电视主题幻想曲	1998	中乐队	香港中乐团		27分	B
秋兴	1998	中乐队	香港音统处		14分	B-
第五钢琴协奏曲	1999	钢琴和管弦乐队	香港小交响乐团	雨果	33分	A
龙年新世纪	1999	双打击乐独奏和中乐团	香港中乐团	香港中乐团、雨果	32分	A
寰宇情真	2000	中乐队	香港中乐团		26分	B-
千禧序曲	2000	管弦乐和中乐混合乐队	香港音统处		8分	A
逍遥游	2000	管子和大型中乐队	香港中乐团		28分	A
鹤	2001	中乐队	香港音统处		15分	B-
儿时情景	2001	中乐队	香港音统处		15分	B
第四交响乐	2001	管弦乐队	香港音统处		15分	A-
太极	2002	古琴钢琴和中乐队	新加坡华乐团	FIM唱片公司，获美国"天际最佳录音奖"	8分	A
第二二胡协奏曲"追梦京华"	2002	二胡和管弦乐队	中国国家交响乐团	中录、星文；获2007年十大发烧唱片	31分	A
南北喜相逢	2002	中乐大协奏曲	香港音统处		15分	B-
四季清风	2002	中乐队	台南国乐团		8分	B-
交响诗"琴咏春秋"	2003	古琴、琴歌和中乐队	新加坡华乐团	龙音	27分	A
新加坡随想曲	2003	钢琴和中乐队	新加坡华乐团	龙音	8分	B+
芭蕾舞剧"不死传奇"	2003	中乐队	香港芭蕾舞团		90分	A
神农之祭	2004	中乐队	温哥华中乐团		7分	B
琵琶协奏曲"飞天"	2004	琵琶和中乐队	新加坡华乐团		27分	A-
香江岁月	2004	中音提琴和中乐队	香港音统处		15分	A-
"四世同堂"主题幻想曲	2004	中乐队	天津歌舞剧院		7分	B+

续表

作品名	年份	形式	委约者	出版者	长度	可听性
葡萄牙舞曲12首	2005	中乐队	澳门中乐团		60分	B+
澳门情怀	2005	中乐队	澳门中乐团		70分	B
台湾四季	2006	中乐队	台湾实验乐团		30分	B+
丰年祭第二号	2006	中乐队	台湾实验乐团		7分	A
情系红楼	2007	小提琴和交响乐队	薛伟		30分	A-
箜篌引	2007	箜篌和交响乐队	斯坦福大学		15分	A
阿玲的爱情	2007	中乐队	澳门中乐团		30分	B
笛子变奏曲"回忆"	2008	笛子和中乐队	台湾艺术学院		15分	B
第一钢琴协奏曲	1959	钢琴和交响乐队			25分	B+
第一交响乐	1961	交响乐队			38分	B

【附录1-4】郭迪扬声乐作品目录[①]

作品名称 中	作品名称 英	创作年份	歌词 作者	歌词 创作年份	歌曲种类、演唱方式	所用乐器	首演 日期	首演 地点
夜歌	Serenade	1974	郭迪扬	1974	混声	钢琴	1975.09.14	HKCH
黑眉毛	The Black Eye-brow	1974	郭迪扬	1974	混声	钢琴	1975.09.14	HKCH
青春圆舞曲	The Youth Waltz	1974	郭迪扬	1974	混声	钢琴	1975.09.14	HKCH
采花调	Flower Song	1974	民歌	1974	混声	钢琴	1975.09.14	HKCH
草原摇篮歌	The Cradle Song	1974	郭迪扬	1974	混声小组唱	无伴奏	1975.09.14	HKCH
月下情歌	Moonlight	1974	郭迪扬	1974	混声小组唱	无伴奏	1975.09.14	HKCH
些溜溜	Xie Liu Liu	1975	民歌		混声	钢琴	1976.07.25	HKCH

[①] 2009年5月统计。

续表

作品名称		创作年份	歌词		歌曲种类、演唱方式	所用乐器	首演	
中	英		作者	创作年份			日期	地点
高山木叶堆打堆	High Mountains, Forests and Leaves	1975			混声		1976.07.25	HKCH
蛤蟆跳水	Frogs Jumping into Water	1975	民歌		混声	钢琴	1976.07.25	HKCH
牧马歌	Song of the Horseman	1975	民歌		混声	钢琴	1976.07.25	HKCH
花飘带	Embroidery Belt	1976	民歌		独唱	钢琴	1976.04.19	HKCH
黎族风情画组歌	Life of the Li Tribe Suite	1980	民歌		舞剧	民族管弦乐	1981.01.28	TWTH
念奴娇——驿中别友人	Nian Nu Jiao—Parting with a Friend at the Post	1974	文天祥	1236—1282	混声合唱	民族管弦乐	1980.03.13	HKCH
念奴娇——赤壁怀古	Nian Nu Jiao—Reminiscence at ChiBi	1979	苏轼	1037—1101	混声合唱	民族管弦乐	1980.03.13	HKCH
诉衷情	Su Zhong Qing	1979	陆游	1125—1209	混声合唱	民族管弦乐	1980.03.13	HKCH
郑和颂	Zheng He—In Praise of His Name	1990	郭迪扬	1990	混声合唱	民族管弦	1991.06.07	HKCH

【附录1-5】黄友棣声乐作品目录（部分）

作品名称		创作年份	歌词		歌曲种类、演唱方式	所用乐器	首演		备注
中	英		作者	创作年份			日期	地点	
艺术歌集第一辑		1954	多位		独唱	钢琴			共7首歌曲，包括《杜鹃花》等
艺术歌集第二辑		1954	多位		独唱	钢琴			共9首歌曲，包括《中秋怨》《寒夜》等
艺术歌集第三辑		1954	多位		独唱	钢琴			共12首歌曲，包括《轻笑》《阿里山之歌》等
我要归故乡		1955	李韶		混声合唱	钢琴			四乐章
大树		1955	许建吾		为青年而作的歌	钢琴			
当晚霞满天		1957	钟梅音		混声合唱	钢琴			
秋夕	Autumn Night	1957	张秀亚		混声合唱	钢琴			
艺术新歌		1964	多位		独唱	钢琴			共10首歌曲，幸运乐谱誊写服务社出版
岁寒三友		1964	李韶		混声合唱	钢琴			
黄帝战蚩尤		1965	何志浩		Musical	钢琴			
听琴		1965	韩愈 苏轼	768—824 1037—1101	独唱&朗诵	钢琴			见天同出版社出版《名歌选》第三册
民歌新编		1966	中国民歌			钢琴			共7首歌曲，幸运社出版
琵琶行		1966	白居易	772—846	混声合唱&朗诵	钢琴			1971重订
听董大弹胡笳弄		1967	李顾		混声合唱&朗诵	钢琴			
云山恋		1967	许建吾		混声合唱	钢琴			五乐章
遗忘	To Forget	1968	钟梅音		女高音独唱	钢琴&小提琴			大中华出版社，1969编为混声合唱，幸运乐谱誊写服务社出版
中华颂		1969	梁寒操		2-部合唱	钢琴			天同出版社
迎春接福		1969	客家民歌 邹瑛配词		混声合唱	钢琴			粤北客家民歌组曲
碧海夜游		1970	韦瀚章	1906—1993	独唱	钢琴			
天山明月		1970	新疆民歌		混声合唱	钢琴			新疆民歌组曲三首

续表

作品名称		创作年份	歌词		歌曲种类、演唱方式	所用乐器	首演		备注
中	英		作者	创作年份			日期	地点	
云南跳月（组曲）		1971	云南民歌		独唱，二重唱，&混声合唱	钢琴			共5首歌曲
望乡曲		1971	贵州民歌		女高音独唱	钢琴			共2首歌曲
石榴花顶上的石榴花		1972	荷 子		男声合唱/混声合唱	钢琴			
江南莺飞		1972	江苏民歌 何志浩配词		女声二重唱	钢琴			江苏民歌组曲2首
鸣春组曲		1973	韦瀚章	1906—1993	独唱/混声合唱	钢琴			共2首歌曲 1980改为混声合唱
秋夜闻笛		1973	韦瀚章	1906—1993	独唱	钢琴/笛	1973	HKCH	1974编为混声合唱
爱物天心		1974	韦瀚章	1906—1993	联篇歌唱/混声合唱	钢琴、笛、小提琴			共5首歌曲
木兰从军		1975	黎觉奔		歌剧	管弦乐			一景三场，三民书局出版
儿童艺术歌曲20首		1976	翁景芳		童声艺术歌曲	钢琴			
清凉歌		1977	多位		混声合唱				佛教新歌18首
梦见珍妮		1978			独唱&混声合唱				Stephen Foster原作
唐宋诗词合唱第一辑		1979	唐宋诗词		混声合唱	钢琴			共10首
唐宋诗词合唱第三辑		1980	唐宋诗词		混声合唱	钢琴			共10首
重青树		1981	韦瀚章	1906—1993	大合唱				
慈乌夜啼		1982	白居易		混声合唱				
月之颂		1985	刘明仪		混声联唱				共3首
鹿车铃儿响叮当		1986	韦瀚章	1906—1993	儿童音乐剧				
妈妈，您永远年轻		1987	胡心灵	772—846	混声合唱				
安详之歌		1988	多位		混声合唱				共4首

续表

作品名称		创作年份	歌词		歌曲种类、演唱方式	所用乐器	首演		备注
中	英		作者	创作年份			日期	地点	
血战古宁头		1989	黄 莹		联唱for混声合唱	钢琴			
湖色		1990	徐 訏	1908—1980	合唱	钢琴			纪念徐訏诗作音乐会其中之一
梦回		1991	程瑞流		独唱	钢琴			
"新生"儿童大合唱		1992	何巴栖		童声齐唱、独唱、2部合唱				六乐章
正气歌		1993	文天祥	1236—1282	2部合唱/混声合唱	钢琴			
六堆客家人		1994	客家民谣		混声合唱				
山林颂		1995	翟丽璋		混声合唱				四乐章

*作曲者创作及改编的声乐作品众多，此处未能尽录。具体可参见黄友棣个人网站："音乐菩萨黄友棣"中"作品年表"部分——http：//www.inmjh.kh.edu.tw/music/03_music/music_all.htm，或参见沈冬撰文：《黄友棣——不能遗忘的杜鹃花》，台湾时报文化出版企业股份有限公司2002年版，第150—177页。

【附录1-6】黎草田声乐作品目录（部分）

作品名称		创作年份	歌词		歌曲种类、演唱方式	所用乐器	首演		备注
中	英		作者	创作年份			日期	地点	
游击队歌		1940	万迪照		独唱				发表于《每月新歌选》十期《士兵歌曲专号》
战马嘶鸣		1940	蒲 风		独唱				同上
过来吧，兄弟		1940	张 煦		独唱				同上
留在那里干什么		1943	张 煦		独唱				发表于《音乐知识》一卷三期
家门前		1943							同上一卷四期
我们有一切		1944	立 波		混声合唱				同上一卷五期
文化劳军曲		1943							同上二卷一期
一条心		1944							同上二卷二期

续表

作品名称		创作年份	歌词		歌曲种类、演唱方式	所用乐器	首演		备注
中	英		作者	创作年份			日期	地点	
大地之歌		1944							
白云山之歌		1944	陈 云		混声合唱		1944	桂林	
我站在悬崖上		1944	野 雪		独唱	钢琴	1944	桂林	
我有一盏灯		1944	国 伦		独唱		1944	桂林	
我底歌		1944	史 潮		独唱	钢琴	1947.04		刊于《新音乐》六卷五期
我们需要民主、自由		1944	耕 畴		混声合唱		1944		抗日宣传
香甜的歌儿		1944	克 锋		独唱&合唱		1944	广西	
浮云		1944	沙 野		独唱	钢琴	1944	HKCH	
和平序唱		1945	史 莽		男声二重唱		1945	贵阳	《为胜利而歌》音乐会
古怪歌（广州方言）		1946	庞 岳		独唱				发表于《新音乐》月刊华南版一卷四期
我们的歌		1946	李广田		混声合唱		1946.12		同上一卷六期
幡杆灯笼红又红（广州方言）		1946	符公望草田		独唱		1946.12		同上
遥远的女郎（广州方言）		1946	符公望		独唱				
亲爱的		1948	符公望		独唱				
流氓皇帝赶搬家		1948	芦 荻		独唱				发表于香港《文汇报》48年12月28日
解放花、幸福果！		1949	草 田		独唱				同上49年4月25日
国旗歌		1949	艾 青	1910–1996	独唱				同上49年10月20日
唱个歌儿慰劳你		1949	草 田		独唱				发表于香港《大公报》49年10月29日

续表

作品名称		创作年份	歌词		歌曲种类、演唱方式	所用乐器	首演		备注
中	英		作者	创作年份			日期	地点	
当柴卖（广州方言）		1950	集 体		独唱				发表于香港《文汇报》50年1月11日
更响亮地唱吧！		1950	草 田		独唱				同上50年1月25日
两双布鞋		1950	刘 曲						发表于香港《大公报》50年5月8日
新的岛、新的山、新的水！		1950	草 田						同上50年5月25日
家庭曲		1952	瞿 鹿			乐队			电影《蜜月》插曲
綵舞曲		1953	杨 髦			乐队			电影《绝代佳人》插曲
爱的纠纷		1953	李儁青			乐队			电影《翠翠》插曲
小舞娘		1953	志 宵			乐队			电影《小舞娘》插曲
期待着明天		1953	杨 髦			乐队			电影《花花世界》插曲
中秋月		1953	石 泉			乐队			电影《中秋月》插曲
抬起头来		1953				乐队			电影《红菱》插曲
读书郎		1953	宋 扬			乐队			电影《草心》插曲
摘果歌		1954							发表于香港《文汇报》54年6月4日
骆驼祥子		1979	袁立勋	1979	独唱/混声合唱	中乐	1979	HKCH	话剧《骆驼祥子》插曲
天际今夕星稀散		1982	集 慧	1982	独唱&混声合唱	管弦乐	1982	HKCH	话剧《象人》插曲
风萧萧兮易水寒		1982	陈有后	1982	混声合唱	中乐	1982	HKCH	话剧《大刺客》插曲

续表

作品名称		创作年份	歌词		歌曲种类、演唱方式	所用乐器	首演		备注
中	英		作者	创作年份			日期	地点	
同唱一支歌		1982	洪源						城市民歌
静夜思		1986	李白	701—762	独唱		1998	HKCH	
小丑之歌		1986	方家煌	1986	混声合唱		1986	HKAPA	话剧《榕树下》插曲
Felicity 之歌		1987	海滴	1987	独唱		1987	HKAPA	话剧《影盒子》插曲
朱古力大王		1987	王渌强	1987	童声		1990		话剧《朱古力大王》插曲

* 作曲者创作及改编之声乐甚丰，此处未能尽录。具体可参见傅月美主编《大时代中的黎草田——一个香港本土音乐家的道路》，香港三联书店1998年版，第348—380页。

【附录1-7】林声翕声乐作品目录（部分）

作品名称		创作年份	歌词		歌曲种类、演唱方式	所用乐器	首演		备注
中	英		作者	创作年份			日期	地点	
满江红		1932	岳飞	1103—1141	独唱/混声合唱	钢琴			
渔夫		1935	张志和		独唱	钢琴			
春晓		1936	孟浩然	689?—740?	独唱	钢琴			
夏夜		1936	林上延		独唱	钢琴			
白云故乡	Homeland beyond the Clouds	1938	韦瀚章	1906—1993	独唱	钢琴			
浮图关夜雨		1938	华文宪		独唱	钢琴			
水调歌头		1942	苏轼	1037—1101	独唱	钢琴			
草绿芳洲		1943	左辅		独唱	钢琴			
期待		1950	徐訏	1908—1980	独唱	钢琴			
轮回		1950	徐訏	1908—1980	独唱	钢琴			
弄影		1951	许建吾	1906—1993	独唱	钢琴			
恋春曲		1953	韦瀚章	1906—1993	独唱	钢琴			
清明时节		1953	韦瀚章	1906—1993	独唱	钢琴			
送别		1957	韦瀚章	1906—1993	独唱	钢琴			
秋夜		1957	韦瀚章	1906—1993	独唱	钢琴			

续表

作品名称		创作年份	歌词		歌曲种类、演唱方式	所用乐器	首演		备注
中	英		作者	创作年份			日期	地点	
寒夜		1957	韦瀚章	1906—1993	独唱	钢琴			
燕子		1958	韦瀚章	1906—1993	独唱	钢琴			
慈母颂		1958	韦瀚章	1906—1993	独唱	钢琴			
鹊桥仙		1960	秦观	1049—1100	独唱	钢琴			
黄花		1961	许建吾		独唱	钢琴			
路		1965	许建吾		独唱	钢琴			
苏轼迴文词四首	Four Cancrizans Poems by Su Shi	1965初稿 1989抄正	苏轼	1037—1101	独唱	钢琴	1990.02.17		
望云		1970	王文山		独唱	钢琴			
何年何日再相逢		1970	王文山		独唱	钢琴			
难得		1971	徐志摩	1896—1931	独唱	钢琴			
红梅曲		1971	韦瀚章	1906—1993	独唱	钢琴			
踏莎行		1971	欧阳修	1007—1072	独唱	钢琴			
翠微山上的月夜		1971	胡适	1891—1962	独唱	钢琴			
天祥道中		1972	韦瀚章	1906—1993	独唱	钢琴			
春深几许		1972	韦瀚章	1906—1993	独唱	钢琴			
黄昏院落		1972	韦瀚章	1906—1993	独唱	钢琴			
微笑		1973	程瑞流		独唱	钢琴			
睡歌		1974	徐訏	1908—1980	独唱	钢琴			
指南山之夜		1977	程瑞流		独唱	钢琴			
致远行人		1978	易金		独唱	钢琴			
心声颂		1981	简善南		独唱	钢琴			
虫、蛹、蝶		1982	欧阳佐翎		独唱	钢琴	1982.12		首演于浸会出版社"圣歌之夜"
山旅之歌	Song of High Mountain	1973	黄莹		独唱混声合唱	钢琴			共6首独唱曲
鼓盆歌		1975	韦瀚章	1906—1993	联篇歌唱、独唱	长笛/钢琴			共3首独唱曲

续表

作品名称		创作年份	歌词		歌曲种类、演唱方式	所用乐器	首演		备注
中	英		作者	创作年份			日期	地点	
田园三唱	Pastorales	1976	白居易 Arther Wale 英译 Clive Simpson / Hsiung Hung 韦瀚章 配词		联篇歌唱 独唱	钢琴			共3首独唱曲. 歌词分别取自白居易《古筑篌》，C.Simpson 和 Hsiung Hung 的作品
海峡渔歌		1978	黄莹		联篇歌唱 独唱 & 混声合唱	钢琴			共6首
狮城云晚		1982	黄任芳		联篇歌唱 混声合唱	钢琴			共3首
阿里山观日出		1984	杨仲揆		联篇歌唱 独唱	钢琴			共4首
旅客		1958	韦瀚章	1906—1993	2部 合唱	钢琴			
重游西湖		1958	韦瀚章	1906—1993	2部 合唱	钢琴			
祝福		1970	徐訏	1908—1980	2部 合唱/混声合唱	钢琴			
迎春曲		1957	韦瀚章	1906—1993	3部 合唱	钢琴			
围炉曲		1958	韦瀚章	1906—1993	3部 合唱	钢琴			
一曲骊歌别君前		1936	林上延		混声合唱	钢琴			
渭城曲		1960	王维	701—761	混声合唱	钢琴			
水仙花		1960	中国民歌		混声合唱	钢琴			
一根扁担		1960	中国民歌		混声合唱	钢琴			
掀起你的盖头来		1960	中国民歌		混声合唱	钢琴			
笑之歌		1969	林声翕		混声合唱	钢琴			
你的梦	Your Dream	1969	徐訏	1908—1980	混声合唱	钢琴	1969	台湾	
迎向春天		1970	王尚义		混声合唱	钢琴			
时代		1972	秦孝仪		混声合唱	钢琴			
心醉		1972	何志浩		混声合唱	钢琴			
夜雨闻铃肠断声	On Hearing Heart-breaking Bells	1972	韦瀚章	1906—1993	混声合唱	钢琴			黄自《长恨歌》补遗

续表

作品名称		创作年份	歌词		歌曲种类、演唱方式	所用乐器	首演		备注
中	英		作者	创作年份			日期	地点	
万福之门		1973	黎世芬		混声合唱	钢琴			
明天		1974	王大空		混声合唱	钢琴			
大空歌		1974	韦瀚章	1906—1993	混声合唱	钢琴			
晚晴		1975	韦瀚章	1906—1993	混声合唱	钢琴			
梨山花开		1975	黄莹		混声合唱	钢琴			
无字的真言		1977	金阁寺诗句		混声合唱	钢琴			
恭贺新禧		1978	韦瀚章	1906—1993	混声合唱	钢琴			
崭新的时代		1980	羊令野		混声合唱	钢琴			
黄花岗上		1982	黄莹		混声合唱	钢琴			
五饼二鱼	Five Loaves and Two Fish	1985			混声合唱	钢琴	1985	九龙城浸信会	
中华颂歌	Ode to China	1987			合唱、交响诗				

*作曲者创作及改编的声乐作品众多，此处未能尽录。具体可参见刘靖之著《林声翕传》，香港大学亚洲研究中心、香港大学图书馆2000年出版，《林声翕年谱》部分，第211—226页。

【附录1-8】屈文中香港时期作品年表（部分）

作品名称		创作年份	歌词		歌曲种类、演唱方式	所用乐器	首演		备注
中	英		作者	创作年份			日期	地点	
李白诗四首	Four Poems by Li Bai	1976	李白	701—762	混声合唱	钢琴/管弦乐		HK	
广东民谣三首		1976				管弦乐			
十面埋伏		1976				琵琶&管弦乐			1983香港金唱片奖
春天组歌	Songs of Spring	1977			混声合唱	钢琴			
家乡的歌	Songs of Home	1977			混声合唱	钢琴		HK	
啊！塔吉克						口琴&管弦乐	1977.08	HK	

续表

作品名称		创作年份	歌词		歌曲种类、演唱方式	所用乐器	首演		备注
中	英		作者	创作年份			日期	地点	
西江月		1978	苏轼	1037—1101	独唱	钢琴			作于中秋节
"现代"三首		1978				钢琴组曲			
帝女花幻想序曲		1979				小提琴&管弦乐	1980	HK	1985香港金唱片奖
花是落了		1979	何 达	1915—1994	独唱	钢琴			
故乡有条清水河		1981	佚 名		独唱	钢琴			
春神		1981	许建吾		独唱	钢琴			
我爱这土地		1981	艾 青	1910—1996	独唱	钢琴			
怅惘		1981	朱自清		独唱	钢琴			
也许		1981	闻一多	1899—1946	独唱	钢琴			
雪花的快乐		1981	徐志摩	1896—1931	独唱	钢琴			
为什么	Why	1981				管弦乐			
喜乐		1982				管弦乐			
中国民谣钢琴小品四十首		1982				钢琴			
黄山·奇美的山	Yellow Mountain, Wondrous Beautiful Mountain	1983	晏 明		合唱诗篇	钢琴	1983.7	台北，1984台湾优良唱片金鼎奖；台湾作曲金鼎奖	
兰花吟		1983				管弦乐			
西厢记	The West Chamber	1985			歌剧	管弦乐		台北	
台湾组曲	Taiwan Suite	1986			独唱	琵琶&管弦乐			
王昭君		1986			独唱	琵琶&管弦乐			
啊！泰国		1986				管弦乐			
月儿高		1986				琵琶&钢琴			

续表

作品名称		创作年份	歌词		歌曲种类、演唱方式	所用乐器	首演		备注
中	英		作者	创作年份			日期	地点	
乡吟		1987				钢琴三重奏			
战争安魂曲		1987				管弦乐			
即兴曲五首		1989				钢琴			
天山云雀		1990				歌剧			
乡愁		1990			佛教歌曲	钢琴			
造福观音		1990			佛教歌曲	钢琴			
钢琴前奏曲8首		1991				钢琴			
中国我的爱		1991			声乐	钢琴			为辛亥革命80周年而作

【附录1-9】施金波声乐作品目录

作品名称		创作年份	歌词		歌曲种类、演唱方式	所用乐器	首演		备注
中	英		作者	创作年份			日期	地点	
在春天里	In Spring Time	1956	施金波	1956	独唱	钢琴	1956		上海音乐学院获奖作品
香妃组曲	A Suite of the Buddhist Communities	1963	梁寒操 向 伶	1963	独唱 混声合唱/ 男声合唱	管弦乐/ 钢琴	1963.04.18	HKCH	委约
你在何方	Where are you My Dearest	1963	向 伶	1963	独唱	钢琴	1963	HKCH	委约
外国民歌三首	Three Foreign Folk Songs	1965—1972	俄罗斯 印尼 波兰		混声合唱	钢琴			
六首佛教社团粤语歌曲	Six Songs for the Buddhist Communities	1968—1977	多位	1963	齐唱/独唱	钢琴			委约
中国民歌五首	Five Chinese Folk Songs	1970—1982	安徽 云南 山西 新疆民歌		独唱、混声合唱/ 男声合唱	钢琴			"星岛全音"灌盒带
石头塞	Abode of Stone	1970	石大瑞		独唱	钢琴	1978.09.20	HKCH	

续表

作品名称		创作年份	歌词		歌曲种类、演唱方式	所用乐器	首演		备注
中	英		作者	创作年份			日期	地点	
望夫石	Amah Rock	1971	浩 瀚		独唱	钢琴	1976.02.11	HK St John's Cathedral	
雾	Fog	1978	海 南		独唱	钢琴	1978.12.31	HKCH	
三首抒情诗	Three Lyric Poems	1978—1986	佚 名 王心怡		独唱 & 混声合唱	单簧管 & 打击乐	1979.03. 1986.11. 1997.05.	HKCH	
客家山歌组曲	A Suite of Hakka Mountain Song	1984	广东梅县、紫金、客家山歌		童声 / 男声合唱（3部）	打击乐 钢琴	1983.07.09	HKCH	委约
中国节日组曲	A Suite of Chinese Festivals	1987	吴瑞卿 施金波	1987&1994	童声 / 男声合唱（3部）	钢琴	1987.07.26	Performed in the UK concert	委约
遥远的歌	A Distant Song	1988	王秀月	1988	独唱	钢琴	1988.07.06	上海广播大塔	获奖
两首徐訏诗作品	Two choires on Xu Xu's Poems	1990	徐 訏	1908—1980	独唱 & 混声合唱	钢琴	1990.12.18	HKCH	委约
致亡妻	To Lara My Beloved	1994	程瑞流 施金波 及 George Santayana		独唱	钢琴			
绿春	Green Sping	1994	梁月玲		独唱	钢琴			
童诗三首	Three children's Song	1995	梁世荣 雷 霆 滴 滴		独唱	钢琴			
对窗吟	Chant to the Window	1995	徐 訏	1908—1980	独唱	钢琴			
默然的我在林中	Quietly in the Woods	1995	寄 客		独唱	钢琴			
问	Inquire	1995	陈文中		独唱	钢琴			
两首古诗	Two Old Time Poems	1995	马致远 李清照		独唱	钢琴			

【附录1-10】叶惠康作品目录

作品名称		创作年份	歌词		歌曲种类、演唱方式	所用乐器	首演		备注
中	英		作者	创作年份			日期	地点	
A小调大提琴协奏曲		1955				大提琴及管弦乐队			三个乐章
山林里的黄昏		1955				巴松、钢琴			
南海渔歌		1958			合唱	管弦乐			
赶集		1958				管弦乐			
利川情歌		1959				小提琴、钢琴			
建始山歌		1959				小提琴、钢琴			
A大调弦乐四重奏		1962							
中国海		1967			合唱	钢琴			
追月		1967			合唱	管弦乐			
羔羊颂		1968			圣乐清唱剧				
赋格曲第一首		1968				钢琴			
赋格曲第二首		1968				钢琴			
中国海		1968	冯明之		合唱	钢琴	1968	HK	
青年进行曲		1968	叶惠康		混声合唱	钢琴	1968	HK	
青年学生之歌		1968	易君左		合唱		1968	HK	
艺术之歌		1968	区协均						
教会青年布道歌		1968	徐松石		合唱		1968	HK	
大地交响曲	Symphony of Earthy	1968			混声合唱	管弦乐	1969	USA	
外国民歌改编12首（合唱）		1969—1997	民歌（不同译者）		合唱	钢琴	1969—1997	HK	
中国民歌改编51首（合唱）		1969—1975	民歌		合唱	钢琴	1969—1975	HK	
音乐颂		1970				合唱，钢琴伴奏			

续表

作品名称		创作年份	歌词		歌曲种类、演唱方式	所用乐器	首演		备注
中	英		作者	创作年份			日期	地点	
南海渔歌		1970—1971	叶惠恒		混声合唱	钢琴/管弦乐			
羔羊颂	The Lamb of God	1971	叶惠恒		混声合唱	钢琴	1971	HK	
音乐颂		1972	易辰（叶惠恒）		混声合唱	钢琴	1972	HK	
嘎达梅林的故事		1972	中国民歌叶惠康改编		合唱	钢琴	1972	HK, Singapore	
基督徒青年进行曲		1972			圣歌	钢琴			
蒙古民族英雄达默林的故事		1972			音乐剧	钢琴			
武装我们的心		1972	郑国光		齐唱		1972	HK	
青年进行曲		1973			合唱	钢琴			
儿童进行曲		1973	叶惠康		合唱	钢琴	1973	HK	
童年回忆		1973				钢琴组曲			五首
青年歌集		1975			混声合唱	钢琴			四首
哈米吉多顿（最后的战役）		1975	叶惠恒		混声合唱	钢琴/管弦乐	1975	HK	
月夜		1975	中国民歌		合唱、舞蹈	钢琴/打击乐	1975	HK	
月夜		1977	云南民歌			钢琴&器乐伴奏			
交响诗–我们的学校		1978			合唱&管弦乐		为香港浸会学院二十五周年庆典委约而作		
基督的三个试探		1979			合唱	钢琴/管弦乐			三乐章
你仍年青		1980			男声合唱				
我的祷告		1980	叶成芝		合唱		1980	HK	

续表

作品名称		创作年份	歌词		歌曲种类、演唱方式	所用乐器	首演		备注
中	英		作者	创作年份			日期	地点	
祝贺		1981			女声无伴奏合唱		1981		亚洲作曲家联会开幕音乐会而创作委约
美满前途全力创		1982			独唱/齐唱	管弦乐	1982	HK	
和平之歌		1986			合唱	管弦乐			香港中乐团委约
五首广东民歌		1986			独唱/合唱	钢琴			
快乐的啰嗦		1986	四川彝族民歌		合唱	钢琴			
美好的童年		1988	Joseph Chow		合唱	钢琴	1988	HK	
一点开心						钢琴		HK	
香港浸联会金禧纪念歌		1988			齐唱				
培正中学创校100周年纪念歌		1988			齐唱				
矜悯为怀		1989			合唱		1989	HK	
小提琴与合唱改编作品多首		1988-1996			合唱&小提琴独唱	小提琴	1988—1996	HK, Ameica Europe Asina	
E音上的交响乐		1990							四个乐章
序曲-"中西共汇"		1990			管弦乐				香港中乐团委约
欢唱童年		1994	郑国光		合唱		1994	HK	
儿童是我们的未来		1999			合唱				为1999北京国际儿童合唱节，及1999香港国际儿童合唱节创作

【附件1-11】周书绅声乐作品目录：

作品名称		创作年份	歌词		歌曲种类、演唱方式	所用乐器	首演	
中	英		作者	创作年份			日期	地点
鸟之声	Voice of Bird		艾 青	1910—1996	独唱	钢琴		
再别康桥	Goodbye Cambridge		徐志摩	1896—1931	独唱	钢琴		
原谅	Forgiveness		徐 訏	1908—1980	独唱	钢琴		
夜曲	Nocturne		宋郁文		独唱	钢琴		
月光曲	Moonlight		李 白	701—762	独唱	钢琴		
长命女	Best Wishes		冯延已	903—960	独唱	钢琴		
小妞儿	Naughty Girl		马嘉七		独唱	钢琴		
相亲	The Little Fiance		中国民歌		独唱	钢琴		
老人	The Old man		何锦玲		独唱	钢琴		
眼	Beautiful Eyes		陈庆之		独唱	钢琴		
白云飘飘	Home Sickness		曹承修		独唱	钢琴		
美丽的远景	Beautiful Vista		许建吾		独唱	钢琴		
等待	A Waiting		许建吾		独唱	钢琴		
心曲	Secret Song		许建吾		独唱	钢琴		
遥看	The Look Out		许建吾		独唱	钢琴		
夕阳	Sunset		许建吾		独唱	钢琴		
飞蛾	A Moth		许建吾 黄建国		独唱	钢琴		
幻影	Illusion		许建吾		独唱	钢琴		
灿烂的霞彩	Clouds of Sparking Hues		许建吾		独唱	钢琴		
彷徨	Anxiety		许建吾		独唱	钢琴		
怀念	Meditation		许建吾		独唱	钢琴		
一篇诗笺	Chanson D'Amour		李海灵		独唱	钢琴		
一个愿望	A Goodwish		李海灵		独唱	钢琴		
思亲曲	Mid-Autumn Song		周书绅		独唱	钢琴		

续表

作品名称		创作年份	歌词		歌曲种类、演唱方式	所用乐器	首演	
中	英		作者	创作年份			日期	地点
圆山梦	Love of Yuen San		周书绅		独唱	钢琴		
四川山歌	Song of Chung-king		周书绅		独唱	钢琴		
听雨	Rain Drops		周书绅		独唱	钢琴		
巨航	The Giant Navigator		顾一樵		独唱	钢琴		
你好比一朵鲜花	You Are Like a Bloom		顾一樵		独唱	钢琴		
画中人	Lady in a Picture		顾一樵		独唱	钢琴		
钮扣	Button		谢 明		独唱	钢琴		
愁云	Sorrow		谢 明		独唱	钢琴		
叹离别	Farewell Song		马嘉七		独唱	钢琴		
雾四月	Misty April		谢 明		独唱	钢琴		
昨夜在梦里	Dream of Last Night	1990—1991	陈 芸		独唱	钢琴		
我爱香港	I Love Hong Kong		周书绅		混声合唱	钢琴		
大海颂	La Mer		黄和戎		混声合唱	钢琴		
和谐曲	Harmony		黄和戎		混声合唱	钢琴		
相思曲	Song of Love		王文山		二重唱	钢琴		
青年颂	Little Match		脱维善		齐唱	钢琴		

另：吴大江作品众多，其年表及音乐作品目录等具体情况均已出版，故此处不再另附目录，详见郑学仁著：《吴大江传》，香港三联出版社2006版，第500—547页。

附录2：移居香港的内地作曲家掠影

【图片附2-1】黎草田

【图片附2-2】林声翕

【图片附2-3】黄友棣

【图片附2-4】叶惠康

【图片附2-5】吴大江

【图片附2-6】周书绅

【图片附2-7】施金波

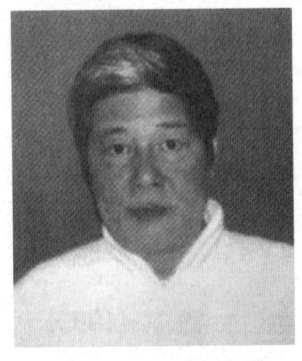

【图片附2-8】关圣佑

【图片附2-9】陈能济

【图片附2-10】卢亮辉

【图片附2-11】郭迪扬

【图片附2-12】屈文中

【图片附2-13】符任之

【图片附2-14】关迺忠

＊图片来源：香港作曲家联会

附录3：移居香港的内地作曲家1977—2003年受香港中乐团委约、委编中乐作品量表：

年度 作品量 作者	77	78	79	80	81	82	83	84	85	86	87	88	89	90	91	92	93	94	95	96	97	98	99	00	01	02	03
				乐团总监/指挥：吴大江							关迺忠				空缺		夏飞云	石信之		空缺				简惠昌			
吴大江	9	12		5	2	3	2	4	1																		
关圣佑	1	6	8	2	2	1	4															1					
陈能济	4	6		3	2		3	3	7	2	4	3		1	1		5	3	1	4	8	13	7	17	3		
卢亮辉	1	15	8	16	14	11	4	4	7										6	1	2			2		1	
符任之	1	4	3	4	7	3	5	2	5	4	2	2	3			2	1					2					
郭迪扬		15	1	9	2			1		1			2														
关迺忠				1	1	1	3	6	4	7	2	6	9	1		1	11		2		6	3	1	2	1		
叶惠康				1						5		6	1	1						2							
林声翕					1		2		1	2																	
周书绅						1		1																			
施金波									1																		
黄友棣																		2		2							
王强																	1										
以上作曲家 作品年度量	16	58	21	40	31	20	23	20	25	15	8	17	15	3	1	3	18	5	9	9	16	19	9	21	4	1	0
乐团年度 作品总计	36	103	88	116	86	56	70	62	79	51	52	70	70	52	24	46	55	38	56	33	45	42	35	55	20	44	26
%	44	56	24	34	36	36	32	32	32	29	15	24	21	6	4	7	33	13	16	27	36	45	26	38	20	2	0

211

附录4：中央音乐学院香港校友会成员名单（2007年4月统计）

专业				名单				
作曲	1	陈建华	2	徐伯阳	3	符任之	4	叶惠康
	5	蔡正怡	6	张雄海	7	陈能济	8	何松
	9	杨宝智						
钢琴	1	李菊红	2	黎竞	3	白哲敏	4	区昊
	5	毛贞平	6	蔡郁如	7	陈荣桥	8	黄安爵
	9	王宣业	10	高海旦	11	邱天龙[①]	12	邱天虎
	13	谢丕龙	14	吴素娥	15	陈家立	16	黄舜娥
	17	梁美	18	刘兰生	19	陈兆勋	20	刘诗昆
	21	吴道威	22	张美琼	23	李荷辉	24	林绍芬
	25	谢达群	26	张茵舜	27	沈薇	28	谢立群
	29	侯钻珠	30	王爱农	31	金洁（阿荣）	32	梁安丽
	33	洪昶	34	谢志莉	35	白素莉	36	吕良玲
	37	许华	38	谢彩玉	39	吴嘉	40	梁其玲
	41	崔世光	42	杨瑟安	43	云平	44	金婉薇
	45	徐新英	46	杨若和	47	陈健英	48	杨之健
	49	林玲	50	马托尼（志平）				
小提琴	1	林克汉	2	卢柱东	3	丘建华	4	林深
	5	刘一瀛	6	阎泰山	7	林振雄	8	孙丰
	9	田克明	10	李美荣	11	张伟立	12	毛华
	13	田琳	14	宗小谦	15	白玲	16	蔡美莹
	17	李其玲	18	杨彩升	19	何红英	20	李永辉
	21	王思恒	22	张希	23	程立	24	曲畅
声乐	1	罗忻祖	2	夏秋燕	3	谢芷琳	4	邹允贞
	5	谭美兰	6	何克	7	张汝钧	8	赵春琳
	9	陈丽卿	10	刘锦兰	11	林徐伟	12	李远榕
	13	黎岩	14	许嘉慧				

[①] 邱天龙在读期间为钢琴与指挥双专业毕业。

续表

专业			名单					
歌剧	1	李铭森	2	张希全				
二胡	1	王国潼	2	黄安源	3	游旨贤	4	余昭科
	5	王晓南	6	辛小玲	7	王惠	8	黄晨达
	9	刘扬	10	何涛				
长笛	1	马思芸	2	张嫦华	3	钱颖琼	4	杨磊
	5	宋莹杰	6	张智勇				
低音提琴	1	陈辉	2	林明璋	3	陈公琪	4	梁志和
中提琴	1	陈远宏	2	白明				
大提琴	1	刘纯茹						
单簧管	1	冯坤	2	张宏				
双簧管	1	岑宝琪	2	张惠堂	3	高阳	4	黄铮
小号	1	黄日照	2	姜勋孝	3	李东明		
巴松	1	李守法						
竖琴	1	谭怀理						
琵琶	1	张艳如	2	郭芳				
扬琴	1	余美丽						
唢呐	1	郭雅志						
音乐学	1	毛宇宽	2	罗明辉				
理论	1	王东路						
视唱练耳	1	黄美庆						
文化课	1	罗伟明	2	王川				
指挥	1	梁逖	2	郑丹	3	汤龙	4	邱天龙
调律	1	袁佳佳	2	方健	3	李金桂		
夜大	1	罗重	2	符腾				
教务处	1	萧圣立						
行政	1	刘铭银						
原音乐学系秘书	1	潘淑珍						
合计人数			155					

附录5："移居香港的内地作曲家"相关问题的采访录音稿

【附录5-1】陈能济谈自身对香港音乐创作的思考[①]

时间：2008年5月15日下午

地点：香港港岛陈能济家中

笔者针对陈能济音乐生活及创作经历进行了短暂交流，其中陈能济谈到对香港音乐创作状况的思考，部分内容如下：

一、香港环境特殊，创作人往往身不由己，并不能随自己的心意去选择创作什么，遇到什么样的创作条件，需要什么样的舞台形式，都要努力去配合、探索、做一些尝试，也许会有一些新的东西出来。所以在竞争的世界里对环境的适应很重要。

二、香港是个商业社会。做生意抢时间，创作也要抢时间，因为此时全世界都在等你，没有交稿，导演、演员不能开工，面对的压力是很大的，所以又快又好，经验的积累十分重要。上面谈到的几部作品，几乎都是在剧本到手后，两三个月就要交出钢琴谱的情况下完成的。

三、竞争、抢时间在香港是常态。最重要的是机会和把握机会，要硬着头皮钻进去，写下写下就有路了，不能因为自己不熟悉不懂就裹足不前。我的经验是：高压下灵感往往会源源不断流出，创作人的喜悦就在这里。

四、在现在的社会大环境下，不能由自己去画出一个圈圈，追求艺术的正统。写这些似与不似之间的音乐剧，它的多元性自有吸引人的地方，艺术上也是一种探索，尤其舞台上艺术的跨界试验越多越好，观众是欢迎的，《城寨风情》《窈窕淑女》《九天玄女》《六朝爱传奇》就是一个证明。

五、《城寨风情》《窈窕淑女》用的是广东话，大部分由话剧演员担任，这是本地的一个特色。他们有很丰富的舞台经验，虽然歌唱技巧不及专业的歌唱家，但语言训练有素，用气、控制气氛都有一套，演"话剧加唱"游刃有余，因为这些特点创作时必须考虑音域、技巧不能太高太难。

[①] 2008年5月18日笔者于香港中央图书馆参加"20世纪下半叶中国声乐发展研讨会"，会上陈能济作专题发言《香港的歌剧与音乐剧——一条不易行的路》，其发言与5月15日笔者访问陈能济本人的内容有部分相同。

【附录5-2】陈永华教授谈"移居香港的内地作曲家"相关问题

时间：2007年11月12日中午

地点：香港作曲家及词作家协会

中央音乐学院所承担的教育部人文社会科学基地重大项目"20世纪港澳台音乐研究"课题小组一行三人（吴旭、高洪波、张娟）来到香港作曲家及作词家协会，就有关20世纪以来移居香港的内地作曲家在香港的文化身份认同问题，笔者与协会主席陈永华教授进行了访问。以下是陈永华先生在此次谈话中的部分内容——

高洪波（以下简称高）：从20世纪30年代开始有许多内地作曲家移居香港，对于这些移民作曲家的身份认同问题，想听听您的看法。

陈永华（以下简称陈）：关于20世纪以来移居香港的内地作曲家在港发展的文化身份认同问题，目前还没有人做专题研究。我们"香港小组"与汪毓和老师在广州有过2次会面，曾经商量过该题目的课题研究工作——这是一个很好的问题。

那么什么叫"香港作曲家"？我在1975—1979年在中文大学音乐本科学习期间，对此就有所思考。我也曾写过香港作曲家创作方面的文章。如何定义"香港作曲家"，事实上有其社会历史原因，目前为止也并不能泾渭分明地作出定性的判断。例如在20世纪初，由于战争原因，有许多音乐人从四面八方陆续来到香港。

一方面，由于近水楼台的原因，在20世纪20、30年代，有部分上海国立音乐院学习的音乐人来到香港定居；另一方面，有部分欧洲的犹太人在二战期间，从德国经陆路来到上海，后又辗转到香港；此外，还有俄罗斯贵族的后裔，像白俄罗斯贵族也到中国上海避难，此后又到香港寻求避风港。回头看当年上海的"工部局管弦乐队"，其中有很多乐手都是在欧洲战争期间来到中国上海的。这一点香港与当年的上海有相似之处。在战争时期，很多犹太人等外来的音乐老师来到香港。还有林声翕、陈培勋、李焕之、马思聪等人都曾在中国内地与香港之间音乐活动频繁，其中有的最终选择定居香港，有的则在香港短暂居住。

所谓香港的第一代作曲家，即最老一辈，都是外来的。当时香港还没有音乐学府，因此都是外来音乐家开始训练香港人学音乐。

香港"中华音乐院"成立于1947年初，是香港最早的音乐院校。1950年邵光创办"基督教中国圣乐院"。在此之前，都没有什么具有影响的私人教学。大学中所设立的音乐系是从最早的中文大学音乐系（1965）开始，还有相继的浸会大学（1973）；香港大学音乐系（1981），还有演艺学院（1984）陆续建成。在此之前都是业余音乐爱好者跟随音乐老师以私人学习的方式学习。而这些老师都是来自外面的，他们有的是以前住在中国某个地方，战争后来到香港；有的是外籍音乐教师，像纪大卫（苏格兰），他1973

年来港——我们认为他是香港人，他在香港工作、生活多年，还娶了中国太太。香港人当中也有小学毕业后去美国深造的，在外面读到博士，进而在国外工作很多年，之后再回到香港。现在开放一点，但70年代之前，根本没有香港本地的音乐家。

高： 内地音乐家来到香港后，要进入高校任教需要具备哪些资格呢？

陈： 到1965年中文大学音乐系成立之时，所有音乐老师都是洋人，基本上是英国人。而且港英政府对英国和部分美国大学的学历是承认的。殖民政府对"不够规格"的所有非英语国家的学历都不承认。而且当时大学里面，全部英语教学。港大至今都使用英语教学，中文课用中文。浸会大学中国历史使用中文讲解。在主流的香港大学中，不会讲英文的老师，学校根本不会请他。中文大学开会全都是讲英文。所以他们教中文的老师都是可以讲英语的。这些对中国内地来的音乐家很不利。他们当中有很好的钢琴家、小提琴家。但他们就读的音乐学院的文凭不被认可；这就如同"中医"至今才被慢慢认同一样。所有内地、台湾的毕业文凭在香港都不被承认；这是由于殖民官方不懂、也不可能花时间去认真考证是否合理的一件事，就此一刀切！所以这就是内地来香港的大批音乐家他们得不到承认的原因之一。

当时港大、中大、浸会大学基本上开的是以念书、研究为主的音乐课，至于表演、作曲科目在系里不占主要部分，基本上"共同课"是念一些和声、历史、教育还有大学里音乐系以外的课，所以如果钢琴家只教钢琴，作曲家只教作曲是不可能被录用的，到现在也是如此。直到演艺学院开始才可以。所以关迺忠、陈能济他们出来根本不可能在大专以上院校教学，在香港音专可以，因为他们的系统不同。香港只有三所大学有音乐专业，还有演艺学院。中大音乐专职学科的老师大概11—12人；浸会和中大差不多；港大少一半，有5.5个；演艺学院只有系主任，还有其他一位老师是专职的，其他教师都是兼职的，钢琴系有两三名老师，弦乐有两个老师，还有一些共同课老师，包括历史……2、3名老师。

在中国以外的地方，对中国都不了解，这对"他们"是不公平的。这很像香港人在海外，在外面很多时间都不被认同，进入不了当地的圈子。那时候，不单是对从内地来的不公平，对于从香港到台湾学成后回来的声乐文凭也不被承认。所以这些人也没什么工作，都是在家中私教。

高： 众多内地音乐家在香港私人授课状况是怎样的呢？

陈： 在香港比较幸运的是学音乐的人比较多，而且越来越多。因为社会性的原因，香港的经济越来越好，父母希望儿女学习钢琴，所以内地音乐家来到香港以后，可以从事私人教学。还有我们有英国皇家音乐学院的等级考试，它不单单是考弹琴，还有乐理，一定要考相应级别的乐理才能考钢琴、小提琴，所以有很多内地作曲家他可以教钢琴、乐理。私人学习作曲的非常非常少，有很多人学钢琴和乐理，单是教这些生活上肯定没问题。课费收入不少，这样支持了中国内地很多音乐家的事业。在专业大学教声乐的教师也不多，但像昨天张汝钧老师70寿辰纪念音乐会上，张老师就培养了如此多的私人学生。

香港大学所有音乐系专职的老师我们教音乐分析、理论、历史、作曲等课程。因为每年都有一班学生来，但是这些音乐系学生如要学习钢琴、小提琴就需要聘请兼职老师，多少学生就是多少钱，这方面要控制开支。听说中央院大号老师是有一个专职的，但大号的学生不是很多。反过来钢琴学生很多。所以在香港各大学兼职的术科老师基本上都是同一群人——管弦乐团的首席、香港中乐团首席。除了演艺学院这方面的专业老师多一点，但都不是每一个乐器都有一个专职教师。

高： 内地作曲家在香港的音乐生活中与本地人在交流方面是否也经历了一些变化？

陈： 内地许多音乐家来到香港，在大学里与洋人教师没办法沟通。现在好一点，我们都可以讲一点普通话，20世纪70年代时，没有办法沟通。不是他的音乐材料不够，而是学生听不懂普通话，一是打不进讲英语的圈子，进不了大学；二是大部分广东人学生家长不愿意所请的教师只讲普通话，也是基于无法沟通的原因。

60、70年代，港英政府怕"文革"来港，香港左派工会的运动也被香港警察镇压下去。当时香港有一种"恐共"的病态心理：如果见到有人穿蓝衣服就会认定——"左派"！或有人在学校谈论中国的事情，也会被认定这个人是左派。当时港英政府已经颁布规定，即非法集会20人以上要经过申请。当时，凡中国内地来的，大家对其都很小心，担心是共产党的特务。

60、70年代很少有本地的音乐家。一是外国留学回来的，一是早年从内地来的，如林声翕、黄友棣等。当时港台已有流行曲，如果不讲广东话就无法打入其中。

对刚到港的内地音乐家，我们也不知道如何帮助他们。所以就因为这些原因，一谈到香港作曲家没有人想到这一批人。虽然他们已经是拿到香港身份的内地音乐家。另外其音乐风格有些还保留内地50、60年代风格，而非香港风格或洋派风格，所以他们不被视为香港作曲家。因此，他们在港的身份认同问题没有一个答案，他们算不算香港作曲家？如果有答案也不单纯完全是音乐方面的答案，其中有社会性、文化的原因在里面。

高： 中国音乐作品在香港的演出状况是怎样的呢？

陈： 在香港，大部分都是洋人担任乐团总监，根本没人对中国作品感兴趣。80年代才开始上演《黄河》。之前都不上演中国的作品。中乐团好一点，给从事民乐创作的作曲家很多机会。香港中乐团向其委约中乐作品，给了这批作曲家很多机会。认为陈能济、关迺忠、吴大江这些人都是"香港作曲家"，这毫无疑问。因为他们曾经在香港乐坛很活跃，他们居住在这里，创作的数量也不少，而且写出的作品风格也不纯粹是中国内地的民谣、乡土的东西，也是很现代的感觉。

高：作曲家屈文中在香港是否被当作"香港作曲家"？

陈：你们把屈文中当作"香港作曲家"？

高：是的。

陈：屈文中刚到香港开头几年先把生活安顿下来，根本没有人知道他，因为没有什么活动。后来屈氏开始活动，刚有音乐出来了，大家刚知道他，他又去了台湾。如果当他是香港作曲家我们也感到很荣幸。如果是我很主观的认为，像陈能济、关迺忠、吴大江他们没问题，都是香港作曲家，还有王强老师也在内。

高：香港的音乐创作从声乐作品居多到大量器乐的诞生经历了怎样的过程？

陈：香港的管弦乐队都是在中文大学建立后形成的。20世纪60、70年代，最红火的是合唱、独唱。所以林声翕、黄友棣、黎草田等作曲家的作品被广泛传播。如果当时有人以写西洋管弦乐为主，那么他的作品是没有能力被演出的——这是一个历史的过程。

时间：2008年5月5日

地点：香港大学进修学院

陈永华：吴大江没有所谓学院派的包袱，他学好多乐器，都是从实干的场面中学来的，他真的是自己学二胡，在电影里配乐，在乐团里面拉二胡，他不是从书本上学来的。所以说他知道的民乐的配器、民乐的演奏方法、比从书本中得来的更踏实。好像一个学徒的制度下学来的，跟乐师们学的，而不是从书本中得来的。我觉得他这些乐团里面工作、观察，他所有的优势就是与那些在学校里的学生从书本和老师口中得来的不一样，他是一种从基层重新做起的"红裤子"，这就象科班起家的唱戏艺人都有扎实的基本功。

在你的表中（本论文绪论中统计表格），像陈能济这样从移居香港至今还在作曲，没有离开香港，还在香港作曲的，基本上是没有了。

关迺忠先生到加拿大去了，他是很有能力的，作品也是蛮好的。现在中乐团阎惠昌先生这几年每一年都请关先生回来客席指挥一场，我觉得是好的。他的音乐才华是肯定的。是他找我让我写我的第一首民乐作品的。我当时很犹豫，因为我是学西洋乐的，关迺忠说："你写吧！其实我们这些写民乐的作曲家很多之前都是学西洋乐的。"于是我就写了第一首民乐作品，他给了我信心和鼓励。

时间：2009年3月20日

地点：香港大学进修学院

陈永华：移居香港的内地作曲家在香港做出了很多贡献，一是他们到香港后教了很多学生；第二，他们丰富了香港的音乐创作；第三，他们创作了许多乡土气很浓的作品。这些味道是当时香港本土的作曲家做不到的。如果没有他们这批人来，写这么多乡土气息很浓的作品，我想香港音乐界比现在更洋，因为我们常写无标题的作品。

这些老师在香港教了许多声乐、钢琴、作曲学生，许多学生之后都不是学这个专业的，这个效果更好！因为他们将音乐的普及工作推广到各个岗位，都有喜爱音乐的人。为什么这些人能够接触到音乐，就是他们能够找到从中国内地来的人跟他们学唱歌，跟他们学钢琴、小提琴音乐。如果没有他们来，只单单靠香港本土毕业的来教，是教不了那么多学生的。香港就少很多人懂得音乐了，我觉得这一点很重要。

第二就是音乐创作，如果没有他们，香港的音乐作品就少了很多，特别是民乐方面。

第三，他们写出很多乡土的东西，比如说新疆的题材，如果没有他们写一些《新疆情调》，你知道要到多少年我们这些香港人才知道有新疆这个地方，才知道新疆是怎么样的？符任之先生当年写那个《新疆情调》，我们很奇怪这些"维吾尔"的东西，因为我们从来没有听到过这些音阶。为什么没有？因为在80年代以前你根本不知道这些地方存在，从来没去过。现在可以在内地自由行，而那个时候不行。他们当时写新疆的、内蒙的，而我们根本不知道这些地方是什么样的。所以他们把乡土的东西带到香港，这一点是很重要的……

我在20世纪70年代读中文大学的时候，有些同学是很"左"的，他们穿解放装上学。我学的音乐全都是西洋音乐，当时我们合唱团里唱了一些屈文中、成明等老师的一些歌，他们唱了一首叫做《咱村好地方》，这种旋律真的很少听到，而且"咱村"这个词在当时也不懂怎么念，但旋律很好听。当时合唱团的女高音说："你是学作曲的同学，你听听这首屈文中的《白云歌送刘十六归山》。"哎呀！我觉得很好听。

【附录5-3】费明仪女士谈"香港早期合唱音乐的发展及合唱音乐创作"

时间：2007年11月16日上午

地点：香港九龙窝打老道山，费明仪女士家中

香港合唱团协会主席费明仪女士接受了笔者的访问，就香港合唱音乐发展的历史与当时的现状，笔者与费教授进行了以下交谈——

高洪波（以下简称高）：目前我们所能获悉有关香港在近现代音乐的发展的资料很有限，作为历史的亲历者，请您谈谈有关香港合唱方面的历史，好吗？

费明仪（以下简称费）：在香港"九七回归"之前，英国殖民政府对中国的东西是不让讲太多的。所以在香港长大的孩子，他们对中国了解不深——在学校没有人教，在平常没有人讲。我来到香港是在20世纪40年代末，我的小学、中学教育都是在上海完成的，所以我了解中国的历史和文化。

在此之前30年代中期，香港相关音乐方面的文字记载很少。我认为香港音乐的发源要属合唱最早。香港以前是没有合唱的，一直到18世纪末、19世纪初，法国天主教的修女、神父到香港传教，所以香港有了圣诗，当时仅限于在教堂演唱。到了20世纪20年代初，直到抗战前夕——这是香港合唱蓬勃发展的最初阶段。

高：香港的合唱最早是在什么阶段较为蓬勃的呢？

费：我认为香港的合唱历史是在20世纪30年代中期开始的。因为当时很多爱国人士，在国难当头之际，他们认为最好是用合唱来抒发自己的感情，表达爱国热情，因此当时的合唱非常蓬勃，一直维持了大概十年。目前这批当年的经历者都是90多岁的人了，需要赶快采访他们，记录下来。那么，我所知道的有李杰和他的爱人洪亮，都是当年武汉合唱团的中坚分子。到了40年代，马思聪、李凌、赵沨、严良堃等人，在1947年，创办了"香港中华音乐院"，解放前夕，他们在香港组织许多群众歌咏活动（例如"千人合唱"冼星海的《黄大合唱》，还有马思聪的《祖国大合唱》《春天大合唱》等）。

因为早期香港政治原因，帝国主义的殖民主义思想，将爱国主义合唱团取缔，不许再唱中国的歌、群众歌曲、爱国歌曲，使这些歌曲不能够演唱，凡是从内地来的，特别是左派进步人士都要取消，所以当时香港政治环境非常敏感。以上这些都是口头资料，由于没有详细记录，因此都是很珍贵的口头历史。

高：我们知道您的祖籍是在江苏吴县，您是何时来到香港定居，从事音乐活动的呢？如果想要获悉更多早期香港合唱音乐的历史，该采取何种途径呢？

费：我在40年代末来到香港，未能亲临以往的音乐活动。那时我还很小。我的叔叔费彝民是香港《大公报》的创办人。《大公报》是当时最早的进步报纸，因此当年我耳濡了许多进步思想。小的时候听前辈李杰、叶素，后来听严良堃等谈起这些香港音乐的历史。我的老师（赵梅伯）要比他们更早来香港。香港那时有很多我们后辈都不知道的，因为没有文字记载，我所知道的也都是这听一点、那听一点。比如从一些声乐家那里听到的，有邓邵琪、潘英锋，还有其后的池元元、黄源尹（从事群众歌曲活动）、东初（原名源汉华）、刘汉章等。

高：香港在很长一段时间里没有自行培养的作曲家诞生，多数是从内地移居到香港的作曲家或者是外籍音乐家在当地从事音乐创作，那么在合唱创作领域是不是也有这样的现象存在呢？

费：是的。特别要提到香港乐坛上的三位人物，即香港的"乐坛三友"——林声翕、黄友棣、韦瀚章，他们在20世纪30年代以后从内地来到香港，他们的活动一直持续到70年代，而且他们的音乐活动都与合唱有关，都写合唱作品。在70、80年代以后，就没有什么人集中写合唱了。林声翕、黄友棣都写合唱。我把他们三人与现代作曲家拉近，包括林乐培、许常惠、陈永华。可以说，我是当时历史的见证人。他们三人的关系好，因此被称为"岁寒三友"。他们对香港60、70年代乐坛具有很大的影响力。其中林声翕曾创作出很多合唱，在80年代新的一批作曲家成长起来以前，其作品得到广泛传播。林声翕的作品当时就觉得很旧，像黄自的风格。其后林乐培从加拿大回到香港，写作带有中国五声音阶特性的作品，但同时又能跳出其框框、利用变音、变调等新材料去创新，林乐培与林声翕等的创作风格就很不同。林乐培是香港合唱音乐的转折点，与此前"黄自"风格时代作品渐渐脱离了。

高："明仪合唱团"多年的音乐活动过程中，对创作、排练、演出的曲目选择方面，有什么特点吗？

费：我在60年代中期介入合唱界，1964年我建立明仪合唱团。早在20世纪30年代到40年代中期，香港的合唱是非常蓬勃的。由于政治原因，近现代合唱作品中的《抗敌歌》《旗正飘飘》《山在虚无缥缈间》等作品受到题材的限制，不能得到广泛传播。只有《海韵》《黄河》等为数不多的合唱作品可以唱。西洋的作品唱得较多一点，但是英国不是音乐发达的国家，所以很长一段时间里，中、外歌曲都没有很多的作品可供选择，这实际上阻碍了香港声乐的发展。所以在上世纪60年代，我下决心组建"明仪合唱团"。该团成立后，委约了众多作曲家作品。比如说，在内地、香港、台湾以及澳洲等地都有委约，目的是每次都能获得或演唱中国不同风格的新作品。20世纪70年代移居香港的内地作曲家们，在"文革"后期创作很多合唱，"改革开放"后，更是诞生了很多合唱作品。我本人对中国的民歌特别爱好，作曲家黄友棣先生没离开香港之前，我曾请他利用民歌改编过很多合唱作品，随即合唱曲多起来——这是一种尝试。

高：香港早期还有哪些比较著名的合唱团呢？

费：在20世纪60年代有几个合唱团体——香港圣乐团，发起人是黄明东（留美学生）；"草田合唱团"，创办人是黎草田先生。70年代中期，就有很多其他的合唱团成立了，因为来的人多了，大家觉得独唱不如合唱（就如同"独乐乐，众乐乐？——与民同乐"一样）。1986年我组织了香港合唱团协会，"香港合唱团协会"为香港注册、非牟利团体，是继"香港作曲家及作词家协会""香港作曲家联会"以及"香港民族音乐学会"之后，公开成立的全港性合唱艺术协会组织，其宗旨为团结及联络合唱爱好者、推动香港合唱艺术和提高香港合唱水准。"香港合唱团协会"的成立，改进了香港业余合唱团体长久以来松散、各自为政的局面。"协会"成立之后，集中众多合唱团体，组织大规模演出，唱一些西洋的东西。

【附录5-4】关迺忠谈在香港的创作[①]

80年代末，关迺忠在担当香港中乐团音乐总监和指挥时，曾接受电视台记者的采访，笔者对内容进行了整理，其中部分访谈内容如下：

记者（以下简称记）：关先生，这十年里，在香港这个新的环境下，是不是带给你新的灵感和刺激？

关迺忠（以下简称关）：……香港这个地方，如果用不太好听的话就叫做"华洋混杂"，说的好听就是"中西荟萃"。在香港这个地方，我们可以离中国内地很近，可以吸收中国很多的文化，所以它的根植得很深。同时，在香港，信息又很灵敏，我们可以看到世界各地最新的艺术成就，所以香港有这样的自由空气，没有人说让你写什么，不让你写什么。所以来到香港以后，给了我一个非常自由的空间，我主要的创作都是在香港写成的。

记：您是主修作曲的，请谈一下当时的作曲情况。

关：我觉得当时中央音乐学院的教学水准相当好，它除了有一批教师之外，当时有一些苏俄专家讲授各种功课。苏联专家教授的音乐课程是很有它的体现的。比如说现在著名的作曲家肖斯塔科维奇、普罗柯菲耶夫，著名演奏家阿什肯纳齐，拉提琴的克莱默，他们都是在苏联出生的[②]。他们会给你非常循序渐进地，非常系统的教育，给你一个非常坚实的功底。当然我觉得他们的缺点就是缺乏自由，在创作上给你很多桎梏，当然你有了坚实的基础，我们在外面接触到自由的空气，你就会有很好的创作拿出来了。

记：《离骚》这首曲子是在什么条件下创作的？

关：我想中国的一些爱国志士，他们下场很悲惨。我自己利用这样的题材写过我的《第三钢琴协奏曲——英雄》，是以岳飞为背景的，《离骚》就是以屈原为背景的。他们这些人，爱国爱民，他们有很大的政治抱负，但是由于中国历代的社会造成了很多悲剧。我自己也亲身经历过10年文化大革命的动乱。所以我深深地体会到这些东西，因此我想我一定要为中国的知识分子写一点东西。

记：《离骚》这部作品编制有什么特点？

---

① 2008/9/17笔者根据香港浸会大学馆藏《中国创作乐坛——传真生活的音乐雅士：关迺忠》（Multimedia AVH 910.9886 5068 v.29）完成此访谈整理稿。

② 此处关迺忠称"他们都是在苏联出生的"实为口误。

关：《离骚》这部作品利用中国的乐器之王"古琴"，这是中国历史最有传统的乐器，另外就是一个大型的民族乐队。古琴具有悠久历史，但是过去古琴的音乐一般都是"琴人"自己创作的，没有作曲家写的。这首大概是作曲家所写的第一首古琴音乐，但是我总觉得音乐是要发展的，不能说过去没有的东西，我们今人就不作。再有谈到我们中国大型的民族乐队，我相信这也是时代发展的必然趋势。现代乐队中，二胡有二胡独特的音色，唢呐有唢呐独特的音色。每一种乐器合在乐队中都可以发挥它自己最大的长处，而不必象刘天华的《光明行》一样，一定要用二胡去拉出进行曲。假设我要用乐队奏进行曲，我可以利用唢呐去做了，所以这种分工合作的概念，并非是西方或东方的概念，不可以讲中国的乐队是受到西方的影响，只是现代社会一种必然的发展。

记：这么多年来，很多人在国乐的创作上大胆地尝试创新和突破，事实上已有了一个新的局面，那么你认为这个新的方向，你的感想如何？

关：在最近这些年的中乐创作当中，有些人采取了一些前卫一点的手法，有些人采取比较传统的手法。我觉得各种手法都是很需要的，这种手法并不代表什么，只是你自己所写的，你所想表现的内容适不适合这种手法。有更多的路，对于中乐的创作就会有更多的好处。

记：那么对于创新的国乐作品，你认为与中国的传统音乐会不会有什么冲突？

关：我觉得完全没有冲突，这是两个范畴的东西，你如果想保存中国的古典音乐，你可以原原本本地保存它，作为一些研究的机关、一些博物馆都可以做这些事。但是作为我们来讲呢？我们是一个职业的演出团体，我们每年要维持大量的演出，必须有大量新的创作，才可以吸引更多的观众，这种情况在西方也是同样。西方有大型的交响乐团，但是仍然有人主张演巴赫、演莫扎特，用所谓17、18世纪的古乐团。

记：你对现在自己的作曲技巧和手法是否很坚持？换句话说，你是不是已经确定了自己的作曲风格？

关：我从来不认为某一种作曲技巧就一定可以限制住一个作曲家，我非常欣赏20世纪非常著名的一位作曲家就是斯特拉文斯基，这个人什么样风格的作品都写过，他的《春之祭》当时演奏狂暴的时候，音乐厅差点被观众拆掉了。但是他也写过非常古典风格的东西。我觉得一种音乐的技巧是为了你自己作品的音乐服务，像在我的作品《拉萨行》中，我使用各种各样的技巧，有接近印象派的，有接近浪漫派的，很前卫的，很风俗性的东西。所以我并不想把我自己限制在某一个范围之内，我觉得那样做对于我来说很愚蠢。因为我想，贝多芬他在世的时候，他也没有封自己是浪漫派，我现在更没有必要封我自己是前卫派，至于我到底属于什么派？等我去世后，让别人去评论好了。

记：那么对于你多姿多彩音乐的世界里面，作曲将来是不是还是最具有意义的？

关： 我想对我吸引力最大的是作曲，当然作为指挥家也是具有挑战性的工作。比如说，我们最近演的马思聪先生的《山林之歌》，这首作品很多人开始认为没什么意思，特别是把作品搬到中乐上来演出，根本这些乐器都演奏不出来，但是我们花了很大心思，挖掘出来，出了唱片，效果还不错，这对于我们也是一个安慰。但是我想终究要留给后世人的，还是自己的作品。一个时代总要有几个作曲家将这个时代的声音说出来吗。

记： 那么，有这么好的乐团让你指挥，是不是在创作上也带给你很大的方便？

关： 我想一个乐团的发展和一个创作的发展是相互影响的。比如，在贝多芬以前，所有写倍低音提琴跟大提琴都是在一个声部，拉很简单的一点点东西。但是呢，在贝多芬所在的乐队里，有一位拉倍低音提琴的人，所以在他的《第五交响乐》中的"庄板"乐章中，就有了许多的倍低音提琴，这样就促使了乐队里倍低音提琴声部的发展。而他出了这样的难题，这样乐队就要努力去练，乐队的技术也会提高。所以我觉得，我在这个乐团是很幸运的，我们乐团有很多好的乐师。我们将要有一首《第一打击乐协奏曲》，这是因为我有一个非常好的乐师，他不但精通中国的打击乐，也懂得西洋的打击乐，又有很好的修养，所以呢我就为他写了一首曲，其中包括5支定音鼓、10支排鼓，还有一大串云锣，由一个人演，由乐队协奏。我相信世界还没有一首这样的协奏曲。但是由于有这样的人才，我们就可以写这首曲。我写这首曲又给他出了很多难题，他花了很多精力去练，这样打击乐的技术就得到了发展。

时间：2008年4月10日
地点：中央音乐学院

关迺忠： 1993年，我移居加拿大，在外面的人（指海外移民）都很爱国……
我经历的最开心的有三件事：

第一件事是中乐团回京演出。通过香港中乐团的演出振奋了民乐，吹了一阵风。当时像瞿小松、叶小纲等也在作品上有了回应和交流……

第二件事是中乐团入台湾演出。1988年5月1—6日，香港中乐团应邀参加台湾第一届环境艺术节演出，当时所有的团员入台证都办完了，只有我的没办，我被视为是共产党的特务，当时我很生气。之后马英九的同学某某，找到蒋纬国，才特别批示特办处理。当时台湾戒严令——所有内地作品都不准演。在演出过程中，我临时更改了曲目，演出中国作品《梁祝》，当时的气氛很紧张，在幕间休息时，蒋纬国来到后台，我问其对演出的看法。他回答："抛去政治不谈，《梁祝》真是太美了！"随后，记者的闪光灯闪成了一片，各大报纸纷纷报道。从这件事开始，误打误撞地使内地作品在台湾解禁了。我当了一回特务，办了一件好事，非常开心。

第三件事是在前年9月份，在巴登巴登的著名音乐厅里，演出了我的两个大型作品的两个乐章《拉萨行》和《琴咏春秋》。这是在国外开始演出的最长的中国作品。

我带香港中乐团在国外演出的目的是什么呢？这是中国软实力的鉴证——希望国外对中乐的看法从低层次好奇，到喜爱，再到尊重和理解。

目前我的音乐作品的音响长度有2000分钟录音。从有电脑算起，有2000分钟的音乐。算上之前的作品会有4000多分钟。

我的作品在台湾演出后，被邀请到台上讲话，我说道：首先要感谢生我养我的父母；其次，我要感谢中央音乐学院对我的培养，为我打下的根基，使我终身受用；第三，我要感谢中国共产党，使我受到免费的音乐教育。当时台下一片哗然……

【附录5-5】余少华教授谈"移居香港的内地作曲家"的身份认同

时间：2007年11月14日下午

地点：香港中文大学崇基学院中国音乐资料馆

作为香港从事中国音乐的专家，余教授谈到关于移居香港内地作曲家的认同问题。以下是本次谈话的部分内容：

高洪波（以下简称高）：香港音乐界是怎样看待移居香港的内地作曲家，例如屈文中于1975年移居香港，之后在香港有许多作品诞生，直到他1992年逝世，他一直在港持续创作，他是否可以被视为香港作曲家？

余少华（以下简称余）：屈文中已经不在了……对于我来说，他的作品风格跟香港没什么关系，他就是一个典型的中国作曲家……如果把他当作香港的作曲家，我觉得有问题。从你住在什么地方来定位你是哪里的作曲家，跟音乐没关系，除非他来到香港以后，他的作品来反映出有香港的特点，但从音乐分析来看，我也听他的音乐，也知道他写什么东西，其实跟中国内地的东西完全没有分别。那么，很难说服我们接受他代表香港的风格。你看，上海音乐学院、中央音乐学院、武汉、星海，这么多作曲家来香港，他们来香港了，活动在香港，但是不能代表香港。像陈永华他们是代表香港的作曲家。

你用作品的内容，或是作品的技巧，或者是风格来定位，但不能是他们人在哪里，就给他们做一个标签……内地训练出来，然后到香港，他们就是在这个类型里面，解放前和解放后也都不一样，对不对？所以这方面要详细地去讨论，因为我们要做研究就应该怎么样来分类，我没有权力去说这个话……有一点，看音乐很重要，就是他出来的音乐怎么样啊？能不能从音乐来分类呢？如果能的话最好。

高：屈文中在香港和台湾曾经获得过作曲类和唱片类的奖项，在当时具有一定知名度，他的乐谱、录音也在台湾、香港得到出版。这在移居香港的内地作曲家或是香港当地的作曲家当中也是不多见的。您如何看待这一现象呢？

余：在一般香港人的认识里面，许多来香港的作曲家在台湾出乐谱，这完全是机缘巧合，因为一般来说，香港根本就不出乐谱，如果你要出乐谱的话，你就饿死了。没有作曲家出乐谱，有一两位作曲家他们出了全集，是他们的处境比较特殊，比如林乐培。我们没有看到哪一位作曲家在有生之年出了全集。内地也做不到啊，除非是比较厉害的作曲家，像冼星海等……香港这么小的一个地方，对文化艺术研究没有什么投资和关注，而台湾在这一点上比香港好多了，政府给予文化艺术的重视是远远比香港好多了。

已经封闭了很久，很久没有听到来自内地的声音，突然间有这样一位作曲家到来，所以就促成其得到关注的一种巧合。不容易，屈文中的作品有《帝女花》《十面埋伏》比较出名，为什么有人会知道他，或是在香港有机会灌唱片呢？其实也不是因为他是作曲家，而是有一个市场，那时候恰恰内地的作品在外面没有什么市场，因为封闭嘛。那么当时香港有一家唱片公司，刚巧要做这件事，屈文中又恰巧在香港。出了这张唱片其实最重要的是电台、电视台用来做的背景音乐、配音。由于这个原因而出了这些唱片，而不是因为他是作曲家而录制的。很多巧合得不得了，所以我觉得很有趣。在香港谁都知道《帝女花》，但没有人将其做成交响乐，屈文中作到了，所以大家都很喜欢。

高：屈文中的夫人王守洁曾说屈文中他们这批20世纪70年代移居香港的内地作曲家是活在文化夹缝当中的一群人。

余：对，完全对，我同意。回归以前，其实在香港是听不到普通话的，所以你可以想象他们那时候在香港是怎么一回事？

还有一点很有趣，其实台湾作曲家的风格与内地的也不同，所以内地作曲家一到台湾就比较受欢迎。台湾是说国语的，其实台湾当他们是一种"内地"的风格，台湾从来不觉得香港有什么东西，认为香港在文化上是不存在的，他们觉得香港是奇奇怪怪的。我告诉你，我当年在美国读书，有很多中国内地和台湾的同学，特别是台湾同学会说："你们香港会懂中文吗？"

香港来的内地作曲家在台湾没有语言上的障碍，可以说普通话。在语言上能够沟通的话，会让台湾音乐界知道他们的能力，让他有很多机会。但是这是在他那个年代，现在不行了。当时中国内地作曲家要到台湾不容易。

高：除了在音乐风格方面，移居香港的作曲家们在香港不被认同还有其他原因吗？

余：香港对他们不认同。里边牵扯到中国内地的大文化、香港前殖民统治跟回归后的特区文化的碰撞，然后大家的认同与不认同，其实每天都在不断地改变，他们是代表某一个年代的。

从解放后到80年代，整个社会、国家、音乐学院对"作曲家"的定位是怎么一回事？然后在香港是怎么一回事？在世界上又是怎样的？都不一样，台湾也不一样。认为"作曲家"在香港都一样？其实是不一样的。所以当时内地院校训练出来的，自己的定位就是内地的那一套，来到香港后，他们就觉得不是那么一回事。你问陈能济，他应该很清楚的，环境改变了，作曲家就要不断调整生存的方式，最后弄出什么东西呢？好了，生存最重要。我不认为中国内地对作曲家的理解同西方是一致的。我在美国呆了十几年，我觉得大家的距离很远，是不一样的。

后　记

"饮其流者怀其源，学其成时念吾师"。2009年4月，笔者于中央音乐学院筒三研究生宿舍完成本论文，是为恩师汪毓和先生80寿辰的献礼之作。在当年即将告别学生时代之际，对于老师们的感激之情溢于言表。

笔者有幸从本科阶段就开始得到哈尔滨师范大学艺术学院周柱铨、陶亚兵教授的悉心指导。后考入中央音乐学院研读硕士、博士研究生，跟随导师汪毓和研究员精进学业。"学高为师，身正为范"，汪先生无论从治学和为人方面均为后辈的行为楷模。在学术上，先生学养深厚、博学广识，一生勤勤恳恳、兢兢业业，是我们学习的榜样；在生活上，先生对学生春风化雨，关怀备至。在十余年的研读期间，学生每每有些许进步都离不开先生的提携与心灵上的关爱，使吾辈在清寂的研究之路上，安心沉稳，淡定前行。

衷心感谢我的第二导师香港作曲家及词作家协会主席陈永华教授！感谢其一直以来对我们"20世纪港澳台音乐创作研究"课题研究以及我本人毕业论文写作等各方面的帮助、教导。此外，还一并感谢时任香港合唱协会主席、音乐界德高望重的前辈费明仪女士；香港浸会大学音乐系教授杨汉伦博士及其助手庾艾盈小姐、浸会大学图书馆馆长助理赖婉儿小姐；香港中文大学余少华教授、中国音乐资料馆李惠中主任、音乐视听中心黄小姐；香港大学陈庆恩教授；香港中央图书馆郑学仁馆长等；香港《信报》助理总编辑陈耀红女士；作曲家关迺忠、陈能济、叶惠康、黄育义、罗永晖等；音乐学家毛宇宽及夫人金洁老师等方方面面的关心和帮助，使得本课题研究能够较为顺利地开展。在此向以上香港的师长和朋友们，表示深深的敬意和由衷的感谢！

衷心感谢梁茂春教授、戴嘉枋教授、蒲方教授、李诗原教授对我论文写作方面的指导和帮助。

向多次为课题研究提供方便及信息的、时任深圳市西湖股份有限公司董事长吴炯声先生，音乐学家吴赣伯教授，吴江颖女士，以及香港新民主出版社吴静怡董事长、黄承强先生等表示谢意！

对时任广州中山中远集团总监的肖可砺、王伟夫妇于2008年元月亲赴香港协助运送、复制乐谱，并将大量乐谱邮寄、运送至北京，为课题研究及本毕业论文的完成鼎立协助，不胜感激。

　　向中央音乐学院萧友梅校友会周建都老师、上海音乐学院校友会寿老师，协助提供"中央音乐学院香港校友会""上海音乐学院香港校友会"及成员名单表示感谢！

　　机缘所致，课题成果并未及时出版。时光荏苒，转眼从庚丑来到了辛丑，笔者有心将其公之于众。承蒙现代出版社青睐，幸得杜晓十、赵仲明、竹岗几位专家不吝斧正。感谢之至！

　　2022即将迎来香港回归25周年。寄情于本论文得以出版，为了纪念，也为更好地前行！

2021年10月15日
中国国家大剧院艺术资料中心